Begegnungen mit Peter Schreier

Hrsg. von Matthias Herrmann

Einband

Cover vorn: Der Dirigent Peter Schreier bei J. S. Bachs »Johannes-Passion«
in Ulrichshusen, 2001 (Foto: Monika Lawrenz, Nachlass Peter Schreier)
Kleines Bild rechts: Peter Schreier, Wien 2015 (Foto: Markus Vorzellner)
Buchrücken: Peter Schreier als häufig gewünschter Gesprächspartner, hier
im August 1997 (privat, Nachlass Peter Schreier)

Seite 3: Zum Ausklang eines Liederabends Peter Schreiers mit Norman
Shetler (unbekannter Fotograf, Sammlung Norman Shetler)

Bibliografische Information der Deutschen Nationalbibliothek

Die Deutsche Nationalbibliothek verzeichnet diese Publikation
in der Deutschen Nationalbibliografie; detaillierte bibliografische Daten
sind im Internet über https://portal.dnb.de abrufbar.

ISBN: 978-3-86729-263-4

© Sax-Verlag, Beucha • Markkleeberg, 2020
1. Auflage 2020
Herausgeberschaft: Matthias Herrmann
Einbandgestaltung / Gesamtlayout: Birgit Röhling / Markkleeberg
Druck / Buchbinderei: GGP Media GmbH, Pößneck
www.sax-verlag.de

Matthias Herrmann (Hrsg.)

Begegnungen mit
Peter Schreier

Sax Verlag

Inhalt

Reden zu Preisverleihungen an Peter Schreier (1998–2011)

Bildteil

Anhang

Zum Geleit

Herbert Blomstedt

PETER SCHREIER
Kaum ein Tenor hat so wenig geschrien wie er.
Aus seiner Kehle kam nur pures Gold.

Mir war es vergönnt, in Dresden große Werke mit ihm zu musizieren, darunter Beethovens *Missa solemnis* und die *Neunte Symphonie*, und einmal auch Mozarts *Zauberflöte*. Die selten zu hörenden acht Konzertarien von Mozart konnten wir für die Schallplatte aufnehmen.

Wir wohnten nahe beieinander in der Nähe des »Blauen Wunders«, aber nur selten kamen wir zusammen, er war in aller Welt tätig und ich auch. Aber wenn – dann geschah ein großes Wunder im Saal.

Er hat uns mit Stimme und Herz gesegnet. Gesegnet seien auch die Erinnerungen an ihn. Aus diesem Paradies kann uns niemand vertreiben.

Luzern, den 26. Mai 2020   Herbert Blomstedt

Herbert Blomstedt, Prof. Dr. h.c.

In den USA als Sohn schwedischer Eltern geboren und in Uppsala, New York, Darmstadt und Basel ausgebildet, gab er 1954 sein Debüt als Dirigent mit dem Stockholmer Philharmonischen Orchester. Es folgten Positionen als Chefdirigent beim Oslo Philharmonic Orchestra, beim Dänischen Nationalen Symphonieorchester, beim Schwedischen Radio-Sinfonieorchester und bei der Staatskapelle Dresden. Anschließend wirkte er als Music Director des San Francisco Symphony Orchestra, war Chefdirigent des NDR Sinfonieorchesters und Gewandhauskapellmeister beim Gewandhausorchester Leipzig. Seine ehemaligen Orchester in San Francisco, Leipzig, Kopenhagen, Stockholm und Dresden ernannten ihn ebenso zum Ehrendirigenten wie die Bamberger Symphoniker und das NHK Symphony Orchestra in Tokio. Alle herausragenden Ensembles weltweit konnten sich in all den Jahren schon der Dienste des hoch angesehenen schwedischen Dirigenten versichern. Mit über 90 Jahren steht er nach wie vor mit enormer geistiger und körperlicher Präsenz, voller Elan und künstlerischem Tatendrang am Pult. www.ks-gasteig.de/de/blomstedt-biografie

Einführung

Matthias Herrmann

Vorwort

`

Am 1. Weihnachtsfeiertag 2019 verstarb Kammersänger Peter Schreier, nachdem er mit seiner Ehefrau Renate noch am Vortag in Freude den Heiligabend begehen konnte. Der Tod des 84-Jährigen löste bei unzähligen Menschen Trauer aus. Und das ist mehr als verständlich, weil es Peter Schreier über viele Jahrzehnte vermocht hat, die Herzen seiner Hörer – gleich welcher Muttersprache – zu erreichen und zu bewegen. Selten hat sich ein Künstler, auch über die Medien, so viel Glaubwürdigkeit und Sympathie »ersungen«. Zwischen dem Kriegsende 1945 – da kam er knapp zehnjährig ins stark zerstörte Dresden – und seinem Ableben blieb Dresden sein Lebensmittelpunkt.

Es war von daher folgerichtig, dass er in dieser Stadt zur letzten Ruhe gebettet wurde: in der kulturhistorisch bedeutsamen, größtenteils unzerstörten Friedrichstadt am Rande der Altstadt. Das Grab Peter Schreiers befindet sich auf dem Inneren Matthäus-Friedhof direkt an der gleichnamigen, barocken Kirche, die vom Zwingerbaumeister Matthäus Daniel Pöppelmann stammt, dessen Gruft beherbergt und nach Kriegszerstörungen wiedererstand. Schräg gegenüber liegt der Alte Katholische Friedhof mit dem Grab Carl Maria von Webers und Erinnerungsstelen an weitere dort bestattete Musiker der kursächsischen Hofkapelle wie Jan Dismas Zelenka und Silvius Leopold Weiss. An den Matthäusfriedhof grenzt das Marcolinipalais (heutiges Friedrichstädter Krankenhaus) mit Park und einem besonderen Juwel: dem Neptunbrunnen von Lorenzo Mattielli und Schöpfer der barocken Skulpturen auf der Katholischen Hofkirche am Theaterplatz. Vom Standort der Semperoper stellen sich Bezüge zu Richard Wagner her, der bis zur Flucht

1849 in die Schweiz im Marcolinipalais wohnte. In einem malerischen Garten an der Friedrichstraße liegt zudem das Geburtshaus Ludwig Richters.

Die Ruhestätte Peter Schreiers ist also in »greifbare« Bezüge zum barocken und romantischen Dresden eingebettet, was durchaus Symbolkraft besitzt. Denn auf die Musik des 18. und 19. Jahrhunderts richtete sich zeitlebens sein Hauptaugenmerk. Das waren aus dem mitteldeutschen Kulturkreis vor allem J. S. Bach (er trug den Titel eines Dresdner Hofcompositeurs), Mendelssohn Bartholdy (er stand vorübergehend im Dienst des Königs von Sachsen) und natürlich Schumann (er war als Komponist in der Elbestadt sehr produktiv), Weber und Wagner (als Dresdner Hofkapellmeister). Seiner starken mitteldeutschen Ausrichtung stand Schreiers intensive Pflege der Musik der Wiener Klassik gegenüber, sodass Wien seit den mittleren 1960er-Jahren zu einem seiner bevorzugten Aufführungsorte wurde, wie später Japan und andere Musikzentren der Welt ...

Wenige Monate nach dem Tode eines Künstlers vom Rang Peter Schreiers ein Buch entstehen zu lassen, erscheint auf den ersten Blick als kühn, da womöglich der nötige Abstand fehlt. Dem ist zu entgegnen, dass die Betroffenheit nach seinem Tod vielleicht verstärkt Erinnerungen an Begegnungen des gemeinsamen Musizierens in Oper, Konzert und Aufnahmestudio wachgerufen hat, die sonst verloren gegangen wären. Deshalb war es mein Bestreben, auf diese Weise möglichst viele lebendige Bilder von seinem Wirken und seiner Persönlichkeit festzuhalten. So richtete ich meine Bitte an mögliche Verfasser, ihre eigenen künstlerischen »Begegnungen mit Peter Schreier« als Sänger und Dirigent niederzuschreiben. Ich fügte einige auf Schreier gehaltene Reden zu Preisverleihungen aus seinem Nachlass bei, zudem die Ansprachen vom Trauergottesdienst am 8. Januar 2020 in der Kreuzkirche Dresden.

Am 1. November 2020 veranstaltete die Hochschule für Musik Carl Maria von Weber Dresden in ihrem Konzertsaal den »Tag für Peter Schreier«, um einen ihrer namhaften Absolventen zu ehren, der zudem eine Honorarprofessur inne hatte. Zwei Vorträge dieser Veranstaltung beleuchteten Schreiers jahrzehntelanges Wirken in Österreich und in Japan – auch sie fanden Eingang in das vorliegende Buch, da die Autoren so entgegenkommend waren, ihre Texte rechtzeitig zu liefern. Hinzu kommt sinnvollerweise eine ausführliche Würdigung des Bach-Interpreten.

Den Hauptteil des Buches bilden jedoch die Texte, in denen es um musikalische Begegnungen mit Peter Schreier geht – von Verfassern unterschiedlicher Generation und Herkunft. Es handelt sich dabei um Dirigenten, Instrumentalisten, Pianisten, Sängerinnen und Sänger, des Weiteren um einen Komponisten, einen Musiktonmeister und einen Arzt im Zusammenhang mit der von Schreier geförderten Konzertreihe »Das Lied in Dresden«. Die Lob- und Trauerreden stammen von einer Sängerin, einem Pfarrer, von Kirchenmusikern und Musikwissenschaftlern, die Abhandlungen über Bach, Japan und Österreich von einem Dirigenten, einem Musikwissenschaftler und einem Korrepetitor/Publizisten. Am Ende eines jeden Textes findet sich eine biographische Notiz zum betreffenden Autor.

Das Buch »Begegnungen mit Peter Schreier« wäre ohne den selbstlosen Einsatz der Text- und Bildautoren sowie die Hilfe von außen undenkbar gewesen. An erster Stelle danke ich seiner Frau Renate Schreier mit ihren Söhnen Torsten und Ralf sehr herzlich für ihr Vertrauen, auch hinsichtlich des Zugangs zum schriftlichen Nachlass. Auch Kammersänger Olaf Bär, Marion Möhle, Martin Steude und Markus Vorzellner haben mich unterstützt; ebenso Kammersänger Axel Köhler, Rektor der Hochschule für Musik Carl Maria von Weber, sowie bei den redaktionellen Arbeiten Konstanze Kremtz und Julian Ptasz. Nicht zuletzt danke ich Birgit Röhling für die zeitlich straffe, produktive Zusammenarbeit im Sax-Verlag, zu dessen Namen eine Äußerung Peter Schreiers gut passt. Wenn er nämlich in westlichen Gefilden gefragt wurde, warum er – der Weltstar – in Dresden wohnen geblieben sei, hatte er eine Standardantwort parat, die etwa so lautet: »Das liegt einfach daran, dass ich eine alte sächsische Provinznudel bin!«

Das vorliegende Buch zeugt von Weltoffenheit und regionaler Verwurzelung, von Größe und Demut, ja von der Einmaligkeit eines Jahrhundertsängers und Dirigenten. Vielleicht kann es helfen, uns dem Phänomen Peter Schreier weiter zu nähern. Es dürfte zudem Anlass sein, ihm als Sänger und Dirigenten in den (glücklicherweise in großer Vielfalt) vorhandenen Aufnahmen immer wieder zu begegnen – jedes Mal von Neuem ein wirklicher Gewinn.

Matthias Herrmann
Dresden, am 16. September 2020

Die Kruzianer Peter Schreier und Klaus Prezewowsky, Dezember 1945
(unbekannter Fotograf, Sammlung Matthias Herrmann)

Peter Schreier – Datenverzeichnis

(Ausgewählt von Matthias Herrmann)

Persönliches

1935	Geboren am 29. Juli in Meißen, aufgewachsen in Gauernitz
	1945–2019 in Dresden wohnhaft
Eltern:	Max Schreier (1907–1999) / Helene Schreier, geb. Treuse (1904–1999)
Bruder:	Bernhard Schreier (geb. 1938)
Ehefrau:	Renate Schreier, geb. Kupsch (geb. 1935)
Kinder:	Torsten Schreier (geb. 1958)
	Ralf Schreier (geb. 1961)
2019	Gestorben am 25. Dezember in Dresden
2020	8./9. Januar Trauergottesdienst in der Dresdner Kreuzkirche / Beisetzung auf dem Inneren Matthäus-Friedhof in Dresden-Friedrichstadt

Ausbildung und berufliche Stationen

1943	Aufnahme in die Vorbereitungsklasse des Dresdner Kreuzchores
1945	Aufnahme als Sopranist in den Dresdner Kreuzchor
1946–1951	Altist und Altsolist im Dresdner Kreuzchor
1951–1954	Chorpräfekt, nach der Mutation Tenorist
1954	Abitur an der Kreuzschule Dresden

1954–1956	Private Gesangsausbildung bei Fritz Polster, Leipzig, und beginnende Konzerttätigkeit außerhalb von Kreuzchorveranstaltungen Stimmbildner beim Dresdner Kreuzchor
1956	Mitglied im Leipziger Rundfunkchor, dort beginnende Erarbeitung des Liedrepertoires mit Reinhard Tschache
1956–1959	Studium bei Herbert Winkler (Gesang) und Ernst Hintze (Dirigieren) an der Hochschule für Musik Carl Maria von Weber Dresden
1959	Verpflichtung als lyrischer Tenor ans Studio der Staatsoper Dresden
1961–1963	Mitglied im Solistenensemble der Staatsoper Dresden
1963–2000	Mitglied im Solistenensemble der Deutschen Staatsoper Berlin
1964	Verleihung der Berufsbezeichnung »Kammersänger« durch den Minister für Kultur der DDR
...	Gastvertrag mit der Bayerischen Staatsoper München
1979	Verleihung der Berufsbezeichnung »Bayerischer Kammersänger« durch den Minister für Unterricht und Kultus des Freistaates Bayern
...	Gastvertrag mit der Wiener Staatsoper (erster Auftritt 1967)
1980	Verleihung der Berufsbezeichnung »Österreichischer Kammersänger« durch den Minister für Unterricht und Kunst der Republik Österreich
1984	Präsident des Kuratoriums des Schauspielhauses Berlin (heute Konzerthaus)

Tätigkeit als Knabenaltist, Tenorist und Dirigent

| Seit 1945 | Chorsänger im Kreuzchor, als Knabenalt-Solist über deutsche Grenzen hinaus bekannt |

1949–1955	Mit dem Dresdner Kreuzchor auf Tourneen in Frankreich, Holland, Österreich, Polen, Rumänien, Schweiz, Skandinavien, Tschechoslowakei, Ungarn, Westdeutschland
1954–1956	Solistische Auftritte als »Ehemaliger« in Kreuzchor-Konzerten
1955	Erstmals Partie des Evangelisten in Bachs *Johannes-Passion* in Sulzbach-Rosenberg unter Ludwig-Günter Mohrig
1956	Stimmliche Indisponiertheit als Evangelist in der Aufführung der *Matthäus-Passion* in der Kreuzkirche Dresden unter Rudolf Mauersberger, nachdem zuvor in Bremen das Debüt geglückt war
1959 ff.	Wiederverpflichtung in die Kreuzkirche zu Kreuzchoraufführungen mit der Staatskapelle unter R. Mauersberger: 1959 Händels *Judas Maccabaeus*, 1963 Beethovens *Missa solemnis* und Bach-Kantate (Weihe der Jehmlich-Orgel) sowie 1960 zu den Heinrich-Schütz-Tagen; 1963 Bachs *Weihnachtsoratorium* mit der Dresdner Philharmonie u.v.a.
1959	Erste Opernrolle an der Staatsoper Dresden als Erster Gefangener (*Fidelio*) Konzertreise nach Indien und Mali
1960	Debüt in einer Mozart-Oper – Ferrando (*Così fan tutte*) in Dresden
1962	Erstes Gastspiel an der Deutschen Staatsoper Berlin als Belmonte *(Entführung aus dem Serail)*
1963	Erstes Auslandsgastspiel mit der Deutschen Staatsoper (Schweiz)
1965	Erstes Gastspiel in Wien mit Bachs *h-Moll-Messe* unter Karl Richter
1966	Gastspiel zu den Bayreuther Festspielen als Junger Seemann (*Tristan und Isolde*) unter Karl Böhm Erster Liederabend im Wiener Musikverein (letzter 2005)

1967	Erster Auftritt an der Wiener Staatsoper (Tamino/ *Zauberflöte*) Erstes Gastspiel zu den Salzburger Festspielen (Tamino) unter Wolfgang Sawallisch, regelmäßige Teilnahme
1968	Gastspiele in Buenos Aires (Teatro Colón) und Mailand (Scala)
1969	Debüt an der Metropolitan Opera New York als Tamino unter Josef Krips, Bühnenbild Marc Chagall Erster Liederabend bei den Salzburger Festspielen Mitwirkung zur Eröffnung des Dresdner Kultur-palastes mit dem Tenorpart (erstmals) in Beetho-vens *9. Sinfonie* (Dresdner Philharmonie) unter Kurt Masur
1970/71	Erste Dirigate bei den Staatskapellen in Berlin und Dresden (Werke von J. S. und C. Ph. E. Bach und Schubert) Letzte Zusammenarbeit mit Rudolf Mauersberger als Evangelist in der Plattenproduktion von Bachs *Matthäus-Passion* mit Kreuzchor, Thomanerchor und Gewandhausorchester
1973	Erstmals Loge in Wagners *Ring* an der Staatsoper Berlin sowie zu den Osterfestspielen in Salzburg unter Herbert von Karajan Mitwirkung an der Uraufführung des Oratoriums *Schöpfer Mensch* von Fritz Geißler zur Berliner Musik-Biennale unter Wolf-Dieter Hauschild
1974	Erster Physiker in der Oper *Einstein* von Paul Dessau (Uraufführung Deutsche Staatsoper Berlin) unter Otmar Suitner, Regie Ruth Berghaus 100. Auftritt an der Wiener Staatsoper (Don Octavio in *Don Giovanni*), Liederabend mit Norman Shetler im Musikverein
1976	Erster Liederabend zur »Schubertiade« in Schwar-zenberg und Hohenems (letzter Liederabend 2005)

1979	Erstes Dirigat bei der Dresdner Philharmonie (Gedenkkonzert für R. Mauersberger) Tamino in der *Zauberflöten*-Inszenierung Harry Kupfers der Staatsoper Dresden Erstmals Leitung eines Meisterkurses beim Internationalen Musikseminar der DDR in Weimar Mitwirkung bei der Uraufführung von Mozarts Oper *Il Sogno di Scipione* in Salzburg Erstmals Palestrina in der gleichnamigen Pfitzner-Oper an der Bayerischen Staatsoper München unter Wolfgang Sawallisch
1980	Dirigat der Strauss-Oper *Capriccio* an der Deutschen Staatsoper Berlin, Regie Theo Adam Erstes Dirigat beim Gewandhausorchester Leipzig Dirigiert Händels *Julius Caesar* beim Gastspiel der Deutschen Staatsoper in Japan
1981	Mitwirkung bei den Kulturwochen der DDR in Japan Loge im *Ring* der Wiener Staatsoper Dirigat von Händels *Alexanderfest* bei den Osterfestspielen Salzburg Dirigat der *h-Moll-Messe* im Neuen Gewandhaus Leipzig
1982	Uraufführung des Liederzyklus *Honig holen* von Rainer Kunad (Dresdner Musikfestspiele)
1983	Mitwirkung an der Uraufführung des Oratoriums *Stimmen der Völker* nach Herder von Rainer Kunad unter Christian Hauschild (Dresdner Musikfestspiele)
1984	Eröffnung des Berliner Schauspielhauses als Konzerthaus (Mitwirkung im Eröffnungskonzert und als Liedsänger) 25-jähriges Bühnenjubiläum als Belmonte an der Deutschen Staatsoper Berlin Dirigiert szenische Aufführungen weltlicher Bach-Kantaten im Berliner Pergamon-Museum (DDR-Fernsehen)

1985	Zur Eröffnung der Semperoper Dresden: Schuberts *Winterreise* mit Swjatoslaw Richter (Wiederholung im Puschkin-Museum Moskau) / Lenski in Tschaikowskis *Eugen Onegin*
	Erstmals Aufführung der *Matthäus-Passion* in Personalunion Evangelist – Dirigent mit dem Rundfunkchor Leipzig im Sonderkonzert der Staatskapelle Dresden (Kulturpalast)
1986	Mitwirkung in der Fernsehsendung »Katja Ebstein – unterwegs in der DDR«
	Uraufführung der *18 Hölderlin-Lieder* (I. Zyklus) mit Orchester von Wilhelm Killmayer in München (unter Wolfgang Sawallisch)
	Als Florestan im *Fidelio* zur »Schubertiade« in Feldkirch unter Nikolaus Harnoncourt
	Als Loge in Paris unter Marek Janowski
1987	Mitwirkung im Festkonzert »775 Jahre Thomanerchor« in Leipzig unter Hans-Joachim Rotzsch
	Japan-Gastspiel mit Wagners *Meistersinger* unter Otmar Suitner
	Sänger und Moderator in der Fernsehsendung »Durch die Wälder, durch die Auen« im Weber-Museum Dresden-Hosterwitz
	Uraufführung der Lieder nach Gedichten von Eva Strittmatter *Die eine Rose überwältigt alles* mit Klavier von Helmut Eder (1. Dresdner Tage der zeitgenössischen Musik)
	Als Dirigent Premiere des *Don Giovanni* an der Hamburger Staatsoper
1988	Einstudierung und Dirigat von Mozarts *Figaro* in der Semperoper Dresden
	Mit Theo Adam Uraufführung des Liederzyklus *Wem ich zu gefallen suche* von Siegfried Matthus in der Komischen Oper Berlin
1989	Erstes Gastspiel in Israel (Liederabende)

	Schallplattenaufnahmen in Berlin-Schöneweide am 9. November, dem Tag der Maueröffnung
1990	Erste Tournee nach Australien und Neuseeland
1991	Gemeinsam mit Theo Adam Benefizkonzert für den Wiederaufbau der Kirche Dresden-Loschwitz in der St. Michaeliskirche Hamburg
1992	Gastspiel in Australien (*Johannes-Passion / Winterreise*)
1994	Dirigiert in Händels *Messias* den Dresdner Kreuzchor in der Kreuzkirche
1999	1.»Schumanniade« in Kreischa – bis 2018 im Zweijahresrhythmus unter seiner künstlerischen Leitung und seiner Mitwirkung als Sänger, Dirigent, Rezitator Letztmalige Mitwirkung an einer Premiere der Staatsoper Unter den Linden Berlin als Basilio im *Figaro* unter Daniel Barenboim
2000	Letzter Auftritt auf einer Opernbühne: als Tamino in der Staatsoper Unter den Linden Berlin, seinem Stammhaus
2001	Zum Jubiläum »100 Jahre Wigmore Hall« Liederabend in London mit András Schiff Dirigent des Münchener Bach-Gedenkkonzerts für K. Richter zum 75. Geburtstag und der *Schöpfung* als Ballett von Uwe Scholz in der Semperoper Dresden
2002	Dirigent der *h-Moll-Messe* in der Operninszenierung von Achim Freyer in Los Angeles Bachs *Matthäus-Passion* als Evangelist und Dirigent in Rom
2004	Liederabend zur Eröffnung des Saales im Dresdner Kulturrathaus in der Reihe »Das Lied in Dresden«
2005	Letzte Auftritte als Sänger u. a. in Frankreich, Japan, Österreich und Dresden: in der wiederaufgebauten Frauenkirche (*Lobgesang* von Mendelssohn) Letzter öffentlicher Auftritt als Sänger: in Prag in Bachs *Weihnachtsoratorium* unter eigener Leitung

2006	Dirigent des Adventskonzerts (ZDF) der Sächsischen Staatskapelle Dresden in der Frauenkirche
2010	Letztes Dirigat im Wiener Musikverein (Mozart, *Vesperae solennes de Dominica*)
2012	Letzter Meisterkurs und letzte öffentliche Gesprächsveranstaltung an der Hochschule für Musik Dresden
2015	Letzter Meisterkurs zur »Schubertiade« in Hohenems Letztes Dirigat in der Dresdner Kreuzkirche: Benefizkonzert der Dresdner Philharmonie für die Orgel im neuen Konzertsaal des Dresdner Kulturpalastes (Mozart-*Requiem*) Letztes Dirigat im Leipziger Gewandhaus mit Bachs *Weihnachtsoratorium*
2018	Letztes Dirigat seines Lebens mit Bachs *Johannes-Passion* in der Thomaskirche Leipzig Übergabe der Künstlerischen Leitung der »Schumanniade« an Kammersänger Olaf Bär / Einweihung der Peter-Schreier-Büste von Hans Kazzer im Kurpark Kreischa In Bad Lauchstädt letzte öffentliche Gesprächsveranstaltung

Auszeichnungen/Mitgliedschaften

1967	Deutscher Nationalpreis III. Klasse für Kunst und Literatur
1969	Schumann-Preis der Stadt Zwickau
1970	Martin Andersen Nexö-Kunstpreis der Stadt Dresden
1971	Vaterländischer Verdienstorden in Silber
1972	Händel-Preis der Stadt Halle Nationalpreis der DDR I. Klasse für Kunst und Literatur
1973	Carl-Maria-von-Weber-Plakette der Hochschule für Musik Carl Maria von Weber Dresden

	Kritikerpreis der Berliner Zeitung für den Loge im *Ring des Nibelungen*
1974	Johannes R. Becher-Medaille des Kulturbundes der DDR
1975	Deutscher Schallplattenpreis, Berlin
1976	Silberne Mozart-Medaille der Internationalen Stiftung Mozarteum Salzburg
1977	Wiener Flötenuhr der Wiener Mozart-Gemeinde
1978	Ordentliches Mitglied der Akademie der Künste der DDR, Berlin
1980	Mitglied im Martin Luther-Komitee der DDR
1981	Honorarprofessor für Gesang an der Hochschule für Musik Carl Maria von Weber Dresden
1984	Vaterländischer Verdienstorden in Gold
1985	Mitglied im Kuratorium Semperoper (Vorsitz Theo Adam)
	Korrespondierendes Mitglied der Bayerischen Akademie der Schönen Künste, München
1986	Nationalpreis der DDR I. Klasse
	Ehrenmitglied der Gesellschaft der Musikfreunde Wien
1987	Goldenes Ehrenzeichen des Landes Salzburg
1988	Ernst von Siemens Musikpreis, München
	Kgl.-Dänischer Léonie-Sonnings-Musikpreis Kopenhagen
	Ehrensenator der Hochschule für Musik München
1989	Korrespondierendes Mitglied der Schwedischen Akademie der Künste Stockholm
1993	Wartburg-Preis Eisenach (Übergabe 1994)
1994	Telemann-Preis Magdeburg
	National Academy of Recording Arts & Sciences
1995	Verdienstkreuz 1. Klasse des Verdienstordens der Bundesrepublik Deutschland
	Ordentliches Mitglied der Bayerischen Akademie der Schönen Künste, München

	Wahl ins Ehrenpräsidium der Deutschen Schubert-Gesellschaft, Duisburg
1996	Ehrenbürgerrecht der Stadt Meißen
	Gründungsmitglied der Sächsischen Akademie der Künste, Dresden
1997	Vorsitzender des Vereins »Dresdner Stadtjubiläum 2006« e.V.
1998	Preis der Stiftung Bibel und Kultur, Stuttgart
	Robert Stolz Ehrenurkunde, Wien
1999	Gottlob-Frick-Medaille, Ölbronn-Dürrn
2000	Ehrenmitglied der Deutschen Staatsoper Berlin
	Preis der Europäischen Kirchenmusik in Schwäbisch Gmünd
2002	Berufung ins »Kuratorium für ein weltoffenes Sachsen«, Dresden
2005	Mozartpreis der Sächsischen Mozart-Gesellschaft, Chemnitz
2006	Ehrenmitglied der Sächsischen Mozart-Gesellschaft, Chemnitz
2007	Ehrenprofessur der Ferenc Liszt Akademie für Musik, Budapest
2009	Bach Price der Royal Academy of Music, London
2011	Internationaler Mendelssohn-Preis der Stadt Leipzig
	Hugo-Wolf-Medaille der Internationalen Hugo-Wolf-Akademie, Stuttgart
2013	Bach-Medaille der Stadt Leipzig
2016	Verdienstorden des Freistaates Sachsen, Dresden
2019	Verleihung des Ordens der aufgehenden Sonne am Band, Japan:
2020	Überreichung an die Familie Peter Schreiers durch den japanischen Botschafter in Deutschland

Begegnungen und Erinnerungen (2020)

Hansjörg Albrecht
Dirigent und Konzertorganist

Eine völlig neue Art des Musizierens bei Peter Schreier

Peter Schreier war mir seit Kindertagen ein Begriff. Die Erwachsenen sprachen damals von ihm fast wie von einem Heiligen. Für viele im Osten war er – neben Theo Adam und Ludwig Güttler – *das* Aushängeschild der alten DDR, auf das man unglaublich stolz war. Es schien, als ob er mit seiner Musik und seiner Kunst Identität unter den Menschen des sich nach außen hin abschirmenden Staates stiften konnte. Schreiers Schallplatteneinspielungen »Vom Knabenalt zum lyrischen Tenor« sowie seine berühmten »Weihnachtslieder« waren für mich omnipräsent. Seine charakteristische Stimme sowie die Bilder aus Salzburg, München und Berlin – abgebildet in einem der berühmten DDR-Bildbände über ihn – prägten sich mir tief ins Gedächtnis ein. Ab und an tauchte dann sein Name bei uns Kruzianern wieder auf – an ein gemeinsames Konzert mit ihm als Sänger oder Dirigent kann ich mich jedoch nicht erinnern.

Später sah ich dann einen Konzertmitschnitt, bei dem er Händels *Messias* auswendig dirigierte. Ich war begeistert von seiner physischen Präsenz und hätte nie im Leben zu denken gewagt, dass ich Jahre später einmal die Gelegenheit haben würde, mit ihm zusammen auf der Bühne zu stehen und uns beide eine höchst intensive musikalische Zeit miteinander verbinden würde ...

Im Spätsommer 1999 erhielt ich von Peter Schreiers Künstlerbüro einen Anruf und wurde zu einem Gespräch eingeladen. Der Maestro hatte eines Tages im Publikum eines von mir geleiteten Bach-Kantaten-Abends gesessen, um sich zwei junge Sänger anzuhören. Er sei von meiner Art des Musizierens von den Tasteninstrumenten aus beeindruckt gewesen – ich hätte ihn an den jungen Karl Richter, den einstigen Spiritus rector und Gründer des

27

Münchener Bach-Chores und Bach-Orchesters, erinnert ... Welch schönes Kompliment. Ich war wirklich überwältigt, denn quasi von jetzt auf gleich sollte ich sein Assistent, Organist und Cembalist bei von ihm dirigierten Konzerten im In- und Ausland sein. Später kamen auch regelmäßige Liederabende hinzu.

Das erste Konzert, welches ich unter Schreiers Leitung spielte, war eine Aufführung von Bachs *Matthäus-Passion* im Münchner Gasteig mit dem Chor des Bayerischen Rundfunks und der Salzburger Camerata. So plastisch und spannungsvoll hatte ich bis dahin noch keine Aufführung dieses Werkes erlebt. Schreier stand in der für ihn typischen Art als dirigierender Inspirator und Evangelist inmitten des Geschehens. Der Chor war in klassischer Aufstellung hinten auf der Bühne platziert, die beiden Continuo-Gruppen flankierten Schreier in der Mitte und die beiden Orchester waren wie Flügelaltartüren links und rechts um ihn herum angeordnet und spielten in seine Richtung, hin zur Bühnenmitte. Er dirigierte sehr sparsam, die Rezitative und Übergänge deutete er gestisch nur an und drehte sich bei Choreinsätzen zum Chor um. Die Spannung, die er mit dieser ihm eigenen Dirigierart aufbaute, war enorm. Für mich war es eine völlig neue Art des Musizierens, die ich als sehr energetisch und spontan empfand, denn alle Beteiligten mussten zu jedem Zeitpunkt äußerst wach sein. Schreier war in seinem Element: Unspektakulär, ohne große Gesten und nur von der Musik, ihrer Phrasierung und dem Text ausgehend, deklamierte er als ungemein menschlicher, unmittelbar im Geschehen stehender Berichterstatter und Ausdeuter der Passionsgeschichte und Bachs genialer Partitur. Ich stand wie unter Drogen ...

Einige Tage darauf lud er mich dann zu sich nach Hause ein, und wir lernten uns endlich auch persönlich näher kennen. Mein respektvolles *Sie*, mit dem ich ihn ganz selbstverständlich ansprach, wischte er freundlich und bestimmt nach einer kurzen Weile mit den Worten beiseite: »Ich bin Peter, wir sind doch alle ›Krutscher‹«. Diese Handreichung unter ehemaligen Kruzianern kannte ich zwar, doch von diesem Weltklasse-Künstler ausgesprochen, wirkte sie fast unwirklich auf mich. Für ihn war damit alles gesagt.

Er erzählte mir schon bei diesem ersten Besuch viel von Rudolf Mauersberger (seinem Förderer und Mentor in Dresden), seiner nachhaltigen Zusammenarbeit und teils freundschaftlichen Beziehung u. a. zu Wolfgang Sawallisch, Herbert von Karajan, Otmar Suitner, András Schiff und Daniel Barenboim. Zwischen Peter Schreier und mir entspann sich im Laufe der Zeit eine Art künstlerische Vater-Sohn-Beziehung. Ich lernte nach und nach seine Familie näher kennen und erinnere mich noch an einen spontanen und unglaublich entspannten Abend bei gemeinsamen Freunden in Kreischa. In diesem Dorf, unweit von Dresden gelegen, hatte Schreier für sich und seine Familie eine Rückzugsmöglichkeit in purer Natur – mit Blick auf die Ausläufer des Erzgebirges – bauen lassen. Dort war er »der fröhliche Landmann« und suchte gern Ausgleich von seinen anstrengenden Tourneen und Gastspielen sowie den unzähligen Veranstaltungen, bei denen er als berühmter Künstler natürlich Präsenz zeigen musste. Selbstverständlich war er ein »Bühnentier«, musizierte mit dem Herzen und höchst leidenschaftlich für sein Publikum, doch der künstlerische Druck, der auf ihm lastete, war stets hoch. Interessanterweise sagte er mir jedoch einmal, dass er diesen Druck gebraucht hätte, um zu Höchstleistung zu kommen: »Angst beflügelt«.

Die »Weichgespültheit« der Nachwendezeit und auch neuzeitliche Pädagogikansätze im Musikstudium empfand Schreier als Graus. Für ihn war künstlerische Unbedingtheit ein hohes Gut, nach der man ständig streben müsse – ohne Ablenkung und ohne Kompromisse, die der reinen Bequemlichkeit geschuldet schienen. Hundertprozentige Leistung erwartete er zu Recht auch in den Proben, in denen es immer gleich künstlerisch zur Sache ging. Dass mal etwas musikalisch nicht funktionieren könne, war ausgeschlossen; für etwaige Indisponiertheit oder gar Müdigkeit zeigte Schreier selten Verständnis – man ließ es sich am besten nicht anmerken. Ich lernte durch ihn viele großartige Künstler, Spielorte, Ensembles und Orchester kennen und habe viel von ihm und seiner Art zu musizieren gelernt. Besonders eindrücklich ist mir noch immer, wie er sowohl von Sängern als auch Instrumentalisten einforderte, dass sie »auf dem Atem« musizieren sollten.

Im Laufe unserer fast sechsjährigen Zusammenarbeit gab es sehr intensive Phasen, in denen wir fast ohne Pause weltweit unterwegs waren. Neben allem gemeinsamen Konzertieren und dem Begleiten bei Meisterklassen übernahm ich auch immer wieder Einstudierungen mit Chören und Orchestern. Das war für mich eine große Ehre, und ich genoss die Herausforderung. Schreier ersparte es vor Ort viel Probenzeit, und er konnte schneller »auf den interpretatorischen Punkt« kommen, wie er es mochte. Besonders gern erinnere ich mich an ausgedehnte Tourneen zum Israel Philharmonic Orchestra, nach Japan, zum Opernorchester Los Angeles mit einer vertanzten *h-Moll-Messe*, an ein Gastspiel in der Carnegie Hall mit einem USA-weiten und von der Carnegie Hall initiierten Lecture Project für Professoren und Dirigenten der großen Musikuniversitäten (die den Chor bildeten), an ein höchst spannendes szenisches *Johannes-Passions*-Projekt an der Oper Helsinki, an Aufführungen in historischen Traumsälen wie dem Wiener Musikverein und der Victoria Concert Hall Genf, eine *Johannes-Passion* im Markus-Dom in Venedig, an aufregende Konzerte im Auditorium Madrid und in der Eröffnungssaison der neuen Konzerthalle Santa Cecilia in Rom. Ebenso ist mir eine *Messias*-Aufführung in Prag besonders im Gedächtnis geblieben, bei der Peter Schreier kreidebleich auf die Bühne kam, während des Dirigierens einen Zuckerschock bekam und ich die Leitung des ersten Teiles quasi vom Cembalo aus übernahm. Nach der Pause kam er regeneriert und wohlgelaunt zum zweiten Teil auf die Bühne und musizierte mit Hingabe und Leidenschaft, als wäre nichts gewesen. Solche gemeinsamen Erlebnisse schweißten natürlich noch mehr zusammen.

Manchmal unterhielten wir uns auch über Politik. Bei aller Begeisterung und andauernder Hochachtung vor ihm, empfand ich es doch problematisch – und sprach das ihm gegenüber auch an –, dass im Rampenlicht stehende Menschen und Künstler wie er in den Wendetagen des Herbstes 1989 nur sehr sparsam oder gar nicht in Erscheinung getreten waren. Sein Freund Daniel Barenboim habe sich schließlich auch in politisch-brisanten Situationen in Israel zu Wort gemeldet und heikle Themen kritisch kommentiert. In diesem Punkt blieben wir unterschiedlicher Meinung. Peter Schreier vertrat den Standpunkt, dass er ein unpolitischer Mensch sei und mit seiner Kunst mehr bewirken könne als mit Worten.

Neben den vielfältigen Großprojekten, bei denen Schreier vor allem Werke seiner Lieblingskomponisten Bach, Händel, Haydn, Mozart und Schubert dirigierte, widmete er sich ungemein gern der kleinen Form, dem Liederabend. In unzähligen Konzerten interpretierten wir Lieder aus Bachs *Schemelli-Gesangbuch*. Er schwärmte mir regelmäßig von seinem Freund Karl Richter vor, mit dem er Teile dieser kostbaren Sammlung mehrfach aufgeführt und im Freiberger Dom an der großen Silbermannorgel auch aufgenommen hatte. Richter habe diese kleine Kunstform unglaublich farbig und nach Generalbass auf zwei Manualen und mit Pedal frei improvisiert, spontan Strophe für Strophe neues, barockes Leben einhauchen können. »Probier das mal«, waren dann seine Worte. Mein Spiel schien ihn an Richter zu erinnern, jedenfalls seine Vorstellungen zu treffen. Wir haben einfach zusammen Musik gemacht und uns ziemlich wortlos verstanden. Das waren wunderbare Momente.

Peter Schreier war »Herzensmusiker« mit einer unglaublichen Sendungskraft. Diese besondere Qualität kam nach meinem Empfinden vor allem bei Liederabenden zum Vorschein. Mit simplen Strophenliedern wie den *Schemelli-Gesängen* vermochte er Kirchen und Konzertsäle zu füllen und Menschen aufs Tiefste zu berühren. Nicht die intellektuelle Analyse der Musik stand im Vordergrund, sondern Schreiers Singen quasi aus dem Herzen heraus und mit einem unerklärlichen musikalischen Instinkt. So konnte er auch den Schluss von Schumanns *Dichterliebe* derart natürlich und zugleich ergreifend gestalten, dass den Menschen im Publikum die Tränen in die Augen schossen.

Besondere Erinnerung habe ich an ein Konzert, in dem wir weihnachtliche Vertonungen des 19. und frühen 20. Jahrhunderts bei den legendären »Baustellenkonzerten« der Dresdner Frauenkirche zu Gehör brachten. Der sich hoch aufwölbende Innenraum war für eine Woche für einige ausgewählte Konzerte geöffnet worden, und die Spannung war sowohl im Publikum als auch bei uns auf der Bühne groß. Die Magie des neu erstandenen Raums schien sich dann auch auf die Musik zu übertragen. An die kleinen Mikrofone, welche fast unsichtbar auf der Bühne standen und nur zum Mitschnitt für Archiv-Zwecke gedacht waren, erinnerten wir uns allerdings beide nicht mehr, als überraschend vor ein paar Jahren die Anfrage des Labels Berlin Classics kam, diesen Live-Mitschnitt zu veröffentlichen. Per Filter wurden Huster im Publikum und Polizei-Sirenen ausgeblendet, und die CD wurde zu einem großen Verkaufserfolg – anknüpfend an Schreiers eingangs erwähnte, legendäre Weihnachts-Einspielung für das DDR-Klassiklabel Eterna.

Er bevorzugte es, mit Künstlern zusammen zu arbeiten, die seine Auffassung und Interpretation kannten und auf die er sich verlassen konnte. Musikern Musik »erklären« zu müssen, war nicht seine Sache: »Entweder man ist Musiker oder man sollte es lassen«. Er selbst war sich seiner künstlerischen Gaben und seiner Musikalität durchaus bewusst. Sein Credo lautete daher auch (sinngemäß): Wer von Gott Gaben mitbekommen hat, der muss sie später auch nutzen und verantwortungsvoll zum Wohle und zur Freude aller einsetzen – das habe ihm sowohl sein Vater als auch Rudolf Mauersberger im Kreuzchor eingeschärft. Wohl ließ er aber sein Können nie »heraushängen«, sondern blieb auch bei seinen größten Erfolgen immer bescheiden und bodenständig.

So wie er zeitlebens immer sehr klug mit seiner Stimme umging, plante er auch seine Abschiede: »Ich geh' lieber rechtzeitig, als wenn die Kollegen und das Publikum sagen: Wann hört der Schreier endlich auf?« Im Jahr 2000 erlebte ich als Zuschauer in der Staatsoper Berlin seinen Abschied von der Opernbühne mit einer der Paraderollen seiner Opernkarriere: Mit damals 65 Jahren sang er einen noch immer jugendlich wirkenden Tamino in Mozarts *Zauberflöte* an der Seite einer etwa 30 Jahre jüngeren Pamina – standing ovations! Im Dezember 2005 trat er im Prager Rudolfinum letztmalig in der Doppelfunktion als Sänger und Dirigent auf die Bühne. Die Proben mit der Tschechischen Philharmonie für Bachs *Weihnachtsoratorium* gestalteten sich etwas zäh, und ich meinte, ihm zudem seine Anspannung und eine stimmliche Müdigkeit anzumerken. Dennoch zündete er im Konzert noch einmal ein echtes Feuerwerk. Es war ein fulminanter Abend und ein leiser Abschied zugleich, denn von offizieller (kultur-)politischer Seite war niemand da, um ihm, dem Weltklassekünstler, für sein Lebenswerk zu danken und die Gläser auf ihn zu erheben. Stattdessen luden er und seine Frau uns Solisten in ein Restaurant ein, und der Abend klang still und wehmütig zugleich aus. Mir kam dabei das berühmte Wiener-Lied »Sag' beim Abschied leise Servus« in den Sinn, wo es an einer Stelle heißt: »Es gibt ka' Musi' ewig, und ka' Glück für ewig – so ist's halt im Leben.«

Gefreut hat mich besonders, dass Peter Schreier einige Zeit später aufgrund eines Dirigates bei den New Yorker Philharmonikern von der New York Times zum »Dirigenten des Jahres« gekürt wurde. Wenngleich er nie in der traditionellen Kapellmeisterart dirigiert hat und sich durchaus bewusst war, dass er nicht die dirigentischen Fähigkeiten von Karajan, Sawallisch & Co. besaß, so war diese internationale Würdigung eine schöne und angemessene Verbeugung vor ihm als Künstler und seinem Lebenswerk.

Auch als ich nicht mehr mit Peter Schreier konzertierte, blieb ich mit ihm und seiner Frau in freundschaftlicher Verbindung und herzlichem Gedankenaustausch. Gesundheitlich ging es ihm nach und nach schlechter. »Altwerden ist grauenvoll«, sagte er einmal, »doch ich habe noch so viele Pläne«. Am zweiten Weihnachtsfeiertag 2019 wollte ich Peter und Renate Schreier wieder einmal besuchen – doch er war ganz plötzlich aus der Welt gegangen.

»Sag' beim Abschied leise ›Servus‹, nicht ›Lebwohl‹ und nicht ›Adieu‹. Diese Worte tun nur weh.

Doch das kleine, Wörter'l ›Servus‹ ist ein lieber letzter Gruß, wenn man Abschied nehmen muss.«

Für mich bleibt die Erinnerung an unzählige, unbeschreiblich intensive und inspirierende Konzerte und an eine prall gefüllte künstlerische Wegstrecke, die ich mit ihm gehen durfte. Dafür bin ich sehr dankbar.

Hansjörg Albrecht

… zählt – neben Ton Koopman, Masaaki Suzuki, Martin Haselböck und Wayne Marshall – zu den wenigen Künstlern, die international sowohl als Dirigent als auch als Konzertorganist regelmäßig präsent sind. Mitglied des Dresdner Kreuzchores 1981–1991, Studien in Hamburg, Lyon und Köln 1992–2001. Internationale, freischaffende Konzerttätigkeit seit 1998. Assistent, Organist, Cembalist und Duopartner von Peter Schreier 2000–2005. Künstlerischer Leiter des Münchener Bach-Chors und des Münchener Bach-Orchesters seit 2005. Daneben verbindet ihn eine langjährige Zusammenarbeit u. a. mit dem Opernhaus San Carlo Neapel, dem Kammerorchester Moskau und der Staatskapelle Weimar. Er konzertiert weltweit in den großen Musikzentren wie London, Paris, Wien, Berlin, Prag, Rom, Moskau, Tokio und New York. Des Weiteren dirigiert er Opernproduktionen u. a. in Neapel und Dubai sowie Ballett-Projekte mit den Tanzkompanien von Marguerite Donlon und Boris Eifman. Seit 2016 leitet er die Oratorienklasse am Mozarteum Salzburg und gibt regelmäßig Meisterklassen im In- und Ausland. Beim Label Oehms Classics legte Hansjörg Albrecht als Dirigent und Organist bisher über 25 vielbeachtete CDs vor. Er wurde u. a. 2013 für den GRAMMY Award sowie mit seiner Live-Einspielung von Wagners »Ring ohne Worte« (mit der Staatskapelle Weimar) für den »Preis der Deutschen Schallplattenkritik« nominiert. 2020 begann er mit der Aufnahme aller Bruckner-Sinfonien als Orgeltranskriptionen – kombiniert mit eigens für diese Produktion neu komponierten »Bruckner-Fenstern« zeitgenössischer Komponisten. Bis Bruckners 200. Geburtstag 2024 wird er dieses Mammutprojekt an verschiedenen Originalschauplätzen wie Linz, Wien, Luzern, München, Paris und London einspielen. www.hansjoerg-albrecht.com

34

Daniel Barenboim
Dirigent und Pianist

Mozart-Requiem mit Peter Schreier – eine musikalische Sternstunde

Ich habe viele wunderschöne Erinnerungen an meine Zusammenarbeit mit Peter Schreier, den ich *über alle Maßen* geschätzt habe – sei es als Liedsänger oder auf der Opernbühne. Eine Erinnerung ist mir besonders wertvoll und unvergesslich. Als ich Mozarts *Requiem* als junger Dirigent zum ersten Mal in London leitete, war Peter Schreier der Tenor und unterstützte mich im Probenprozess sehr. Ich dirigierte am Konzertabend auswendig, und als ich einen falschen Einsatz gab, ging Peter Schreier lächelnd darüber hinweg. Das hat mir als jungem Dirigenten sehr imponiert, und das Konzert wurde zu einer musikalischen Sternstunde.

Daniel Barenboim

Geboren 1942 in Buenos Aires, wo er sein erstes Konzert im Alter von sieben Jahren gab. Seit seinem Dirigierdebüt 1967 in London mit dem Philharmonia Orchestra ist er bei den führenden Orchestern der Welt gefragt. Zwischen 1975 und 1989 war er Chefdirigent des Orchestre de Paris und 1991–2006 Chefdirigent des Chicago Symphony Orchestra. Seit 1992 ist Daniel Barenboim GMD der Berliner Staatsoper Unter den Linden. Die Staatskapelle Berlin wählte ihn 2000 zum Chefdirigenten auf Lebenszeit. 1999 rief er gemeinsam mit dem palästinensischen Literaturwissenschaftler Edward Said das West-Eastern Divan Orchestra ins Leben. Seit 2015 studieren talentierte junge Musiker aus dem Nahen Osten an seiner Barenboim-Said Akademie in Berlin. Dort ist auch der von ihm gegründete Pierre Boulez Saal beheimatet, der seit 2017 das musikalische Leben Berlins bereichert. Er zählt zu den zentralen Künstlerpersönlichkeiten der Gegenwart. Als Pianist und Dirigent ist er seit Jahrzehnten in den Metropolen der Welt aktiv. www.danielbarenboim.com

Olaf Bär
Sänger (Bariton)

Peter Schreier – Stationen und Begegnungen

Was Gott tut, das ist wohlgetan!
Er ist mein Licht und Leben,
Der mir nichts Böses gönnen kann;
Ich will mich ihm ergeben
In Freud' und Leid;
Es kommt die Zeit,
Da öffentlich erscheinet,
Wie treulich er es meinet.

Ich habe diese Verse gewählt, weil sie einem der Lieblingschoräle Johann Sebastian Bachs entstammen. Es geht in diesem Choral um Vertrauen – Vertrauen in Gott. Vertrauen in Gott hat aber auch immer etwas mit Demut, mit Respekt zu tun. Ich denke diese Begriffe positiv, ich meine Demut und Respekt in der Hinwendung. Und Demut und Respekt in diesem Sinne sind auch vonnöten, will man sich dem Werk Johann Sebastian Bachs nähern. Und ebendies habe ich bei dem Sänger und Dirigenten Peter Schreier immer, aber in besonderem Maße bei seiner Auseinandersetzung mit den Kompositionen Bachs empfunden und erfahren.

Peter Schreier ist der Künstler und Sänger, der mich in meinem eigenen Sängerleben am stärksten geprägt hat und der für mich von Anfang an ein Vorbild war.

Wenn ich meinen eigenen Werdegang als Sänger rückblickend betrachte, gibt es immer wieder Momente und Begegnungen mit ihm, die für mich eine Art Schlüsselposition sowohl in meiner Arbeit als auch in meinem Leben einnehmen. Zum Beispiel meine erste Mitwirkung als Bass-Solist in einer Aufführung der *Johan-*

nes-Passion in meinem zweiten Studienjahr. Wobei mir der Dirigent Christian Hauschild damals nicht verraten hatte, dass ich an der Seite Peter Schreiers singen würde. Das erfuhr ich erst, als die Plakate in der Hochschule aushingen. Die Aufregung an eben dieser Hochschule war groß, ganz zu schweigen von meiner eigenen Aufregung in der Aufführung. Aber ein aufmunterndes Nicken seinerseits nach dem ersten Rezitativ bestätigte mich in der Annahme, dass ich vielleicht doch die richtige Berufswahl getroffen hatte.

Hinzu kam das große Glück, dass sich, als ich nicht mehr ausschließlich sein Bewunderer war, sondern auch Kollege (der allerdings weiterhin bewundern durfte), dass sich also später noch viele gemeinsame freundschaftliche Bande außerhalb der musikalischen Welt ergaben. Sei es die gemeinsame Begeisterung für ein gutes Essen, einen guten Whisky, Jazzmusik und – ich hoffe, das verstört jetzt niemanden – die gemeinsame Begeisterung für Fußball.

Schon als Knabe im Kreuzchor war ich in freudiger Erwartung gefangen, wenn Peter Schreier als Solist angekündigt war. Die *Matthäus-Passion* kann für einen Zehn- oder Elfjährigen ein sehr langes Stück sein. Aber wenn Peter Schreier sang, wurde eine spannende Geschichte erzählt. Und wenn wir als Knaben bei anderen Tenören auf bestimmte Stellen warteten, die mit an Sicherheit grenzender Wahrscheinlichkeit schief gingen, waren wir dieser »Sorge« bei Peter Schreier ledig. Die makellose Technik dieses Ausnahmesängers machte es möglich, dass man in die Geschichte der Passion mitgenommen wurde, ohne auch nur ansatzweise die Schwierigkeiten der Partie des Evangelisten oder der Arien zu spüren.

1967 – es war mein erstes Weihnachtsfest als Kruzianer – bekam ich von meinen Eltern einen Plattenspieler und drei Schallplatten geschenkt; eine davon war diejenige mit Peter Schreier als Knabensolist u. a. mit Ausschnitten aus der *Johannes-Passion* und der *h-moll-Messe*. Ich war begeistert und diese Begeisterung hat mich und viele andere bis zum heutigen Tage nicht losgelassen.

Zumal mich einige Tage zuvor Kreuzkantor Rudolf Mauersberger dem Solisten der Aufführung des *Weihnachtsoratoriums* Peter

Schreier in der Kreuzkirche mit den Worten vorstellte: »Vielleicht wird er einmal Deinen Spuren folgen.«
Ich weiß nicht, ob ich jemals wieder so stolz war.

Als Opernsänger stand für ihn von Anfang an Mozart über allem. Sämtliche möglichen Rollen in den Opern Wolfgang Amadeus Mozarts hat Peter Schreier verkörpert. Die Interpretation der Rollen Ferrando in *Così fan tutte*, Tamino in *Die Zauberflöte* und Don Ottavio im *Don Giovanni* beispielsweise sind und bleiben maßstabsetzend. In einem Interview vermerkte er: »Mozart verlangt nicht nur instrumentales Singen, sondern Emotion *plus* instrumentale Tongebung. Mozart ist Balsam für die Stimme.«

Natürlich ging das Interesse des Opernsängers Schreier über Mozart hinaus: mit Loge in Wagners *Rheingold*, Palestrina in der gleichnamigen Oper von Hans Pfitzner, Flamand in Richard Straussens *Capriccio* und (ausschließlich für das Studio) der Max im *Freischütz* seien nur einige Beispiele genannt. Und obwohl er in einem Interview behauptet hat: »Ich habe eigentlich keine große Beziehung zum Theaterspielen. Es handelt sich um ein Sich-Veräußern«, wurden alle seine Bühnenfiguren zu lebendigen, uns berührenden und uns nahestehenden Menschen. Und dies auch und vor allem, weil er in der Lage war, seine Stimme als Träger des Ausdrucks einzusetzen. Peter Schreier transportierte mit den Mitteln seiner Sangeskunst Gefühle der Liebe, der Erregung, des Leids, der Trauer, die ganze Palette menschlicher Emotionen.

Vor einer Probe, einem Konzert, einer Opernaufführung ist es für die meisten Sänger notwendig und ratsam, sich einzusingen. Peter Schreier meinte dazu: »Ich singe mich nicht regelmäßig ein. Dadurch, dass ich viel singe, bin ich ausreichend in der Übung.« Abgesehen von dieser beneidenswerten Konstitution war er auch ein Sänger, bei dem man sich durch bloßes Zuhören eingesungen fühlte. Ich habe dieses Phänomen immer wieder bemerkt, wenn ich neben Peter Schreier auf der Opernbühne singen durfte: als Papageno in der *Zauberflöte*, als Guglielmo in *Così fan tutte*, aber natürlich auch immer wieder in Konzerten als Bass-Solist in den Passionen Bachs. Grund dafür war seine beispielhafte Atemtechnik – die

Stimme schwebte sicher und gleichermaßen flexibel wie auf einer Atemsäule und war dadurch niemals in Gefahr abzustürzen. Dies machte es ihm auch möglich, ein phänomenales Piano zu singen und musikalische Phrasen zu kreieren, die den Zuhörer die Realität vergessen lassen.

Ich erinnere mich, wie Peter Schreier bei der Aufnahme der *Johannes-Passion* eine Phrase einer Arie wiederholen ließ, obwohl man sich diese Phrase perfekter nicht vorstellen konnte. Er meinte, er müsse wenigstens an einer Stelle eine Zwischenatmung einbauen, da ansonsten jeder denkt, diese Passage sei mit Hilfe der Technik im Studio so zusammengeschnitten.

Die Stimme als Träger des Ausdrucks: ganz besonders deutlich wird das bei dem Liedsänger Peter Schreier. Hier, wo die *Sprache*, das *Wort* im Zentrum des Kunstwerkes stehen, entwickelte er die ganze Bandbreite seiner musikalischen Phantasie. Bei einem Interpretationskurs an der Dresdner Musikhochschule mahnte Peter Schreier immer und immer wieder die Verständlichkeit des Singens an. Ich zitiere sinngemäß: »Wenn der Zuhörer Euch nicht versteht, schaltet er ab und schaut nach 10 Minuten aus dem Fenster.« Dabei ging es ihm nicht nur um die Verständlichkeit der Vokale, der Konsonanten, der Worte, sondern auch und vor allem um die Verständlichkeit des Inhalts.

Peter Schreier nannte das »Mit-Gesicht-Singen«, d. h. die Gestaltung der Musik ergibt sich aus dem Sinngehalt des Wortes und es entsteht ein erkennbares Bild. Und dies alles geschah bei ihm nicht manieriert und vordergründig intellektuell, sondern stets nachvollziehbar durchdacht.

Von einer Reise aus St. Petersburg zurückkehrend, hatte er mir einmal von einem Besuch der Eremitage erzählt. Durchaus begeistert von der Fülle der Eindrücke, meinte er allerdings: »Im Grunde genommen war mir das alles zu viel, denn ich bin eigentlich kein optischer Typ«. Mir sei erlaubt, dem zu widersprechen. Denn: sei es Schuberts *Die schöne Müllerin*, der Evangelist in der *Matthäus-Passion* oder Tamino in *Die Zauberflöte*, egal, ob auf der Bühne oder aus der Tonkonserve – es entstehen Bilder, plastische

Gestalten, Farben, Szenen vor dem geistigen Auge, die nur die besonderen Fähigkeiten eines kreativen Künstlers hervorbringen können. Wie schrieb doch ein Kritiker über die Interpretationskunst Peter Schreiers: Empfinden und Nachdenken schließen einander nicht aus.

Olaf Bär, Kammersänger Prof.

... begann seine musikalische Ausbildung im Dresdner Kreuzchor. Ab 1978 studierte er an der Hochschule für Musik Carl Maria von Weber Dresden. Nach dem 1. Preis beim Walther-Gruner-Wettbewerb für deutsches Lied in London begann seine internationale Karriere als Konzert- und Liedsänger. Tourneen führten ihn in die Musikzentren Europas und Amerikas, nach Australien, Neuseeland und Japan. Der Staatsoper Dresden war er viele Jahre mit einem Gastvertrag verbunden. Gastspiele führten ihn an das Covent Garden Opera House London, an die Mailänder Scala, die Wiener Staatsoper, die Staatsoper Berlin, die Opernhäuser in Paris, Amsterdam, Frankfurt, Zürich, Chicago, Rom, Neapel und Turin sowie zu internationalen Festspielen. Zahlreiche Einspielungen bei Firmen wie EMI, Decca, Philips u. a. dokumentieren seine sängerische Arbeit. Seit dem Jahre 2004 hat er eine Professur (Liedklasse) an der Hochschule für Musik Dresden inne. Darüber hinaus wird er als Juror bei internationalen Wettbewerben eingeladen und leitet Meisterklassen im Bereich des deutschsprachigen Liedes.

Peter Damm
Hornist

Peter Schreier, der Sänger mit Herz und unvergleichlicher Intelligenz

Mit Wehmut vernahm ich Ende des Jahres 2019 die Nachricht, dass Kammersänger Peter Schreier verstorben sei. Den begnadeten Sänger mit seiner wunderschönen Stimme schätzte und bewunderte ich. Aber es war nicht allein die Stimme, die mich beeindruckte, sondern Peter Schreier war ein Sänger mit Herz und unvergleichlicher musikalischer Intelligenz. Seine musikalische Gestaltung war für mich immer ein Vorbild. Geblieben sind Erinnerungen an wunderbare Aufführungen und Studioproduktionen mit dem Opernsänger und Liedinterpreten Peter Schreier.

Es muss zur Weihnachtszeit 1947 oder 1948 gewesen sein, als mich im Radio erstmals die Stimme von Peter Schreier beeindruckte. Für mich, der ich damals gerade erste musikalische Kontakte mit meiner Geige hatte, war es etwas ganz Besonderes: Ein beinahe gleichaltriger Junge – uns trennen fast auf den Tag zwei Jahre – mit solch schöner Stimme durfte bereits als Altsolist im Kreuzchor singen. Damals, ich war noch weit von meinem späteren Beruf entfernt, konnte ich nicht ahnen, dass wir einmal später gemeinsam musizieren werden.

Noch im Gewandhausorchester tätig, erreichte mich eine Einladung zur Aufführung der *Serenade op. 31* für Tenor, Horn und Streichorchester von B. Britten mit Peter Schreier im Januar 1967 in Radebeul. Es sollten viele weitere folgen, von denen das Konzert während der Salzburger Festspiele 1972 zu einem außergewöhnlichen Höhepunkt wurde. Unvergessen bleibt auch eine Aufführung 1977 in Halle, wo wegen einer technischen Prüfung des Fernsehteams die einzig mögliche Probenzeit mit dem Orchester ausfiel. Es wurde dennoch ein eindrucksvolles Konzert, weil Dirigent Volker

Rohde, mit dem wir uns absprechen konnten, das Festspielorchester ausgezeichnet vorbereitet hatte. 1983, während eines Gastspiels in Bratislava, entstand schließlich eine CD-Produktion des Werkes mit dem Slowakischen Kammerorchester.

Anlässlich des 500-jährigen Jubiläums der Albrechtsburg Meißen komponierte Siegfried Köhler für uns eine *Ode*, die am 7. Juli 1971 uraufgeführt wurde.

Unvergesslich bleibt auch eine gemeinsame Produktion des Liedes *Auf dem Strom* für Tenor, Horn und Klavier von Franz Schubert für ETERNA im Dezember 1971, mit Walter Olbertz am Klavier. Peter Schreier gestaltete den Text von Ludwig Rellstab konzentriert, so außergewöhnlich, dass man ihn bildlich miterleben konnte.

In Beethovens *Fidelio* heißt es: »Es ist wahr, der Mensch hat so eine Stimme.« – »Ja, sie dringt in die Tiefe des Herzens.«

Peter Schreiers Stimme drang in die Tiefe der Herzen seiner Bewunderer, das fühlte ich bei jedem Hören, bei jeder gemeinsamen Aufführung, ob im Konzert, in der Oper oder bei Schallplattenproduktionen. Wunderbare Erinnerungen. Dass ich dies erleben durfte, dafür bin ich dankbar.

Peter Damm, Kammervirtuose Prof.

1951–1957 Studium an der Hochschule für Musik Weimar, 1957–1959 Solohornist des Orchesters der Bühnen der Stadt Gera, 1959–1969 Solohornist des Gewandhausorchesters Leipzig, 1969–2002 Solohornist der Sächsischen Staatskapelle Dresden, 2002 zum Ehrenmitglied ernannt. Bis 2007 Gastspielreisen als Solist u. a. in Europa, Japan, Chile. Ehrenmitglied der Horngesellschaft Bayern e. V., der Sächsischen Mozart-Gesellschaft e. V., der International Horn Society, Ehrenpräsident des Internationalen Instrumentalwettbewerbes Markneukirchen. www.hornistpeterdamm.de

Helmut Deutsch
Pianist

Der Liedsänger Peter Schreier
und seine Freude am Ungewohnten

Bei der Verleihung des Siemens-Preises 1988 in München wollte sich Peter Schreier musikalisch bedanken und fragte an der Hochschule in München nach einem geeigneten Pianisten. So kam es zu einer ersten Begegnung, die sehr angenehm und positiv verlief, sodass mir Schreier einen Liederabend in Göttingen anbot. Ich war sehr gerührt, als ich nach dem Konzert hörte, wie Schreier seine Sekretärin bat, ein Plakat zu besorgen, »das möchte ich gerne haben, es war mein erster Liederabend mit Helmut Deutsch!« Umso größer war dann meine Enttäuschung, dass es zu keinen weiteren Anfragen kam. Etwa ein Jahr später erzählte ich Olaf Bär davon, und der meinte: »Das hat gar nichts zu sagen. Er hat dich wahrscheinlich einfach vergessen.« Und er versprach mir, Schreier bei einer *Matthäuspassion* ein paar Wochen später von mir zu grüßen. Und es schien, als hätte Olaf mit seiner Vermutung recht gehabt: kurz nach dieser *Matthäuspassion* kamen Einladungen zu weiteren Konzerten mit Schreier, die bis zum Ende seiner Karriere auch nicht mehr abrissen.

Schreier faszinierte durch seine unvergleichliche Diktion, die ihn zum berühmtesten Evangelisten seiner Zeit gemacht hatte. Seine technische Souveränität, seine absolut sichere Intonation und natürliche Gestaltung waren beeindruckend. Ein Lied wie die *Mondnacht* von Schumann – von vielen wegen seiner technischen Ansprüche sehr respektiert oder sogar gefürchtet – sang Schreier, als sei es das Leichteste der Welt. Irgendeinen Anschein von Nervosität oder Lampenfieber habe ich bei ihm niemals erlebt, es gab eher manchmal gewisse Zeichen von Routine oder Spannungslosigkeit, und er bekannte das auch offen: »Mir fehlt einfach die

Motivation«, sagte er oft. Er hatte bis zu unserer Begegnung schon 30 Berufsjahre als Tenor hinter sich und muss neben der Oper unglaublich viele Konzerte gesungen haben. Ein böser Witz in dieser Zeit sagte, »Schreier nimmt pro Woche acht Angebote an und überlegt sich dann, welches davon er im letzten Moment absagen wird.«

Einen bestimmten Motivationsschub holte er sich regelmäßig durch den Trick, extrem wenig zu proben. Der Höhepunkt für mich war in dieser Hinsicht unsere erste *Schöne Müllerin*. Am Vormittag des Konzerttags kam Schreier vorbei und bat mich, die einzelnen Lieder gerade einmal kurz anzuspielen, um nach wenigen Takten bereits wieder abzubrechen und das nächste Lied zu verlangen. Manchmal kamen kurze Bemerkungen wie »bitte ein bisschen leichter und schneller«, aber nichts wurde geprobt. In der Mitte des Zyklus meinte er plötzlich, »das brauchen wir doch alles gar nicht, gehen wir lieber essen!« Trotz meiner zu dieser Zeit bereits langen Erfahrung war ich im Konzert dann doch recht angespannt. Ich wusste von der Hälfte der Lieder ja nicht einmal Schreiers Wunschtempi. Aber gerade das gefiel ihm, und er war nach dem Konzert sehr zufrieden und meinte, das hätte wieder einmal so richtig Spaß gemacht.

Bei einem anderen Konzert stellten wir kurz vor dem Beginn fest, dass wir ein Lied noch nie gemacht hatten, und wir wollten es wenigstens einmal durchgehen. *Ganymed* von Schubert beinhaltet einige starke Tempoveränderungen, und auch das Anfangstempo ist in der Praxis extrem unterschiedlich. Aber ich schien beim Durchspielen alle Nuancen richtig erraten zu haben, es gab nirgends auch nur das kleinste Problem. Als ich nachher eine Bemerkung in diesem Sinn machte, sagte er, »nein, ganz im Gegenteil, so habe ich es noch nie gesungen!« Und als »gelernter Begleiter« fragte ich spontan nach seinen Änderungswünschen. Er hätte keine, meinte er, es sei sehr schön, das einmal ganz anders zu machen, als er es gewohnt war. Auch in dieser Hinsicht war Schreier ein Ausnahmesänger: eine solche Aussage kann ich mir von kaum einem anderen Sänger vorstellen.

Natürlich gab es auch mitunter »normale« Proben, in denen Schreier ein paar Tempowünsche äußerte oder Bemerkungen zur Dynamik machte, aber viel wurde nicht geredet. Sei es, dass er wirklich zufrieden war mit dem, was er von mir hörte oder eben Abweichungen vom Gewohnten interessant und spannend fand – ich kann mich nicht an irgendwelche detaillierten Wünsche erinnern. Nur an eine Probe während einer Japan-Tournee, bei der Schreier ganz verwundert sagte, »Du spielst ja so engagiert und intensiv, als wäre es ein Konzert; es ist doch nur eine Probe!« Es schien ihm unbegreiflich, dass man sich so unnötig verausgaben konnte. Ganz alte Schule war er allerdings, wenn es um die Öffnung des Flügeldeckels ging. Prey und Schreier waren die letzten Sänger, mit denen ich zu tun hatte, bei denen ein zur Gänze offener Flügeldeckel nicht in Frage kam. »Ich glaube, das kommt von Eurem Komplex, dass ihr keine Solisten seid«, meinte Schreier einmal lächelnd. Aber ich glaube nicht, dass er das wirklich ernst gemeint hat.

2005 hatte ich die große Ehre, den allerletzten Liederabend in der langen Karriere Peter Schreiers zu begleiten. Er war 70 Jahre alt geworden, und dieses letzte Konzert war ein recht unspektakulärer Abschied im relativ kleinen Markus Sittikus Saal in Hohenems im Rahmen der »Schubertiade«, mit der Schreier seit vielen Jahren innig verbunden gewesen war. Es war ein bunt gemischtes Programm, und Schreier war in einer ausgesprochen guten Form, was in den letzten Jahren durchaus nicht immer der Fall gewesen war. Ich fragte ihn nach dem Konzert, ob er sich wirklich sicher sei, aufhören zu wollen. Er meinte ganz trocken, es sei genug. Mit knapp zehn Jahren war er in den Kreuzchor in Dresden eingetreten und mit elf war er Solist im Stimmfach Alt, was viele Aufnahmen bezeugen. Sechzig Jahre lang die allmorgendliche Kontrolle, ob mit der Stimme alles in Ordnung sei – es reicht, meinte er.

Beim anschließenden Essen in großer Gesellschaft ließ Schreier ein paar Reden über sich ergehen und bedankte sich knapp und allem Anschein nach völlig ungerührt. Dass es in seinem Inneren aber wirklich auch so nüchtern aussah, bezweifle ich ein bisschen. Für viele Menschen, die Peter Schreier in diesem Konzert gehört hatten, war es ein Abend der gemischten Gefühle: voll mit Dankbarkeit für all das, was man mit diesem Künstler erlebt hatte und Wehmut über das Ende. Ich war einer von ihnen.

Helmut Deutsch, Prof.

... zählt zu den gefragtesten und erfolgreichsten Liedbegleitern der Welt. In Wien geboren, studierte er am Konservatorium, an der Musikakademie und der Universität seiner Heimatstadt, erhielt den Kompositionspreis der Stadt Wien und wurde mit 24 Jahren Professor. Schon in seiner Studienzeit konzentrierte sich sein Hauptinteresse auf das Lied, daneben aber betätigte er sich durch mehrere Jahrzehnte als Kammermusiker in allen erdenklichen Formationen mit vielen Instrumentalisten von Weltrang. Seine internationale Karriere als Liedbegleiter begann mit der Sopranistin Irmgard Seefried, wichtigster Sänger seiner jungen Jahre aber wurde Hermann Prey, dessen fester Partner er für zwölf Jahre in mehreren hundert Konzerten war. In weiterer Folge arbeitete er mit einem Großteil der bedeutendsten Liedsänger zusammen und spielte in allen wichtigen Musikzentren der Welt. In der Gegenwart zählen die Sänger Jonas Kaufmann, Diana Damrau, Michael Volle, Camilla Nylund, Piotr Beczala und der junge Schweizer Tenor Mauro Peter zu seinen vorrangigen Partnern. Die Arbeit von Helmut Deutsch ist auf mehr als 100 Tonträgern dokumentiert. Einige davon spiegeln auch wider, was er als eines seiner zentralen Anliegen sieht: die Wiederbelebung zu Unrecht vergessener Komponisten der Vergangenheit. Eine andere Aufgabe, die im Laufe der Jahre immer mehr zu einer Herzenssache wurde, ist die Ausbildung und Förderung junger Talente. Seine Lehrtätigkeit setzte sich nach den Jahren in Wien vor allem an der Hochschule für Musik und Theater in München fort, wo er für 28 Jahre Professor für Liedgestaltung war; daneben aber gibt er bis heute eine ständig wachsende Anzahl von Meisterkursen in Europa und im Fernen Osten und bleibt durch Gastprofessuren weiterhin mit Hochschulen verbunden. Zu seinen Studenten zählten unter vielen anderen Juliane Banse, Jonas Kaufmann, Dietrich Henschel, Christian Gerhaher und Wolfram Rieger. www.helmutdeutsch.at

Gertraud Geißler
Pianistin

Mein erstes Konzert mit Peter Schreier – fand nicht statt

Anlässlich eines Konzertes im Gobelinsaal der Dresdner Gemälde-galerie Alte Meister mit Rundfunk-Liveübertragung sollten die *Weih-nachtslieder* von Peter Cornelius erklingen. Norman Shetler, der da-malige Begleiter Peter Schreiers, war unterwegs mit dem Auto im Schneechaos steckengeblieben und fürchtete, nicht rechtzeitig da zu sein. Kurzfristig wurde ich zu einer Probe gerufen, sagte auch mutig zu, im Ernstfall am Abend einzuspringen, und machte mich konzert-fein, aber da kam Shetler doch noch. Dann saß ich als Zuhörerin in der ersten Reihe.

Es schlossen sich bald zahlreiche gemeinsame Liederabende mit Peter Schreier an, die für mich immer Höhepunkte bedeuteten.

Eine außerordentlich fruchtbare künstlerische Zusammenarbeit er-gab sich in Vorbereitung auf den Walter-Gruner-Liedwettbewerb Lon-don mit Olaf Bär, meinem damaligen Studenten. Die inspirierenden gestalterischen Hinweise in Bezug auf die textlich-musikalische Um-setzung durch Peter Schreier waren für uns beide prägend und sind bis heute in guter Erinnerung (Bär gewann den 1. Preis).

Ganz besonders habe ich mich gefreut, als anlässlich meiner Ver-abschiedung von der Dresdner Musikhochschule Peter Schreier er-schien und ich mit ihm »aus dem Hut« und ohne Noten die *Forelle* von Franz Schubert musizieren durfte. Das war mein letztes Zu-sammenwirken mit ihm, wovon ein Video existiert.

Wenn ich nach meiner Emeritierung ab und an Peter Schreier be-gegnete, fragte er mich immer: »Spielst Du noch Klavier?« und fügte in bestem Sächsisch hinzu: »Ich singe ni' mehr, ich hab' genug ge-sungen!«

Gertraud Geißler, Prof.

Die in Meißen geborene Pianistin Gertraud Geißler studierte von 1957 bis 1962 an der Hochschule für Musik in Dresden Klavier und Komposition. Nach dem Abschluss ihres Studiums im Jahr 1962 begann ihre Lehrtätigkeit an der Dresdner Hochschule, wo sie 1981 als Professor für Klavier und Korrepetition berufen wurde. Im wiedervereinten Deutschland erhielt Gertraud Geißler 1993 am gleichen Institut den Ruf als Professor für Vokale Kammermusik und Leiterin der Lied- und Konzertklasse. Als Gastprofessorin war sie in Tokio und Nashville tätig.

Gertraud Geißler war regelmäßig Liedbegleiterin internationaler Wettbewerbe, so u. a. beim Schumann-Wettbewerb Zwickau, beim Bach-Wettbewerb Leipzig, beim Walter-Gruner-Wettbewerb in London; beim Liedwettbewerb s'Hertogenbosch und beim Mirjam-Helin-Wettbewerb in Helsinki. Beim internationalen Tschaikowski-Wettbewerb in Moskau erhielt sie ein Diplom für ausgezeichnete Begleitung. Als Liedbegleiterin namhafter Sängerpersönlichkeiten wie Brigitte Eisenfeld, Ute Selbig, Peter Schreier, Theo Adam, Günther Leib und Olaf Bär war sie Gast auf zahlreichen nationalen und internationalen Konzertpodien. 1978 erhielt Gertraud Geißler den renommierten Robert Schumann Preis der Stadt Zwickau.

Patrick Grahl
Sänger (Tenor)

Wahres Künstlertum und selbstbewusste Bescheidenheit – Peter Schreier

Japan im Jahr 2000: Auf der Reise von Thomanerchor und Gewandhausorchester mit Johann Sebastian Bachs *Matthäuspassion* werden Komponist, Chor, Orchester und Dirigent breit plakatiert, und auch die damals schon fast dreißigjährige Tradition von Gastspielreisen beider Ensembles mit diesem Werk nach Fernost wird umfassend gewürdigt. Doch ein Detail fällt sogar dem noch jungen Thomaner Patrick Grahl ins Auge, welches sich doch auffällig von anderen bisher erlebten Konzerten abhebt: Auch der Sänger der Evangelistenpartie wird großflächig angekündigt und genießt – bei den anderen Mitwirkenden wie auch beim Publikum – höchste Anerkennung, ja, augenscheinlich sogar eine gewisse Verehrung.

Es hieße, mich nun im Nachhinein klüger und hellhöriger zu beschreiben, als ich es damals war, wenn ich behauptete, mir bereits seinerzeit der Bedeutung Peter Schreiers als Künstlerpersönlichkeit bewusst gewesen zu sein und einen bleibenden Eindruck aus seinen damaligen Auftritten in Japan bezogen zu haben. (Für Verdruss sorgten in meiner kindlichen Wahrnehmung eher die langen da capo-Arien der Frauensolisten, aber das soll das Thema nicht sein.)

Hier nun als vergleichsweise junger Sänger und Tenor zumal, dem neben der ähnlichen musikalischen Sozialisation in einem Knabenchor auch die Pflege des von Peter Schreier gesungenen Repertoires am Herzen liegt, das Wort zu nehmen, bringt einen schnell in die Gefahr, sich allzu offensichtlich im Fahrwasser des Dresdner Ausnahmetenors zu bewegen.

Die eher humoristische Seite einer solchen »Gefahr« sei hier deshalb nur am Rande mitgeteilt: Nach einem Auftritt in der Leipziger Bethanienkirche, bei dem ich als Student bei der Aufführung einiger Bach-Kantaten mitwirken konnte, sprach mich ein älterer, laut eigener Aussage aus Dresden stammender Herr an und sagte zu mir: »Sie erinnern mich an den jungen Peter Schreier!« Einerseits geriet ich in eine gewisse Verlegenheit und zum anderen machte sich auch ein wenig Stolz über diese, sicher auf mein Singen bezogene, anerkennende Aussage in mir breit. Die Freude aber währte nicht lange, denn ich wurde von meinem Gratulanten sofort in herrlichstem Sächsisch geerdet: »... als der noch dicker war!« Nun gut, auch diese Art von Vergleich gilt es auszuhalten.

Ich versuche also, dieser Notlage zu entgehen, denn ich weiß auch, welch vergleichsweise kleinen Ausschnitt seines künstlerischen Lebens ich während zweier Meisterkurse in Leipzig und unserer Zusammenarbeit bei einigen Konzertprojekten unter seiner Leitung bzw. Beteiligung begleiten durfte.

Ein Teil der Faszination, die Peter Schreier zeitlebens auf sein Publikum ausgeübt hat, liegt sicher in der Vertrautheit begründet, die die Hörer über die vielen Jahrzehnte seines Wirkens aus der kontinuierlichen Begleitung durch sein Singen erfahren haben und den vielen Momenten, wo seine Stimme für sie auch Beistand in besonderen Lebenssituationen gewesen sein mag. Diese meist medial transportierte Nähe zu einer öffentlichen Person kann sicher mitunter für den betroffenen Künstler im Alltag problematisch sein. Doch haben breite Kreise der Bevölkerung auch ein sehr feines Gespür dafür, wo eine Inszenierung mehr verschleiern als offenlegen soll. Wenn Peter Schreier oft von der Natürlichkeit im Ausdruck gesprochen hat, so war das Ergebnis seiner Arbeit aber immer auch Produkt einer bewussten Formgebung, sein Künstlertum ganz originär und bedurfte eben darum keiner gespreizten Inszenierung. Die Beispiele, wo das Einfache, das schwer zu machen ist, ebenso selbstverständlich klingt wie das virtuoseste Musikstück, sind bei ihm Legion und in ihrer vitalen Ausführung bei zahlreichen Musikfreunden nach wie vor erfreulich präsent.

So bleibt von Peter Schreier ein beeindruckendes sängerisches Vermächtnis, an dem mich immer wieder die große technische

Akkuratesse überzeugt, mit der er sein unverwechselbares Timbre und den Farbenreichtum seiner Stimme ganz in den Dienst der jeweiligen Musik gestellt und so auf glaubwürdige Art über Jahrzehnte auf höchstem Niveau musiziert hat. Wenn er dabei stets ein »geschwisterliches Verhältnis« zwischen Klang und Text praktizierte und durch seine bewusste Interpretation und authentische Ausdeutung des Textes selbst im Volkslied nie den schmalen Grat verließ, wo das Volkstümliche ins »Tümelnde« kippt, dann erscheint mir dies als hörbarer Ausdruck eines fest verinnerlichten Qualitätsanspruchs an das eigene künstlerische Wirken. Hier entstand in vielen Momenten eine klingende Auslegung, die oftmals als »Transformation ins Spirituelle« (Jürgen Kesting) gepriesen wurde und einen wiederholt beglückten oder erschütterten und innerlich bewegten Hörer zurückließ.

Dass dabei Peter Schreier ein praktisch denkender Musiker gewesen ist, der das, was die Mitwirkenden anzubieten in der Lage waren, mit klarem Blick erkannt und in Relation zu der zur Verfügung stehenden Zeit gesetzt hat, muss dabei eher als Voraussetzung denn als Einschränkung des o. g. Künstlertums erachtet werden.

Nach meinem Empfinden wusste der Dirigent Schreier genau, wo es sich lohnte zu insistieren, wo sein unaufgebbarer innerer Kern an Qualitätsmaßstäben zu verteidigen war, und ebenso illusionslos erkannte er, wo aus seiner Sicht nichts mehr zu holen war. Wie schön war es zudem, als junger Sänger unter dem Dirigat eines Mannes zu stehen, der nicht herauskehren musste, welche Stücke, auf welcher Ebene und mit welchen Größen er alles in den letzten Jahrzehnten musiziert hatte! Seine kollegiale Haltung, sein Interesse am gemeinsamen Erfolg bei der Aufführung und seine Bereitschaft, bis zu einem gewissen Punkt flexibel in Fragen der Interpretation auch bei den ihm so vertrauten Standardwerken der Oratorienliteratur zu sein, habe ich dankbar erfahren.

Überhaupt das Dirigieren: Der zunehmende Trend, dass erfolgreiche Instrumentalsolisten oder Sänger den Weg zum Dirigentenpult finden, mag bei vielen Gelegenheiten zu verblüffend gültigen

Lösungen und hervorragenden Ergebnissen führen; hingewiesen sei nur auf viele im Bereich der sogenannten Alten Musik als Ensembleleiter von der Orgel oder dem Cembalo aus agierende Musiker. Allein, wie oft muss man konstatieren, dass die empfundenen Grenzen der eigenen Dirigierkunst erschreckend häufig im Gegensatz zu den tatsächlichen Fähigkeiten stehen und ganze Ensembles und Solistenriegen vor allem damit beschäftigt sind, handwerkliche Schwächen des Leiters auszugleichen und der Vorgang der Interpretation dabei mehr oder weniger ins Hintertreffen gerät.

Anders bei Peter Schreier. Sein Dirigat lebte gewiss auch zum Teil von seinem Wissen um die Qualität der Mitwirkenden, aber ein verlässliches Handwerk hatte er eben gelernt! Ich werde sicher nie den Moment der äußersten Konzentration vergessen, den ganz nach innen fokussierten Blick Peter Schreiers, als er bei der Aufführung der Kantaten 1–3 und 6 des Bach'schen *Weihnachtsoratoriums* im Dezember 2015 im Leipziger Gewandhaus ansetzte, die für den Tenorsolisten immer delikate *Hirtenarie* zu beginnen. Das Tempo, welches er danach angab, war ebenso zwingend wie passend für die Kehle des jungen Interpreten. Die Freude des Solisten, einen Dirigenten bei sich zu wissen, der nicht nur die Partie hervorragend beherrscht, sondern auch genau weiß, wann er wichtig ist und wann weniger, wann die lange Leine angesagter ist als der strenge Zügel, habe ich beim Musizieren unter seiner Leitung stets empfunden.

So stehen, wenn ich rückblickend den Reigen seiner hinterlassenen Aufnahmen vor meinem inneren Ohr vorüberziehen lasse, die in den 1980er-Jahren mit der Staatskapelle Dresden und dem Leipziger Rundfunkchor entstandenen Produktionen der großen Bach'schen Oratorien mit ihm als Sänger *und* Dirigenten auf der gleichen kostbaren Stufe wie etwa die nach wie vor berückenddramatische Einspielung von Christian August Jacobis Kantate *Der Himmel steht uns wieder offen* (auf der Schallplatte »Weihnachten im alten Sachsen« mit Ludwig Güttler und der Cappella Sagittariana Dresden unter Dietrich Knothe). Das gilt auch für die Aufnahmen der weltlichen Kantaten Bachs mit dem Berliner Kammerorchester oder für seine mit Walter Olbertz 1972 entstandene maßstabsetzende Einspielung der Lieder Felix Mendelssohn Bartholdys.

Wie spannungsreich und auch die religiöse Dimension eines Musikstückes erschließend das Singen Peter Schreiers sein konnte, ist mir nach seinem Tod beim erneuten Hören einiger Stücke schlagartig wieder bewusst geworden. Wenn es im zweiten Rezitativ aus der Kantate *Meine Seel erhebt den Herren* BWV 10 heißt: »Der Heiland ward geboren, das ewge Wort ließ sich im Fleische sehen, das menschliche Geschlecht von Tod und allem Bösem und von des Satans Sklaverei aus lauter Liebe zu erlösen; drum bleibt's darbei, daß Gottes Wort voll Gnad und Wahrheit sei.«, dann ist der unglaublich weite Weg von der Menschwerdung Christi über das Zeichnen der Bedrohungen und Bedrängungen, die auf den Gläubigen warten, wohl nie »echter« und dramatischer zum Ausdruck gekommen, als in der grellen Farbe des Schreierschen »Satans« und seiner »Sklaverei«. Der darauf augenblicklich folgende (in einem wirklich atemberaubenden subito piano auf »Liebe« gesungene) Ton der Verheißung geht dann in glaubensfestem Furor in die Schlusswendung mit der Gewissheit der göttlichen »Gnad und Wahrheit« über, sodass dem Chor nichts anderes übrig bleibt, als sein »Lob und Preis sei Gott dem Vater und dem Sohn und dem Heiligen Geiste« zu singen. Die klingende Verkündigung, von Schreier nun bewusst angestrebt oder, wenn schon nicht aus religiöser Überzeugung, sondern vielleicht auch »nur« aus musikalischer Notwendigkeit und dem bewussten zu Ende Denken und Empfinden der sich aus dem Text ergebenden Gestaltungsmöglichkeiten abgeleitet, wird nach meinem Dafürhalten in diesem Kleinod rezitativischer Gestaltungskunst deutlich.[1]

Als zweites Beispiel sei mir erlaubt, Rezitativ und Arie aus BWV 19 *Es erhub sich ein Streit* zu nennen: »Was ist der schnöde Mensch, das Erdenkind? Ein Wurm, ein armer Sünder.« – Wenn er diese Zeilen singt, dann ist schon in dieser Hinführung zum Text der Arie *Bleibt, ihr Engel, bleibt bei mir,* die später mit einer technischen Sicherheit, einer vor Glanz und selbstbewusster Manneskraft strotzenden Stimme vorgetragen wird, so viel zwingende Gestaltungsmacht beigelegt, dass die Gewissheit, der Herr werde dem Menschen mit »der Seraphinen Heer« zur Seite stehen, vielleicht nicht aus der Lektüre des Kantatentextes oder dem Wort des Geistlichen kommen mag – auf jeden Fall aber aus der Musik Bachs und der Interpretation Peter Schreiers [2]!

Der bereits erwähnte Jürgen Kesting zitiert in seinem Beitrag über Peter Schreier [3] einen Kritiker der Süddeutschen Zeitung, Karl Schumann, der in Schreiers Singen das »Bejahen des unentrinnbar auferlegten Timbres und im äußersten Aufgebot der ja im hohen Maße vorhandenen Intelligenz und ihres Vollzugsorgans, der Deklamation« festzustellen meinte. Wenn diese Einsicht und die Erkenntnis über die Beschaffenheit des eigenen Materials für jeden Sänger ein wichtiger Punkt der Bewusstmachung der ihm gegebenen Möglichkeiten, des ihm zu Gebote stehenden Repertoires, wie u. U. des weiteren künstlerischen Weges ist, dann muss man im Nachhinein ausgesprochen dankbar sein, dass sich Peter Schreier dieser Gegebenheiten so konsequent angenommen und sich den daraus ergebenden Schlussfolgerungen gestellt hat. Umso erfreulicher sind dann aber auch seine beherzten und doch raren Schritte über diesen selbstgesetzten Rahmen hinaus gewesen, denen wir so manch eindrucksvolle Aufnahme etwa aus dem Operettenrepertoire oder auch im Bereich der Oper verdanken.

Im Gespräch mit August Everding über den Opernbetrieb sagte Peter Schreier: »Wenn ich jetzt ganz böse bin, sage ich: Ich möchte die Regie gar nicht haben. Ich möchte mit der Stimme und mit meiner eigenen Artikulation etwas zum Ausdruck bringen.« [4] Diese zugespitzte Bemerkung führt mich direkt zu dem Punkt meines Lebens, von dem aus ich sein Wirken erstmals in seiner ganzen existenziellen Qualität und Kraft erfahren habe. Es ist dies wiederum ein Erlebnis aus meinen Thomanertagen.

An einem Abend unter der Woche, kurz vor meiner Zubettgehzeit [5], ließ ich in der leeren Stube [6] das Radio laufen und bereitete mich auf den Weg in den Waschsaal vor. Deutschlandradio Kultur – mein damaliger Leib- und Magensender und jeden Morgen mit seinem Politischen Feuilleton direkt vor dem Start in den oft drögen und in mathematischen Fächern für mich bedrohlich-un-zugänglichen Schulalltag ein wahres Labsal an intellektuellen Denkanstößen – brachte die *Winterreise*.[7] Schubert gehörte noch nicht zu meinen Favoriten unter den Komponisten und diesen Zyklus hatte ich bis dato peinlicherweise noch nie gehört. Einzig der Hype, den einige Mitthomaner um Lieder von Schubert trieben und das Bedürfnis, diese dann unbedingt in den regelmäßig statt-findenden Hausmusiken vorzutragen, gingen mir ein wenig auf die Nerven. Wozu auch Schubert? Wir hatten doch Johann Sebastian Bach! Doch schon beim »Fremd bin ich eingezogen, fremd zieh' ich wieder aus« war mir klar: Hier bleibst du so lange wie möglich dran, denn das geht dich an, das ist – im besten Sinne – ganz moderne Musik! Allein, die zeitliche Not und die immer näher kommende Zubettgehzeit machten technische Improvisation nötig. Im Zeit-alter vor digitalen Endgeräten und mitten in der Hochzeit von Disc-mans und dem Brennen von CDs schmuggelte ich also ein kleines Taschenradio mit Kopfhörern, verborgen in meinem umständlich zusammengewickelten Handtuch unter Auslassung der allabend-lichen Zahnpflege direkt in meinen Schlafsaal. Natürlich hatte ich vorher den Sender eingestellt, um nichts von diesem unerhörten Werk, nichts von dieser genialen Interpretation zu verpassen (die Suche nach passenden Batterien brachte mich damals leider um den Genuss des Liedes *Der Lindenbaum*). Ohne jetzt noch Details nen-nen zu können, ist mir dieses Gesamterlebnis Schreier – Schubert tief in mein Gedächtnis gegraben und auf immer mit dem Nerven-kitzel und der Genugtuung über das Gelingen meiner kleinen kon-spirativen Aktion verbunden. Es war aber sicher nicht nur meiner klammheimlichen Freude darüber geschuldet, hier der strengen Alumnatsordnung ein Schnippchen geschlagen zu haben, die mich den *Frühlingstraum*, *Die Krähe* oder *Mut* hat so intensiv empfinden lassen, sodass mir die Lieder Schuberts heute vor allem durch die Stimme und die Gestaltungskraft Peter Schreiers liebgeworden und vertraut sind. So mögen sicher viele Wege zu Schubert und anderen Komponisten führen. Dass wir ihre Werke aber immer wieder neu hören, dass ihre Lieder uns immer wieder neu anschaulich gemacht und wahrlich plastisch vor Augen gestellt werden, das verdanken wir großen Künstlern wie Peter Schreier.

Wenn hier also mein Beitrag aus Erinnerungen an ihn seinen Platz finden darf, so sicher auch als Dokument der Verbundenheit, welche sein echtes Künstlertum, seine selbstbewusste Bescheidenheit, seine insbesondere auch in den Kursen oft an den Tag gelegte knurrige Authentizität, sein Witz und natürlich sein Singen über die Grenzen der Generationen hinweg geschaffen hat. Wenn man heute womöglich schon keine Vorbilder braucht, so braucht man umso mehr solche Zeitgenossen, die auch für kommende Sänger-Generationen als Anregung und Ansporn von Bedeutung sein können.

Patrick Grahl

Mitglied des Thomanerchores Leipzig, bis 2016 Studium an der Hochschule für Musik Felix Mendelssohn Bartholdy in Leipzig, 1. Preisträger beim Leipziger Bachwettbewerb 2016, wirkt als freischaffender Sänger.

Anmerkungen

1   Aufnahme mit dem Thomanerchor Leipzig, dem Neuen Bachischen Collegium Leipzig unter Thomaskantor Hans-Joachim Rotzsch (1978). Auch Hermann Christian Polster als Basssolist und Walter Heinz Bernstein an der Orgel sei ein Kranz geflochten, legen beide doch unter Rotzsch' beherzter Leitung in der Arie »Gewaltige stößt Gott vom Stuhl hinunter in den Schwefelpfuhl« eine ebenso gehaltene wie feurige Variante dieses Stückes vor, die alle heute üblichen Phrasierungsbemühungen unterlässt und eben darum virtuos, dem Text entsprechend und geistlich/geistig überzeugend daherkommt!
2   Als »Radio-Bandaufnahme« leider ohne Angabe des Entstehungsjahres auf youtube.com hochgeladen (letzter Aufruf am 3.7.2020). Mitwirkende sind der Dresdner Kreuzchor und die Dresdner Philharmonie unter Kreuzkantor Martin Flämig.
3   Jürgen Kesting: Die Großen Sänger, Band 4, Kassel 2010, S. 2217 ff.
4   Gespräch mit August Everding in der Reihe »Da Capo« vom 10.12.1994, zuletzt abgerufen auf youtube.com am 1.7.2020.

5   Altersmäßig gestaffelt mussten die Thomaner zu bestimmten Zeiten die Schlafsäle aufsuchen. Die Einhaltung dieser Regeln wurde von einigen älteren, wöchentlich wechselnden Chormitgliedern (den »Wochenpräfekten«, vulgo »Woprä«) kontrolliert und bei Zuspätkommen oder bei der Ausübung der »Schlafsaalstimmung« (worunter von der Kissenschlacht bis zum Reden mit dem Bettnachbarn alles Mögliche fallen konnte), konnten die Woprä »Strafeinheiten« vergeben, deren Ansammlung (beispielsweise vier »Striche« in einer Woche) zum »Erwerb« einer »Stunde« führen konnte – womit eine Stunde gemeinnütziger Arbeit für die Chorgemeinschaft gemeint war.

6   Stube = Wohnraum einer altersmäßig gemischten Gruppe von Thomanern unter Leitung eines Schülers der 11. oder 12. Klasse.

7   Zu meinem Leidwesen kann ich nicht mehr rekonstruieren, ob es sich um eine Live-Aufzeichnung eines Konzertes handelte oder um die Ausstrahlung der 1994 veröffentlichten Einspielung der »Winterreise« von Peter Schreier mit András Schiff.

Peter Gülke
Dirigent und Musikwissenschaftler

Spitzenleistungen mit schlicht-bescheidener
Selbstverständlichkeit bei Peter Schreier

Immer, wenn ich ihn erlebte, dasselbe: Wie kann man mit so schlicht-bescheidener Selbstverständlichkeit solche Spitzenleistungen vollbringen! Oft haben wir den Atem angehalten! – u. a. als er 1970 mit Karajan Davids Lektion über die Meisterweisen aufnahm und wir wussten, dass es zum ersten Mal mit dem Orchester war und trotz der vielen Kniffligkeiten auf Anhieb klappte, er schöner sang, als man's gemeinhin hört, und außerdem etlichen Bürgerstolz gegenüber dem ahnungslosen Ritter unterbrachte, halb versteckte Schadenfreuden darob, wie ein kleiner Mann einen großen Herrn in Verlegenheit bringen kann.

Andere in seiner Riege brauchen Anhalt an Inszeniertem, ohne sich inszenieren zu wollen, müssen Überspannungen, Verlegenheiten, Nervositäten abreagieren, retten sich in übertriebene Verbindlichkeiten oder steife Hochämter – Peter Schreier nicht und wenn doch, dann nicht merkbar. Daran haben, angefangen beim Kreuzchor, Dresdner Traditionen einen Riesenanteil, einen kleinen auch der Lebensstil in einem unbetrauert verblichenen Staatswesen. Indes erklären sie von dem, was er vermochte, das Wenigste, abgesehen davon, dass man vorher wissen müsste, auf welche – offenbar abgründige – Weise er sich in Dresden zuhause wusste, zugleich dies Zuhause, unabhängig von politischen Verhältnissen, nicht nur für Musikfreunde mitgeprägt hat.

Dabei – welch elastische Musikalität! Dieser seinerzeit unter den Tenören einzig dastehende Liedsänger unterhielt sich mit seinen Begleitern eher, als dass er sich begleiten ließ. Das betrifft den unvergessenen, wunderbar schmiegsamen Walter Olbertz ebenso wie den sprudelnd lebendigen András Schiff oder den um originelle

Pointen nie verlegenen Norman Shetler – usw.! Swjatoslaw Richters in jedem Ton »meinende«, extrem gehaltene *Winterreise* hat er sich zu eigen gemacht – bis hin zu einem *Lindenbaum,* nach dem nichts mehr kommen dürfte.

Da mag eine protestantisch-rechtschaffene Direktheit geholfen haben, dank deren er im Verhältnis zu den Aufgaben nüchternen Abstand, zugleich eine Hingabe an die Sache garantierende Objektivität stets wahrte; ein schwumelig gefühliger Sänger war Schreier nie. Weder in Schumanns *Mondnacht* noch in Brahms' *Sind es Schmerzen, sind es Freuden* (*Schöne Magelone*), noch in dem von Richter her bleigewichtigen *Lindenbaum* verliert er sich, weder suggeriert er im Schlusslied der *Schönen Müllerin* den Selbstmörder noch in dem der *Winterreise* den »barfuß auf dem Eise« Stehenden. Es blieb sein Geheimnis, dass wache Kontrolle, dank deren er gefürchtete Passagen, Koloraturen etc. perfekter bewältigte als fast alle Kollegen, nicht zu Lasten der direkten Mitteilung ging. Anders wäre kaum zu erklären, dass man ihn für Schumann in besonderer Weise prädestiniert empfindet, auch für Mendelssohn, dessen Liedern er zu neuer Publizität verhalf. Wie immer in Bezug auf Singen unpassend, weil man lieber von schöner Stimme redet: Blitzsauberes Handwerk.

Dass dieses von strenger Ethik der künstlerischen Arbeit nicht zu trennen, wo nicht mit ihr identisch war – hierfür gab es eine dem Kruzianer frühzeitig eingeimpfte Garantiemacht: Bach. Wer Schreier je mit dessen Musik erlebt hat, wird ihn dort, zu Lasten seiner Nachfolger, immer mithören. Was oben, verlegen um ein angemesseneres Wort, »Objektivität« genannt wurde, war wesentlich von hierher geprägt – ohne starre Fixierung: Hörbar zog in seine Gestaltung der Evangelisten-Partien allmählich Brechtsche Ästhetik ein, zunehmend ersetzte er den, der das Berichtete emotional unterfüttert, ohne Glaubwürdigkeit zu opfern, durch den, der spannend erzählt von Ereignissen, die ihn nicht direkt betreffen.

Das entsprach einer Entwicklung, die von Kommentatoren recht einseitig im Zeichen der Nachfolge von Fritz Wunderlich gesehen wurde. Wie einfach war's, Schreier auf den unverwechselbaren

»Silberklang« einer schon bei Tamino bedenklich geforderten Stimme festzulegen, ihr sachkundig nachzuweinen, wenn er, dramatisch gestaltend, scharf artikulierend, ihr als Belmonte, Ottavio, Ferrando viel abverlangte! Wie bei anderen seines Ranges haben Stimmfach-Versteher über ihn allzu gut Bescheid gewusst – Max? Palestrina? Ödipus? Lyrische Begabungen laden offenbar besonders zum Fetischismus der jungen, »frischen« Stimme ein, dem meist entgeht, wie reife Gesangskunst in Grenzbereichen, sei's des Faches, sei's des Alters, erreicht, was anders nicht zu erreichen ist. Wer die 30 Jahre auseinander liegenden Schumann-Aufnahmen mit Shetler und Schiff hört und sich für keine entscheiden kann, weiß, wovon die Rede ist.

Fast möchte man, in Zeiten stupid-plakativer Eindeutigkeiten, von Vermächtnis sprechen, das nur Wenige wahren – der Kunst der Andeutung, diskreter Anspielung. Dem »traurigen Gott« Wotan war Schreiers Loge turmhoch überlegen, schon, weil er es, delikat singend, selten und sparsam dosiert durchblicken ließ – gefährlicher als bei denen, die seinen Zynismus süffisant spazieren führen. Ähnlich Mime, von dem mittlerweile jeder weiß, dass er eine psychopathisch-hintersinnig verbogene Judenkarikatur ist, als solche vom Antisemiten R. W. von vornherein bös überzogen. Es gehört zu den schönen Rätseln des Theaters, dass noble Charaktere auch Figuren zu besonderer Bühnenpräsenz verhelfen können, mit deren Zuschnitt sie nichts verbindet.

Was für eine Spannweite zwischen Mozarts lyrischen Jünglingen, Mime und Palestrina! Zum letzteren – Schreier hat ihn zuerst in München gesungen – mag er durch Opposition gegen fachliche Vorfestlegung, später gegen borniette DDR-Ideologie bewogen worden sein, von der Herausforderung durch einen Typus abgesehen, der normalerweise den Baritonen zufällt. Vielleicht noch etwas anderes: Heimkehr dorthin, wo er hergekommen war – geistliche Musik.

Wir hatten selten, zu selten miteinander zu tun, hielten dennoch das Du zwischen uns rasch für angebracht – damals und bis heute für mich eine Ehre.

Peter Gülke, Prof. Dr. phil.habil., Dr. h.c.

Geboren 1934 in Weimar, 1952–1957 Studium im Fach Violoncello sowie der Musikwissenschaft, Romanistik und Germanistik an der Hochschule für Musik Weimar, an den Universitäten in Jena und Leipzig. 1957–1959 Lehrtätigkeit an der Leipziger Universität. 1959–1981: Repetitor, Dramaturg, Kapellmeister am Theater Rudolstadt, Musikalischer Oberleiter am Theater Stendal, Chefdirigent am Hans-Otto-Theater Potsdam und am Theater Stralsund, Kapellmeister der Staatsoper Dresden und Lehrauftrag an der dortigen Musikhochschule. 1981–1983 GMD am Deutschen Nationaltheater Weimar, 1986–1996 GMD der Stadt Wuppertal. Professuren für Dirigieren an der Hochschule für Musik Freiburg (1996–2000) und für Musikwissenschaft an der Universität Basel (1999–2002), Chefdirigent der Brandenburger Symphoniker 2015–2020. Zahlreiche Buch-Veröffentlichungen und Einspielungen.

Ludwig Güttler
Trompeter, Corno da caccia-Spieler,
Dirigent und Musikforscher

J. S. Bach als eine Art Klammer mit Peter Schreier

Ich hatte das Glück, den von mir hochverehrten Solotrompeter der Dresdner Philharmonie Wolfgang Stephan seiner Erkrankung wegen 1967 bei den jeweils drei legendären Aufführungen des *Weihnachtsoratoriums* von J. S. Bach durch den Dresdner Kreuzchor unter Rudolf Mauersberger zu vertreten. Dort musizierte ich das erste Mal in Gegenwart von Peter Schreier. Es war nicht nur die einhellige Meinung, die unter den Kollegen kursierte (die ja bekanntlich nicht selten äußerst widersprüchlich ist), dass, wenn man in den Bach'schen Werken einen Evangelisten hört und dabei einmal Peter Schreier gehört hat, weiß, was die Evangelistenpartie ausmacht. Auch für mich wurde Peter Schreier schlicht und einfach DER EVANGELIST.

Später dann, ich war inzwischen Mitglied der Dresdner Philharmonie, musizierte ich viele Werke in der Kreuzkirche unter Martin Flämig, besonders aber das *Weihnachtsoratorium*. In Vorbereitung auf die geplante Schallplattenaufnahme musizierte Martin Flämig alle sechs Kantaten, und wenn wir den Schlusschor der *VI. Kantate* gespielt hatten und die Sänger an uns, der Trompetengruppe, vorbei nach dem Beifall in die Sakristei liefen, strahlte mich Peter Schreier an und klopfte mir auf die Schulter. Überhaupt hatte es sich ergeben, dass J. S. Bach eine Art Klammer um Peter Schreier und mich bildete. So auch bei den Aufnahmen zu dessen weltlichen Kantaten zusammen mit dem Berliner Kammerorchester und den Berliner Solisten, wo man mich an die Spitze des jeweiligen Trompetenensembles verpflichtete, bis hin zur Aufnahme der *h-Moll-Messe* mit dem Neuen Bachischen Collegium musicum und dem Leipziger Rundfunkchor in Leipzig, auch zu einem denkwürdigen Konzert im Neuen Gewandhaus, eine jener Aufführungen, wo das *Quoniam tu solus sanctus* in der nach meiner Meinung einzig richtigen D alto-Fassung, das Corno da caccia betreffend, aufgenommen wurde.

Nach Wien holte Peter Schreier mich mit meinem Trompetenensemble, und wir musizierten die *h-Moll-Messe* mit Wiener Kollegen und dem dortigen Singverein, auch die weltlichen Kantaten 1985 und das *Weihnachtsoratorium* im damaligen Schauspielhaus Berlin, dem heutigen Konzerthaus. Unsere Zusammenarbeit differenzierte sich, als wir für die Schallplatte produzierten: Jan Dismas Zelenkas Solomotette *Laudate pueri* für Tenor, konzertierende Trompete, Streichorchester und Basso continuo, die Motette *Plaudite, sonat tuba* von Johann Joseph Fux und andere Kantaten aus den Dresdner Beständen. Ganz offen fragte ich ihn, ob er bei diesen Aufnahmen die künstlerische Leitung übernehmen möchte. Er lachte mich an und sagte: »Ne, ne, mein Lieber, mach Du das!« Was ich dann auch zu seiner Zufriedenheit tat.

In der geplanten Zusammenarbeit zwischen der westdeutschen Firma Capriccio und Eterna im Rahmen der von mir disponierten und geplanten Aufnahmen (mit dem populärwissenschaftlichen Titel »Die Bachtrompete«) sang er die Arie *Bleibt ihr Engel, bleibt bei mir* für Tenor, Streicher, Trompete und Basso continuo aus der Kantate *Es erhub sich ein Streit* BWV 19 und des Weiteren die Arie für Tenor, B.c. und cantus firmus *Lobe den Herren, der deinen Stand sichtbar gesegnet* aus der Kantate *Lobe den Herren, den mächtigen König der Ehren* BWV 137. Ich hatte das Glück, mit ihm und unter ihm zu musizieren, und seine für jeglichen Spaß empfängliche Natur ließ auch die anstrengendste Arbeit und Aufnahme angenehm, ja heiter werden.

So lange ein Ton, so lange ein Bach'sches Rezitativ mit ihm erklingt, wird nicht nur die Assoziation, sondern vor allem das dankbare Gedenken, dass wir Teil seiner Gegenwart sein durften und daran mitwirkten, ihn in uns weiterleben lassen.

Ludwig Güttler, Kammervirtuos, Kammermusiker Prof.

Studium an der Hochschule für Musik Felix Mendelssohn Bartholdy Leipzig 1961–1965. Solotrompeter des Händelfestspiel-Orchesters Halle 1965–1969 sowie der Dresdner Philharmonie 1969–1980. Lehrbeauftragter und ordentlicher Professor für Trompete und Blechbläserkammermusik an der Hochschule für Musik Carl Maria von Weber Dresden 1972–1991. Ensemblegründungen: 1976 Leipziger Bach-Collegium, 1978 Blechbläserensemble Ludwig Güttler, 1984 Virtuosi Saxoniae. Regelmäßiges Konzertieren bis heute, zahlreiche Schallplatten- und CD-Veröffentlichungen.

Hartmut Haenchen
Dirigent

Seine Kunst ist in vielen Facetten unerreicht
Interview zum Tode Peter Schreiers vom 8.1.2020

Guido Glaner: Peter Schreier war einer der großen Tenöre in der zweiten Hälfte des 20. Jahrhunderts, heißt es immer wieder. Was macht einen großen Tenor aus?

Hartmut Haenchen: Zunächst einmal eine besondere Stimme. Das versteht sich von selbst. Außerdem Ausdrucks- und Gestaltungskraft und, was nach meiner Erfahrung wirklich nicht jeder Sänger hat: eine hohe Musikalität.

Was machte den Tenor Peter Schreier aus?

Seine unglaubliche musikalische Sensibilität. Bei ihm stimmte jeder Ton, jedes Wort, jede Farbe. Es kommt hinzu, dass er immer komplett im jeweiligen Werk zu Hause war. Er entwickelte seine musikalische Auffassung aus dem Gesamtverständnis einer Oper, eines Oratoriums oder einer Messe heraus. Viele Sänger studieren nur die eigene Partie, wobei der größere Zusammenhang eines Werks oft unterbelichtet bleibt. Schreier hat immer das große Ganze im Blick gehabt, das war seine besondere Herangehensweise. Seine Gestaltungskraft war einzigartig. Das gilt unbedingt auch für den Liedgesang. Seine Kunst ist in vielen Facetten unerreicht, meine ich. Vielleicht bleibt sie es.

Wie gut waren Sie mit Peter Schreier bekannt, privat wie beruflich?

Wir wohnten in Oberloschwitz nah beieinander. Fünf Minuten, mehr nicht, brauchte ich zu Fuß, wenn ich ihn besuchen wollte. Wir haben uns immer wieder gesehen, getroffen und miteinander gesprochen. Meine Frau hat im *Weihnachtsoratorium* oft die *Hirtenarie* als Soloflötistin musiziert. Dennoch würde ich sagen, dass wir eher gut bekannt waren als eng befreundet. Miteinander musiziert haben wir häufig.

Wo haben sich Ihre Wege erstmals gekreuzt?
Wir waren beide Kruzianer. Dort, im Kreuzchor, habe ich ihn, während ich noch in der Vorbereitung war, als Altsolist kennengelernt. Natürlich schaute ich zu ihm auf.

Schreier war einige Jahre älter als Sie. Wie haben wir uns das Verhältnis zwischen Ihnen vorzustellen?
Ich kam 1953 als zehnjähriger Knabenalt in den Chor. Er war acht Jahre zuvor, 1945, im selben Alter eingetreten. Er muss also 18 Jahre alt gewesen sein, als ich kam. Peter war Tenorsolist, Chorpräfekt und ein großes Vorbild für mich. In Vertretung von Rudolf Mauersberger dirigierte er den Chor auch.

Erinnern Sie sich an die erste Zusammenarbeit?
Oh ja. Einmal hatte ich in Mauersbergers *Lukas-Passion* das Altsolo zu singen. Er spürte, wie nervös ich war, sprach mit mir, nahm mir die Angst und mehr noch: Er gab mir das Gefühl, dass ich das kann. Später sang ich mit ihm gemeinsam in der Annenkirche, im Rahmen der Schütz-Tage. Aufzuführen war der *Gesang der drei Männer im feurigen Ofen* für Alt, Tenor und Bass. Die Besetzung war Hartmut Haenchen, Peter Schreier und Theo Adam. Da stand ich nun und musizierte zusammen mit diesen zwei damals schon prägenden Sängern. Das ist bis heute eine meiner liebsten Erinnerungen.

Gibt es weitere Erlebnisse, an die Sie sich erinnern?
Einmal geschah so etwas wie eine kleine Tragödie. Peter sollte die Tenor-Partie in der *Matthäus-Passion* singen, doch war er an diesem Tag völlig indisponiert. Er hatte dieselbe Partie kurz zuvor an anderen Orten gesungen, vielleicht war das zu viel. Für einen jungen Sänger ist diese Partie so schwierig wie eine Wagner-Oper. Meiner Erinnerung nach kam es zum Bruch mit Mauersberger, der

böse auf ihn war. Nicht viel später haben sie sich wieder vertragen, da war der Vorfall vergeben und vergessen und sie haben wieder gemeinsam musiziert. Sie waren beide starke Charaktere.

Schreier hatte dirigieren studiert. War er ein guter Dirigent?
Er war ein sehr guter Dirigent, der genau wusste, was er sich zutrauen konnte. Chorsinfonik und Kammerorchester-Musik waren seine Spezialität. Wie Sie vielleicht wissen, verließ ich die DDR 1986. Lange Zeit war nicht klar, ob man mir die Wiedereinreise erlauben würde. Wäre die Rückkehr von den Behörden verhindert worden, hätte Peter Schreier die Leitung meines Berliner Kammerorchesters übernommen. So hatten wir es verabredet. Er hat das Orchester oft geleitet, war eine Art inoffizieller Erster Gastdirigent. Das war schon etwas, denn die Musiker waren anspruchsvoll. Andere Dirigenten haben sie auch schon mal nach Hause geschickt. Peter durfte immer wiederkommen.

Beim Kreuzchor hat Schreier Haenchen dirigiert, später dirigierte Haenchen Schreier. Wie war das?
Das war vor allem in meiner Zeit an der Berliner Staatsoper. Wir haben viel miteinander musiziert, vor allem Mozart. Er war mein Tamino in der *Zauberflöte*, mein Belmonte in *Die Entführung aus dem Serail*. Niemand sang diese Partien schöner als er. Die Zusammenarbeit war eine große Freude, besonders weil er immer offen war, eine Partie auch mal anders anzulegen als gewohnt. Viele Sänger sagen, »ich singe das immer so und dabei bleibt es«. Schreier war anders, experimentierfreudig, dabei völlig uneitel und souverän. Man musste ihn allerdings mit guten Argumenten überzeugen.

Wie viele Alben haben Sie gemeinsam eingespielt?
Da gibt es tatsächlich nur eines, entstanden 1988. Carl Philipp Emanuel Bachs *Magnificat*, eine Liveaufnahme mit dem Kammerorchester Carl Philipp Emanuel Bach. Peter war nicht zufrieden mit der Live-Aufnahme und sagte: »Das geht so nicht raus«. Er war

immer äußerst selbstkritisch. Wir haben seine Arie nach dem Konzert noch einmal aufgenommen.

Wann war Ihre letzte Zusammenarbeit?

Das war 2005, in meiner Intendanz bei den Dresdner Musikfestspielen. Peter sang im Schauspielhaus Schuberts *Winterreise.* Es war, glaube ich, sein letztes Liedprogramm in Dresden. Ein ungeheuer berührender Abend.

Was sind Ihre Lieblingsaufnahmen von Peter Schreier?

Bachs Passionen. Oder besser noch, ganz pauschal: alle seine Bach-Aufnahmen. Auch die Liederzyklen, wie Schuberts *Winterreise.* Das ist phantastisch. Da steht er für mich über allen anderen.

Peter Schreier und Theo Adam waren die bedeutendsten Sänger der DDR. Ihr Ruhm war Weltruhm. Der Staat nutzte sie bekanntermaßen als Aushängeschilder. Was bedeuteten sie den Bürgern?

Das lässt sich ganz einfach mit dem Sprachgebrauch in vielen Familien, auch in meiner, beantworten. Wir sprachen immer von »unserem Peter« wie von »unserem Theo«. Wir waren stolz auf sie und sind es noch.

Interview vom 8.1.2020 in der Dresdner Morgenpost –
Mit freundlicher Genehmigung

Hartmut Haenchen, Prof. Dr. h.c.

1953–1958 Mitglied im Dresdner Kreuzchor, 1960–1966 Studium Dirigieren und Gesang an der Hochschule für Musik Dresden. 1966–1972 Direktor der Robert-Franz-Singakademie / Dirigent der Halleschen Philharmonie, 1972/73 1. Kapellmeister an den Bühnen der Stadt Zwickau, 1973–1976 Dirigent der Dresdner Philharmonie / Leiter des Philharmonischen Chores, 1976–1979 Chefdirigent der Mecklenburgischen Staatskapelle und Musikdirektor der Mecklenburgischen Staatstheater, 1980–2014 Künstlerischer Leiter des Kammerorchesters Carl Philipp Emanuel Bach, 1980–1986 Lehrtätigkeit an der Hochschule für Musik Dresden,

1986–1999 GMD der Niederländischen Oper, 1986–2002 Chefdirigent der Niederländischen Philharmonie und des Niederländischen Kammerorchesters, 2003–2008 Intendant der Dresdner Musikfestspiele. Hartmut Haenchen ist einer der vielseitigsten Dirigenten unserer Zeit und sowohl in der Oper als auch im Konzertleben weltweit außerordentlich erfolgreich. Über 135 CD- und DVD-Aufnahmen. www.haenchen.net

Eckart Haupt
Flötist und Musikwissenschaftler

Konzerte, Aufnahmen und Reisen mit Peter Schreier
1970–1991

Als Schüler hörte ich Peter Schreier 1960 in der Krypta der Görlitzer Peterskirche, als er Werke von Heinrich Schütz sang. Beruflichen Kontakt hatte ich mit ihm ab 1970, nachdem mich Kurt Masur für die Dresdner Philharmonie engagiert hatte.

Eine Wohnung in Dresden zu bekommen, war damals schwierig. Anfangs wohnte ich auf Kosten der Philharmonie zusammen mit anderen neu engagierten Musikerkollegen im Hotel Gewandhaus. Das wurde im Laufe der Zeit zu teuer. Man bewog mich daher, Untermieter auf dem Johannes-R.-Becher-Platz 2, dem früheren und heutigen Stresemannplatz, zu werden. Der dort wohnende philharmonische Kollege war auf einer Konzertreise nach Ravello in Italien geblieben. Ich war froh, wieder eine private Bleibe zu haben und fühlte mich sofort in meine Studienzeit zurückversetzt: Im Wohnzimmer der Wirtsleute probierte ein Sänger mit Klavierbegleitung. Vielleicht würde ich ihn gelegentlich kennenlernen. Die liebenswürdigen, bescheidenen und gebildeten Wirtsleute freuten sich mit mir, dass ich demnächst in der Kreuzkirche auftreten würde. Denn da singe ihr Sohn den Evangelisten. Das war Peter Schreier, der Sänger aus dem Wohnzimmer.

Fortan kam ich regelmäßig mit der Musik Johann Sebastian Bachs in Berührung. Unter Kreuzkantor Martin Flämig begannen Fragen der historisch informierten Aufführungspraxis eine größere Rolle zu spielen. Auch der Chorklang und die Musizierhaltung begannen sich zu ändern. Seine Chorklang-Vorstellung, die er im Umgang mit Erwachsenen-Chören in Dresden und in der Schweiz entwickelt hatte, übertrug er auf den Kreuzchor. Dadurch wurde der mehr statische, fast an eine Silbermann-Orgel erinnernde

Chor-Klang seines Vorgängers Rudolf Mauersberger expressiver.[1] Markante Gesangssolisten waren Theo Adam, Annelies Burmeister, Adele Stolte und – Peter Schreier. Schreier ist als Evangelist – ich denke an seine Deutung der Sterbestunde Jesu in der *Matthäuspassion* – für mich bis heute alleiniger und unerreichter Maßstab. Noch im zeitlichen Abstand spüre ich die musikalische Energie seines Gesanges. Diesem Eindruck kann ich mich bis zum heutigen Tage nicht entziehen.

Es war folgerichtig, dass der VEB Deutsche Schallplatten einen Sänger dieses Ranges zu Tonaufnahmen verpflichtete. Das erste große Oratorien-Projekt nach 1970 war Bachs unter Flämig aufgenommenes *Weihnachtsoratorium*[2]. Die musikalische Qualität ergab sich ganz wesentlich aus dem erlesenen Solistenpersonal, und um die Qualität auch der Orchestersolisten, denen die Ausführung der Arien oblag, hoch zu halten, zog man die besten Instrumentalsolisten aus der DDR zusammen. Von jenseits der Grenze kam die Sopranistin Arleen Auger hinzu.

Die Arie *Frohe Hirten, eilt, ach eilet* stellt besondere Anforderungen, und die Zusammenarbeit mit Peter Schreier versprach etwas Besonderes zu werden. Ich wusste, dass es für ihn keine sängerischen Probleme gab und er seine Stimme wie ein Instrument handhabte. Seine Meisterschaft entsprach haargenau meiner Idealvorstellung von künstlerischer Qualität. Nach der technischen Einrichtung zur Tonaufnahme kamen nach zwei Non-Stop-Durchläufen zwei nahezu identische Fassungen zustande. In 35 Minuten war alles »im Kasten«, was die erfahrene Aufnahme-Crew Heinz Wegner / Horst Kunze / Claus Strüben sichtlich verblüffte. Wir wurden gebeten, weitere Fassungen aufzunehmen, um im Bedarfsfall die besten Teile miteinander kombinieren zu können. Aber Schreier und ich waren uns darin einig, jetzt aufzuhören, denn es standen zwei optimale Fassungen zur Verfügung. Unnötige Wiederholungen kosten Kraft und sind dem musikalischen Ausdruck in der Regel abträglich. Auch bei späteren Tonaufnahmen mit Schreier zeigte sich, dass die ersten Versionen immer die besten waren.

Ab den frühen 1970er-Jahren sammelte Peter Schreier im Konzertalltag Erfahrungen als Dirigent. Von 1977 bis 1981 war ich[3] an den Aufnahmen mehrerer weltlicher Bach-Kantaten beteiligt: mit den Berliner Solisten (der früheren Solistenvereinigung des Deutschlandsenders), einer Vereinigung solistisch besetzter Sänger und dem Kammerorchester Berlin in der Christuskirche Berlin.[4] Gesangssolisten waren Edith Mathis, Julia Hamari, Carolyn Watkinson, Theo Adam und Siegfried Lorenz. Schreiers bis ins Einzelne ausgearbeitete Konzeption orientierte sich an der damaligen niederländischen Alte-Musik-Szene und am Concentus musicus Wien. Er führte die Berliner Solisten bis an die Grenzen ihrer Leistungsfähigkeit, vielleicht sogar darüber hinaus. Uns Instrumentalisten taten sie fast schon leid. Ich hatte das Gefühl, dass sich Schreier um jeden Preis als Dirigent beweisen wollte, wodurch er die Sänger und auch sich selbst unter unnötigen Druck setzte. Er konnte sich seine unnachgiebige Haltung erlauben, da er auch sich selber gegenüber unerbittlich war. Wenn einmal eine rhythmische Ungenauigkeit vorkam, die er als Dirigent selbst verursacht hatte, brach er den Take von sich aus ab und korrigierte.

Zunehmend trat Schreier als Dirigent auch im Ausland auf. Im August 1988 reiste ich mit dem Berliner Kammerorchester Carl Philipp Emanuel Bach nach Südeuropa.[5] Auf dem Programm der von Schreier geleiteten Konzertreise standen J. S. Bachs *Flötenkonzert*, die *2. Ouverturensuite* und ein Oratorium von C. Ph. E. Bach[6], bei welchem der Leipziger Rundfunkchor mitwirkte. Schreier hatte sich inzwischen eine effektivere Dirigiertechnik angeeignet, sparte mit großen Dirigierbewegungen und atmete musikalisch. Das kam auch der Bach'schen *Flötensuite* sehr zugute. Im Ergebnis entstand ein natürlicher musikalischer Fluss, wie ich ihn selten erlebte.[7]

Im Juli 1989 folgten mit der Sopranistin Barbara Hendricks – wieder mit dem Kammerorchester C. Ph. E. Bach – weitere Bach-Kantaten.[8] Hendricks war keine ausgewiesene Bach-Sängerin. Und anfangs erschien mir ihr Gesang in der Kantate *Ich habe genug* als zu opernhaft. Sie hatte eine bewegliche und dabei strahlende Stimme mit einer selten zu hörenden offenen Höhe. Ihre unglaublich weichen Ton-Anfänge und kaum hörbaren Portamenti kamen dem Gefühl der Trauer sehr entgegen. Da sie große Spannungsbögen zu bilden imstande war, konnte sie sich langsame Tempi erlauben. Ich hatte den Eindruck, dass auch Schreier sich ihrer Gestaltungskraft nicht entziehen konnte. Er nahm ihre musikalische Konzeption auf und respektierte ihre Auffassung.

Um 1990 trat Schreier mit den Dresdner Barocksolisten beim Rheingau-Festival und den Ludwigsburger Festspielen wieder als Gesangssolist auf. Wir konnten uns wie blind auf jahrelange gemeinsame Musiziererfahrungen verlassen. Nach dem umjubelten Konzert in Ludwigsburg lernten wir den Zeichner und Komiker Loriot kennen, welcher Schreier einmal in natura erleben wollte und uns Autogramme gewährte. Peter Schreier dirigierte 1990 die Dresdner Barocksolisten bei Tonaufnahmen des Vivaldi-Projektes »Concerti per Flauti«.[9]

Die Begleitumstände waren außergewöhnlich: Das Ende der Firma VEB Deutsche Schallplatten zeichnete sich ab. Ich kämpfte mit einer fiebrigen Infektion der oberen Luftwege. Absagen oder nicht absagen, das war die Frage. Würde sich das Projekt in dieser Besetzung und mit dem Aufnahme-Team Dagmar Vorwerk / Eberhard Hinz zu einem späteren Zeitpunkt überhaupt noch realisieren lassen? Mit Sicherheit nicht. Deshalb kamen wir überein, das Projekt unter allen Umständen in Angriff zu nehmen. Es hat sich gelohnt: Peter Schreier gab mir bei den Aufnahmen die nötige Zeit für Erholungspausen zwischen den einzelnen Sätzen und sorgte für eine entspannte Arbeitsatmosphäre. Noch heute bin ich ihm für seine mentale Unterstützung dankbar. So kam ein Ergebnis zustande, dem man meinen gesundheitlichen Zustand nicht anmerkt.

Schreier war auch Dirigent von Mozartopern, aber seine eigentliche Stärke waren die oratorischen Werke Bachs. Den Höhepunkt sehe ich in der Aufnahme von Bachs *Hoher Messe*[10] aus dem Jahr 1991, bei der er gleichzeitig Sänger und Dirigent war. Das führte zu einer selten zu erlebenden gestalterischen Geschlossenheit. Ich hatte dabei folgendes Problem zu lösen: In der *Hohen Messe* nimmt Bach keinerlei Rücksicht auf die Atmung des Flötisten. Um die erforderlichen Atemstellen zu kaschieren, wird *Domine Deus* auch heute noch gerne von zwei Flötisten unisono ausgeführt. Schreier war einverstanden, dass ich auf diese Spielhilfe verzichtete. So konnte ich auf die Gesangssolisten individueller eingehen. In den Aufnahme-Pausen kamen wir Musiker mit ihm ins Gespräch: Von einer USA-Reise hatte ich Barbra Streisands Langspielplatte »Classical Barbra«[11] mitgebracht, auf der sie Instrumentalmusik verschiedener Stilepochen als Vokalisen sowie barocke, romantische und zeitgenössische Lieder darbot, unter anderem Robert Schumanns *Mondnacht*. Obwohl sich Streisand emotional merklich zurücknahm, behielt ihre Stimme den lasziven Ruch der gefeierten Broadway-Sängerin. Das eröffnet ganz neue emotionale Dimensionen, womit sie ihren Kollegen aus dem Klassik-Bereich eine sehr bewegende und – wie ich finde – gleichberechtigte Variante an die Seite gestellt hat. Was würde Peter dazu sagen? Wir wussten, dass er 1975 mit Norman Shetler romantische Lieder[12] bei ETERNA veröffentlicht und 1985 bei der Eröffnung der Semperoper Dresden mit Swjatoslaw Richter die *Winterreise* aufgeführt hatte. Im Ergebnis der Zusammenarbeit beobachtete ich bei ihm eine emotionale Vertiefung sondergleichen. Schreier und Richter inspirierten einander. Doch wage ich zu behaupten, dass auch die Streisandsche Aufnahme nicht spurlos an ihm vorüber gegangen ist: Seine *Mondnacht* klang zukünftig nie mehr so wie in Shetlerschen Tagen.

Wie konnte Peter Schreier ein so großer Sänger und Musiker werden? Das liegt an seiner familiären Herkunft und der Erziehung zum Kruzianer. Er vergaß nie, woher er kam und welche Kräfte ihn ein Leben lang hielten. Im Kreuzchor übte er sich im chorischen und solistischen Singen. Dabei lernte er, zu führen oder sich unterzuordnen. So erkläre ich mir seine zwingende Interpretationskunst, die nie etwas Plakatives oder Aufgesetztes hatte. Aber warum er die Herzen der Menschen wie kein Zweiter erreichte, erschließt sich daraus nicht. Die Ursache hierfür sehe ich neben seiner enormen musikalischen Begabung in seiner Ausstrahlung als Mensch. Manchmal hatte ich den Eindruck, dass er selber nicht so recht wusste, worauf seine Wirkung beruhte und ob er sich auch darauf verlassen konnte. Das Zusammensein mit Peter Schreier zählt zu den glücklichen Momenten meines Musikerlebens.

Eckart Haupt, Kammervirtuos Prof. Dr. phil.

Geboren 1945, Musik- und Kompositionsstudien in Dresden und Leipzig. Reisen als Solist wie auch als Soloflötist der beiden großen Dresdner Orchester, Mitwirkung im Bayreuther Festspielorchester. Preisgekrönte Tonträger mit Werken von J. S. Bach und C. Ph. E. Bach. Lehrer an der Musikhochschule Dresden, Meisterklassen, Juror. Forschungen zum Klang der Staatskapelle Dresden, Vorträge in Deutschland, Tschechien und Japan. Zehn Jahre Kultursenator des Freistaates Sachsen. Als Grafiker und Maler Schüler von Peter Albert, Ausstellungen in Deutschland, Polen und Japan.

Anmerkungen

1   Weitere Informationen zu Flämigs Haltung gegenüber Knabenchören, in: Matthias Herrmann (Hrsg.), Martin Flämig. Vom Wirken eines Kreuzkantors. Briefe, Interviews, Reden, Texte (Schriften des Dresdner Kreuzchores 3), Baden-Baden 2018, S. 46 ff.

2   J. S. Bach: Weihnachtsoratorium BWV 248, Gesangssolisten, Dresdner Kreuzchor, Dresdner Philharmonie, Martin Flämig, Lukaskirche Dresden 1974/75; Berlin Classics (1992: BC 2065-2) oder Eterna LP (1976).

3   Als 2. Flötist neben Werner Tast (Soloflötist der Komischen Oper Berlin).

4   J. S. Bach: Weltliche Kantaten (Auswahl, Aufnahmezeitraum 1975–1981), »Tönet ihr Pauken! Erschallet Trompeten« BWV 214 und »Vereinigte Zwietracht der wechselnden Saiten« BWV 207 (8 27 171) – »Geschwinde, ihr wirbelnden Winde« BWV 201 (8 27 518) – »Preise dein Glücke, gesegnetes Sachsen« BWV 215 (8 27 519) – »Zerreißet, zersprenget, zertrümmert die Gruft« BWV 205 (8 27 828) – »Schleicht, spielende Wellen, und murmelt« BWV 206 (8 27 829, VEB Deutsche Schallplatten Berlin, Eterna Stereo-LPs).

5   Villach 20., Salzburg 22., Vaduz 23., Stresa 24.8.1988.

6   Die 2. Flöte spielte Christiane Hupka, Flötistin der Staatskapelle Berlin.

7   Das beobachtete auch Rainer Auerbach, Solotrompeter der Staatskapelle Berlin.

8   J. S. Bach: Kantaten »Jauchzet Gott in allen Landen« BWV 51; »Ich habe genug« BWV 82a; »Weichet nur, betrübte Schatten« BWV 202; Arie »Schafe können sicher weiden« aus »Was mir behagt, ist nur die muntre Jagd« BWV 208 mit

Gudrun Jahn/2. Blockflöte und Barbara Hendricks/Sopran (EMI Digital bzw. VEB Deutsche Schallplatten Berlin 1989: CDC 749 8432).

9 Antonio Vivaldi: »Concerti per Flauti«, Eckart Haupt, Flöte/Blockflöte – Dresdner Barocksolisten – Peter Schreier, Dirigent (Berlin Classics 1991: 011 0002).

10 J. S. Bach: »Hohe Messe« BWV 232, Gesangssolisten, Rundfunkchor Leipzig, Staatskapelle Dresden, Peter Schreier, 1991 Lukaskirche Dresden (Philips 1992/ 432 972-2). Ulrich Philipp (Staatskapelle Dresden) spielte an der 2.-Flöte-Position.

11 »Classical Barbra«: Barbra Streisand, The Columbia Symphony Orchestra, Conducted by Claus Ogerman (CBS Inc. 1976, Columbia Masterworks, M 334 52).

12 VEB Deutsche Schallplatten/Eterna 8 26 498).

Wolfgang Hentrich
Violinist

Peter Schreier als musikalisches Vorbild

Seit meiner Kindheit begleitet mich die charismatische Ausstrahlung von Peter Schreier.

Schon als kleiner Junge saß ich zwischen meinen Eltern auf den harten Kirchenbänken der Dresdner Kreuzkirche, um dem Gesang Peter Schreiers zu lauschen. Bei allem Respekt vor der Leistung der anderen Ausführenden – wäre seine, mich packende, zwingende Gestaltung nicht gewesen, die zeitliche Länge der *Matthäuspassion* hätte mich überfordert ...

Sein Evangelist war (und ist es bis heute!) für mich der Höhepunkt, ein Wunder.

Von ihm habe ich beim Zuhören Wesentliches gelernt: Neben der Schönheit im Klang einer Melodie gibt es noch etwas Unabdingbares, was zur wahrhaften Interpretation gehört – die Gestaltung mittels der Sprache und der persönlichen Emotion. Dies beherrschte er wie kein zweiter, er erzeugte mit seinem Gesang bei mir Bilder, ließ die Handlung »auferstehen«.

Später, als Konzertmeister der Robert-Schumann-Philharmonie Chemnitz und der Dresdner Philharmonie, hatte ich das große Glück, mit ihm als Sänger und Dirigent oft zu musizieren. Im persönlichen, direkten Kontakt konnte ich ihn nun auch als wunderbaren Menschen kennenlernen.

Ich erinnere mich besonders gern an den respektvoll freundschaftlichen Umgang miteinander, an die vielen fruchtbaren musikalischen Diskussionen auf Augenhöhe, die außerordentliche Disziplin und Effektivität Peter Schreiers in der gemeinsamen Probenarbeit und natürlich an das fröhliche Feiern nach einem gelungenen Konzert.

Er ist mir bis heute ein prägendes musikalisches Vorbild. Seine Stimme und seine Interpretationen fehlen mir sehr. Jedoch, die Energie von ihm klingt und schwingt in mir weiter.

Wolfgang Hentrich, Prof.

Geboren 1966, Studium an der Hochschule für Musik Carl Maria von Dresden 1983–1988, bis 1997 1. Konzertmeister der Robert-Schumann-Philharmonie Chemnitz, seit 1997 1. Konzertmeister der Dresdner Philharmonie, Honorarprofessor für Violine / Orchesterspiel an der Musikhochschule Dresden, Chefdirigent der Deutschen Streicherphilharmonie.

Robert Holl
Sänger (Bassbariton)

Peter Schreier als großer Musiker ohne Star-Allüren

Peter Schreier, der großartige Sänger, war mir seit über 40 Jahren ein lieber Kollege und Freund.

Unser erstes gemeinsames Konzert, wo wir uns kennenlernten, war eine Aufführung der *Matthäus-Passion* im Wiener Musikverein unter dem berühmten Dirigenten Karl Richter im Jahre 1976.

Danach folgten gemeinsame Auftritte bei der »Schubertiade« Hohenems, worauf mich Peter Schreier engagierte für Konzerte und bald danach, 1979, für Aufnahmen der großen Bach-Werke in Leipzig und Dresden. Da lernte ich eine für mich neue Bach-Tradition kennen, die wunderbar passte zu der holländischen Aufführungspraxis (mit Eugen Jochum), in der ich aufwuchs.

In den Jahrzehnten nach dem Bach- und Händel-Gedenkjahr 1985 hat Peter Schreier mich immer wieder für Konzerte auf der ganzen Welt eingeladen und so meine Karriere international gefördert; wofür ich ihm zutiefst danke und ihn liebe.

Unvergesslich waren für mich Aufführungen der Bach-Passionen, die er sowohl dirigierte als auch den Evangelisten-Part gestaltete mit einmaliger Werktreue, mit Fleiß und Kreativität.

Auch seine Liederabende, zum Beispiel mit Beethoven-Liedern: unerreicht schön, und Auftritte gemeinsam mit András Schiff bleiben unvergesslich in Erinnerung.

Die Gastfreundschaft seiner lieben Frau Renate, die ich in der Berliner Wohnung genießen durfte sowie im Haus in Dresden, werde ich nie vergessen!

Peter war ein ganz großer Musiker, eine Erscheinung ohne Star-Allüren!

Wir teilten die Liebe zu Weißweinen aus der Wachau und tranken manches Glas zusammen in freundschaftlicher Runde. Peter war ein Lebenskünstler, der in meinen Erinnerungen im Herzen weiterleben wird. Er klingt in mir.

Robert Holl, Kammersänger Prof.

Geboren in Rotterdam, absolvierte seine Studien dort bei Jan Veth und David Hollestelle, gewann 1971 den 1. Preis beim Internationalen Gesangwettbewerb in 's-Hertogenbosch und studierte danach bei Hans Hotter in München. 1973–1975 Mitglied der Bayerischen Staatsoper München; danach längere Zeit vorwiegend als Konzertsänger tätig, Zusammenarbeit mit Eugen Jochum, Karl Richter und Wolfgang Sawallisch. Seit einiger Zeit ist er wieder mehr in Opernproduktionen zu erleben, war Gast an der Wiener Staatsoper, der Brüsseler Oper und seit 1991 am Zürcher Opernhaus unter Claudio Abbado, Nikolaus Harnoncourt oder Franz Welser-Möst, des weiteren an der Deutschen Staatsoper Berlin unter Daniel Barenboim und bei den Bayreuther Festspielen z.B. unter Pierre Boulez. Auch als Konzertsänger machte sich Robert Holl einen Namen und gilt als einer der großen Liedsänger unserer Zeit (zahlreiche Liedaufnahmen bei Preiser Records). Er gibt Meisterkurse, ist künstlerischer Leiter von »Schubertiaden« in Holland und Österreich und wirkt seit 1998 als ordentlicher Professor für Lied und Oratorium an der Universität für Musik und Darstellende Kunst in Wien. Er komponierte Lieder und Klavierstücke, die im Druck und auf CD erschienen sind. www.robertholl.at

Marek Janowski
Dirigent

Über die Zusammenarbeit mit Peter Schreier in der Oper

Mit Peter Schreier verbinden sich für mich vor allem Erfahrungen in der Opernzusammenarbeit. Zum ersten Mal begegneten wir uns, denke ich, im Herbst 1970 an der Hamburgischen Staatsoper, wo er unter meiner Leitung den Tamino in Mozarts *Zauberflöte* sang.

Dann gab es eine VEB-Eterna-Plattenproduktion des Opern-Einakters *Mozart und Salieri* von Rimsky-Korsakow mit ihm, Theo Adam und der Staatskapelle, das war irgendwann in den Siebzigerjahren. Wir kannten uns also schon, bevor ich Anfang der 1980er-Jahre erneut nach Dresden kam, um Wagners *Ring* für die Schallplatte aufzunehmen. Dass Peter Schreier den Loge im *Rheingold* singen sollte, war unbestritten. Ich erinnere mich aber, dass dann lebhaft diskutiert wurde, wer der Mime im *Siegfried* sein könnte. Meine Idee war es, ihn zu bitten, diese Rolle zu übernehmen. Er war zunächst gar nicht damit einverstanden, hat aber schließlich zugesagt. Er kam dann zu jeder Orchesterprobe mit der Staatskapelle (zunächst probt ja immer erst das Orchester allein, noch ohne Sänger) und zeichnete sich genau in seinen Klavierauszug ein, wie ich dirigierte. Der Erfolg dieser Aufnahme ist Geschichte.

In meiner Chefzeit beim Gürzenich-Orchester Köln zwischen 1986 und 1990 habe ich ihn eingeladen, Bachs *Matthäus-Passion* zu dirigieren und gleichzeitig den Evangelisten zu singen. Ich weiß, dass die Musiker die Zusammenarbeit mit Peter Schreier damals sehr genossen haben.

Ich erinnere mich an ihn als einen außergewöhnlichen Musiker-Sänger, der ganz sicher im Gedächtnis aller, die ihn kannten und seine Aufnahmen schätzen, fortleben wird.

Marek Janowski

Geboren 1939 in Warschau, aufgewachsen und ausgebildet in Deutschland. Seit den 1960er-Jahren Operndirigent (an allen großen internationalen Opernhäusern, u.a. in Hamburg, Berlin, Paris, New York, Chicago, San Francisco, Wien, Dresden, München) und künstlerischer Leiter vieler Orchester: u.a. Orchestre Philharmonique de Radio France (1984–2000), Gürzenich-Orchester Köln (1986–1990), Orchestre de la Suisse Romande (2005–2012), Rundfunk-Sinfonieorchester Berlin (2002–2016), Chefdirigent und künstlerischer Leiter der Dresdner Philharmonie von 2001–2003 und seit 2019. Er gilt weltweit als herausragender Beethoven-, Schumann-, Brahms-, Bruckner- und Strauss-Dirigent, aber auch als Fachmann für das französische Repertoire mit mehr als 50 Schallplattenaufnahmen. Einen besonderen Schwerpunkt bilden die Opern und Musikdramen Richard Wagners, die er mit dem Rundfunk-Sinfonieorchester Berlin, dem Rundfunkchor Berlin und einer Phalanx von internationalen Solisten zwischen 2010 und 2013 konzertant realisierte (auf CD bei Pentatone); bereits 1980–1983 hatte er diesen Zyklus mit der Sächsischen Staatskapelle Dresden für die Schallplatte eingespielt. Für Wagner kehrte Marek Janowski auch noch einmal in ein Opernhaus zurück und leitete 2016/17 den »Ring« bei den Bayreuther Festspielen.

Matthias Jung
Dirigent

Peter Schreier –
eine große moralische und musikalische Unterstützung

Als junger Mensch führte mich die Verehrung Johann Sebastian
Bachs zwangsläufig neben der Suche nach eigenen Ansätzen zur
Auseinandersetzung mit unterschiedlichsten Bach-Interpretationen. Bis zu diesem Zeitpunkt waren mir die großen Bach'schen
Werke nur als Chorsänger vertraut. Umso größer war meine Neu-
gier auf den Menschen und »Evangelisten« Peter Schreier. Meine
erste persönliche Begegnung mit ihm erlebte ich auf einer Reise des
Dresdner Kreuzchores in den Osterferien des Jahres 1993, die uns
nach Israel führte. Zu dieser Zeit war ich als Assistent des damaligen Kreuzkantors tätig. Mit uns reisten eine Reihe hervorragender
Solisten aus Deutschland, um gemeinsam mit dem Israel Philharmonic Orchestra die Bach'schen Passionen aufzuführen. Die Stimmung war euphorisch, aber auch skeptisch. Unterschiedliche Interpretationen prallten aufeinander. Für uns, gewöhnt der Liturgie des
Kirchenjahres zu folgen, war die Passionszeit bereits beendet. Es
galt also nun das Werk im Konzertsaal besonders als Kunstwerk zu
präsentieren. Befürchtungen wurden laut, dass es für manche Israe-
lis unerträglich wäre, die Aufführung dieser Werke von Deutschen
in Israel zu erleben, da der nicht auszurottende Antisemitismus auf
das vertonte Evangelium Bezug nimmt. Doch alles fügte sich zum
Guten.

Als Sänger beeindruckte mich Peter Schreier bei den Proben
und Konzerten trotz aller Ernsthaftigkeit und Professionalität mit
seiner großen Leichtigkeit und Musizierfreude. Mit Interesse und
Verständnis begegnete er den jungen Kollegen und Sängern des
Chores. Dieser Weltstar war ein ganz irdischer Zeitgenosse ohne
Allüren. Bei gemeinsamen abendlichen Ausflügen in geselliger

Runde, beispielsweise nach Jaffa, zeigte er sich dem Leben äußerst zugewandt. Diese erfolgreiche Konzertreise wurde auch dank seiner Mitwirkung ein eindrucksvolles Erlebnis.

1994, ein knappes Jahr später, übernahm ich bis zum Sommer 1996 das Amt des Kreuzkantors. Die Übernahme geschah für mich vollkommen unvorbereitet, und ich sah mich plötzlich auf unterschiedlichen Gebieten in einer großen Verantwortung. Es blieben mir zwei Wochen, meine ersten Aufführungen der *Matthäuspassion* mit Chor, Orchester und Solisten vorzubereiten.

Peter Schreier half mir in mehrfacher Hinsicht, diese Situation zu meistern. Trotz stimmlicher Indisposition und obwohl wir erstmals am Konzerttag miteinander proben konnten, hielt er an seinem Engagement fest. Seine große erzählerische Kraft als Evangelist schaffte es, das Publikum der Konzerte so zu fesseln, dass seine stimmliche Erkrankung kaum wahrgenommen wurde. Er war mir eine wirkliche moralische und musikalische Unterstützung bei diesen mit großer Aufmerksamkeit von der Öffentlichkeit begleiteten erfolgreichen Aufführungen.

Der Konzertplan des Kreuzchores war mir vorgegeben, und bereits wenige Wochen nach den Osterferien 1994 stand Händels *Messias* bei den Dresdner Musikfestspielen auf dem Programm. Zwei Wochen darauf sollten wir mit A cappella-Werken und der *h-Moll Messe* auf Reisen gehen, u. a. in die Schweiz zum Bachfest in Schaffhausen. Um in diesem engen Terminplan meine Kräfte gut einzuteilen und dem Chor die optimale Wirkung zu verschaffen, bat ich Peter Schreier, die Leitung des *Messias* in Dresden zu übernehmen, was er ohne Zögern annahm. So konnte ich mich besser auf unsere nachfolgende Tournee vorbereiten. Auch bei dieser Gelegenheit konnte ich auf eine gelungene musikalische und menschliche Zusammenarbeit bauen, die sich später fortsetzte, zum Beispiel in der Kölner Philharmonie anlässlich seines 60. Geburtstages.

Wie sehr sich Peter Schreier den Erkenntnissen der historisch informierten Aufführungspraxis öffnete, wurde mit seiner in der DDR wegweisenden Aufnahme der *Matthäuspassion* von 1984 nur allzu deutlich. Obwohl er Vorbehalte beim Umgang mit historischen Instrumenten und einem tieferen Stimmton hatte, konnte ich ihn auch für solche Neuerungen in der Kreuzkirche gewinnen.

Nach meiner Berufung in die Auswahl der Kandidaten für das neu zu besetzende Kreuzkantorat durfte ich auf seine Unterstützung bauen.

Eines seiner letzten Konzerte als Oratoriensänger gab Peter Schreier im Herbst 2005 in Mendelssohn Bartholdys *Lobgesang* in der wiedereröffneten Dresdner Frauenkirche gemeinsam mit dem von mir geleiteten Sächsischen Vocalensemble. Da er etwas zu spät zur Probe erschien, sprach er entschuldigend vom gerade erlebten Vorfall. Er hatte am wegen der Probe geschlossenen Eingang um Einlass gebeten, mit dem Hinweis, dass er Peter Schreier sei. Daraufhin hatte ihm der junge Mann geantwortet, dass dies ja schließlich jeder behaupten könne ...

Schreiers Interpretation der Lieder Robert Schumanns ist legendär. Mit der künstlerischen Leitung der »Schumanniade«, die er 1999 in Kreischa ins Leben rief, versuchte er das Gedenken an den Komponisten mit dem Hinweis auf die mit ihm verbundene Kulturlandschaft zu ehren und lebendig zu halten.

Der 200. Geburtstag des Komponisten im Jahre 2010 war mir ebenso Anlass, mit dem Sächsischen Vocalensemble die Stadt Dresden als einen der wichtigsten, aber viel zu wenig wahrgenommenen Lebens- und Wirkungsort der Familie Schumann erkennbar zu machen. Daraus ergaben sich für mich in den letzten Jahren erneut künstlerische Berührungspunkte mit Peter Schreier. Dieses gemeinsame Ansinnen fand sein Interesse zum Mittun. Von Beginn an stand er uns als Schirmherr der jährlichen »Schumann-Ehrung« zur Seite. Er hielt anrührende Ansprachen, zum Beispiel zu Festkonzerten im Palais Großer Garten Dresden, in dem Schumann selbst dirigiert hatte, und stand zuletzt noch Rede und Antwort bei unserer Interview-Veranstaltung 2017 im Waldgasthof Hirschbachmühle. Dort war Schumann mit seiner Familie gern eingekehrt – für das Sächsische Vocalensemble e. V. auch hier Anlass zur Anbringung eines Schumann-Medaillons in Dresden und Umgebung.

Im Herbst 2018 durfte ich Peter Schreier letztmalig persönlich bei einem Treffen in seinem Haus auf der Calberlastraße in Dresden-Oberloschwitz erleben, wo er sich trotz allen körperlichen Beeinträchtigungen mit wachem Geiste für verschiedenste musikalische Entwicklungen interessierte und in die Zukunft dachte. In meinem persönlichen Angedenken bleibe ich ihm in großer Verehrung und Dankbarkeit verbunden.

Matthias Jung

Geboren 1964 in Magdeburg, Beginn der musikalischen Ausbildung an der Spezialschule für Musik und im Rundfunkjugendchor in Wernigerode, Studien im Fach Chor- und Orchesterdirigieren an der Hochschule für Musik Franz Liszt in Weimar. Dort gründete er das Vocal Consort Weimar. Verpflichtung an zwei renommierte deutsche Knabenchöre: zunächst an den Tölzer Knabenchor, danach an den Dresdner Kreuzchor. 1994–1996 wirkte er als amtierender Kreuzkantor, produzierte im Rahmen eines Exklusivvertrages mit der Deutschen Grammophon Gesellschaft. Zahlreiche Werke der mitteldeutschen Musiklandschaft, insbesondere der Dresdner Hofkirchenmusik sowie aus den Beständen der Fürsten- und Landesschule St. Augustin Grimma, wurden durch ihn erschlossen und mit dem 1996 gegründeten Sächsischen Vocalensemble aufgeführt. Mit gleichem Engagement setzt er sich für die Pflege zeitgenössischer Vokalmusik ein, was sich in mehreren Uraufführungen spiegelt. Mit der Etablierung der jährlichen Robert-Schumann-Ehrung des Sächsischen Vocalensembles e. V. stehen verstärkt Chorwerke der Romantik auf seinen Konzertplänen. Neben dem Sächsischen Vocalensemble leitet Matthias Jung den Knabenchor Dresden und den dresdner motettenchor. Renommierte Ensembles verpflichteten ihn. Er gastiert erfolgreich in vielen Ländern Europas, den USA und Japan, ist ein gefragter Juror, überdies Leiter von Workshops mit japanischen Chören. Zahlreiche CD-Produktionen, die u. a. mit dem Cannes Classical Award und dem Preis der Deutschen Schallplattenkritik ausgezeichnet wurden. www.saechsisches-vocalensemble.de

Egbert Junghanns
Sänger (Bariton)

Peter Schreier über das Ende der Karriere und die »letzten Dinge«

Mitte Mai 2004 dirigierte Peter Schreier eine Aufführung von Bachs *h-moll-Messe* im Teatro di Comunale di Bologna. Die Solisten waren Elisabeth Kulman (damals noch im Sopran-Fach), Anke Vondung, Marcus Ullmann und ich.

Nach einem erfolgreichen Konzertabend saßen wir beieinander, und da Peter Schreier und ich den gleichen Rückflug nach Dresden gebucht hatten, verabredeten wir uns für den nächsten Tag. Nachdem alle Check-in-Formalitäten erledigt waren, lud er mich in die Lufthansa-Lounge ein. »Hier gibt's alles umsonst«, höre ich ihn sagen, und dementsprechend ließen wir uns fürstlich bedienen! Unser Gespräch kreiste erst um Berufliches und Organisatorisches.

Später reflektierte er über sein Karriereende und über »letzte Dinge«:

»Eigentlich habe ich die ganze Reiserei richtig satt!«, meinte er.

Ich konnte ihm zuerst gar nicht folgen, denn für mich waren diese Tourneen immer »Highlights«. »Mein ganzes Leben war ich nur unterwegs!«

Seine Opernkarriere habe er zwar beendet (nachdem er bemerkte, dass seine »Paminen« mittlerweile seine Enkelinnen sein könnten), Oratorium und Lied blieben, und Dirigieren könne er ja weiterhin, solange es die Gesundheit zuließe. Außerdem wolle er sich mehr der Familie widmen.

»Also – da hab' ich leider großen Nachholebedarf! Aber das bringt das Berufsleben zwangsläufig mit sich.«

Er würde gerne »die Achtzig« erreichen wollen – »aber was kommt dann?«

Nach einer langen Pause: »Das liegt in anderen Händen ...«

Unser Gespräch verstummte kurzzeitig. Ich wagte kein Wort.

Und dann fragt er wieder: »Was wird bleiben?« Dieser Gedanke trieb ihn um.

In Dresden angekommen, verabschiedeten wir uns kurz.

Später hielt dieser Bologna-Aufenthalt meine Erinnerungen an Peter Schreier wach. So nachdenklich sprach er zu mir, so offenherzig, so vertraulich ...

Egbert Junghanns

Geboren im sächsischen Erzgebirge. Seine ersten musikalischen Anregungen erhielt er im Dresdner Kreuzchor, wo er früh solistische Aufgaben übernahm. Danach studierte er an der Hochschule für Musik Carl Maria von Weber Dresden Gesang. Seine Laufbahn begann am Opernhaus Chemnitz und setzte sich an der Sächsischen Staatsoper Dresden fort. Gastspiele führten ihn an die Oper Leipzig und die Staatsoper Berlin. Er gewann mehrere Preise bei Internationalen Wettbewerben u. a. in Karlsbad und Wien; er ist Schumann-Preisträger und errang den 1. Preis beim Bach-Wettbewerb in Leipzig. Sein breites Repertoire führte ihn in viele europäische Musikzentren sowie nach Japan, Brasilien, Israel und die USA. Er konzertierte unter namhaften Dirigenten sowie mit bedeutenden Orchestern. An der Hochschule für Musik Dresden unterrichtet er Gesang. Zahlreiche Einspielungen von Egbert Junghanns liegen auf CD vor.

Edith Mathis
Sängerin (Sopran)

Gemeinsam mit Peter Schreier das Liedschaffen von Wolf bekannt machen

Peter Schreier war ein wunderbarer Musiker und ein lieber, humorvoller, unkomplizierter Kollege.

Sein künstlerischer Weg begleitete mich so ziemlich von Anbeginn an. Unsere erste Begegnung fand in den Sechzigerjahren im Saal der Deutschen Bank in Frankfurt/Main statt, wo wir Bach-Kantaten zum Besten gaben. Es gab damals noch nicht die »Alte Oper«, in der heutzutage Konzerte stattfinden. Danach kreuzten sich unsere Wege sehr oft, sei es in Konzertsälen, in Opernhäusern, in Aufnahmestudios und zuletzt auch bei Gesangswettbewerben. Unvergessen z.B. bleiben unsere Tourneen mit dem *Italienischen Liederbuch*, als wir gemeinsam von Stadt zu Stadt, von Land zu Land zogen, um die Menschen vom genialen Liedschaffen von Hugo Wolf zu überzeugen, desgleichen auch unsere Konzerte und Aufnahmen der Vokal-Ensembles von Schumann und Brahms, unser Mitwirken auf vielen Opernbühnen (Idamante, Ottavio, Tamino), das Konzert mit Haydns *Schöpfung* in der Jesuitenkirche in meiner Heimatstadt Luzern, als Schreier bereits am Dirigentenpult stand. Ob als Sänger oder als Dirigent: es herrschte stets eine glückliche, befriedigende Übereinstimmung. Danke, Peter, für alles, was Du der Musikwelt gegeben hast!

Edith Mathis, Kammersängerin Prof.

Geboren in Luzern, Gesangsstudium am Konservatorium Luzern und privat bei Elisabeth Bosshart in Zürich. Debüt 1956 am Stadttheater Luzern, dann ständiger Gast in Luzern und 1958/59 am Stadttheater Zürich. 1959–1963 Engagement an den Bühnen der Stadt Köln. Danach regelmäßiger Gast vorwiegend an der Deutschen Oper Berlin, den Staatsopern von Hamburg, München und Wien sowie bei den Salzburger Festspielen. Vor allem mit Mozart-Partien präsentierte sie sich als lyrische Sopranistin von Weltrang, wurde darüber hinaus durch die Breite ihres Repertoires bekannt. Das zeigte sich auch im Bereich der Moderne mit Opernuraufführungen (von Einem, Henze, Menotti und Sutermeister). Gastspiele führten sie in die Musikzentren der Welt. 1992 – 2006 wirkte sie als Professorin an der Universität für Musik und darstellende Kunst Wien.

Siegfried Matthus
Komponist

Vom abgelehnten Studenten zum Vertreter
höchster Interpretationskunst – Peter Schreier

Am Ende meiner Meisterschülerzeit 1959 bei Hanns Eisler beendete ich eine Kantate *Grigorsk 42*. Der Berliner Rundfunk kündigte eine Produktion der Kantate an – eine hohe Auszeichnung für einen ehrgeizigen jungen Komponisten. Neben dem Berliner Rundfunk-Sinfonie-Orchester unter einem namhaften Dirigenten wünschte ich mir für die Tenorpartie den 1. Tenor der Berliner Staatsoper. (Er war damals so berühmt, dass ich heute schon nicht mehr seinen Namen weiß.) Mit meinem Wunschkandidaten gab es große Terminschwierigkeiten. Der Produzent schlug mir als Ersatz einen Dresdner Studenten vor. Nein! Nein! Nein! Ich wollte mir meine große Chance nicht durch einen Studenten vermiesen lassen. All mein Wehren gegen den missliebigen Studenten half nichts. Er wurde mir brutal aufoktroyiert.

Als ich später die Aufnahme hörte, fand ich sie eigentlich gar nicht so schlecht. – Der von mir so sehr abgelehnte Student hieß Peter Schreier.

Bei späteren Treffen mit Peter Schreier haben wir über die seltsame Situation unseres Kennenlernens immer wieder herzlich gelacht.

Peter Schreier hat in den folgenden Jahren weiterhin Lieder von mir gesungen, so z. B. die Uraufführung des Zyklus mit Theo Adam *Wem ich zu gefallen suche* und zur Eröffnung des Konzerthauses in Berlin eine Orchesterbearbeitung von Mendelssohn-Liedern.

Ich bin sehr glücklich, dass ich die Gipfelleistung höchster internationaler Interpretationskunst wie die Tenorpartien in den Bach'schen Passionen und die Gestaltung des David in der *Meister-*

singer-Produktion mit der Dresdner Staatskapelle unter Herbert von Karajan durch Peter Schreier hören und erleben durfte.

Siegfried Matthus, Prof.

In Ostpreußen geboren, Studium an der Deutschen Hochschule für Musik in Berlin 1952–1958, Meisterschüler Hanns Eislers an der Akademie der Künste Berlin 1958–1960. Seit 1960 freischaffender Komponist, seit 1964 Komponist und Berater (Dramaturg) für zeitgenössische Musik an der Komischen Oper Berlin. 1972 Leitung einer Meisterklasse der Akademie der Künste der DDR, ab 1991 Künstlerischer Leiter der Kammeroper Schloss Rheinsberg. Kompositorisches Werk aller Gattungen mit starker Ausstrahlung. www.Siegfried-Matthus.de

Edda Moser
Sängerin (Sopran)

Mit Peter Schreier zu singen –
eine ganz große Auszeichnung
(Notiert von Matthias Herrmann)

Wir sind telefonisch verabredet und sprechen zunächst über Hans
Werner Henze, der vor über 50 Jahren, am 21. Oktober 1966, ein
Sonderkonzert der Staatskapelle Dresden mit eigener Musik dirigierte – eine Aufführung, in der wir beide mitgewirkt haben: Edda
Moser in der Kantate *Being Beauteous* für Koloratursopran, Harfe
und vier Violoncelli nach Rimbaud, der Dresdner Kreuzchor (und
damit ich als wenige Wochen »alter« Kruzianer) in den *Musen Sizi-
liens* für Chor, zwei Klaviere, Bläser und Pauken nach Vergil. Henze
verstarb im Herbst 2012 in Dresden, und zwar im selben Krankenhaus, in dem Peter Schreiers Leben am 25. Dezember 2019 endete.

Auf meine Frage nach berichtenswerten künstlerischen Berüh-
rungspunkten mit Peter Schreier antwortet Edda Moser, das stehe
doch alles in ihrem Buch (»Ersungenes Glück. Erinnerungen und
Gespräche«, aufgezeichnet von Thomas Voigt, Leipzig 2011). Ich
schlage nach und lese auf S. 86 von ihrem ersten Gastspiel in der
Deutschen Staatsoper Berlin, und zwar als Königin der Nacht in
der *Zauberflöte*: Schreier »staunte, dass ich die erste Arie mit brei-
ter Mittellage sang und sagte mir hinterher: ›Ich hätte nie geglaubt,
dassde da ruffkommst!‹ Damit begann unsere Freundschaft.«
    Zur letzten Begegnung mit Peter Schreier kam es am 10. Okto-
ber 2019 in Bad Lauchstädt zur Gesprächsveranstaltung im dortigen Goethe-Theater im Rahmen des von Edda Moser geleiteten
Festspiels der deutschen Sprache. Dabei ließ Gesprächsleiter Hans
John eingangs die 1950 entstandene Aufnahme der Arie *Es ist vollbracht!* aus Bachs *Johannespassion* mit Peter Schreier als Knabenalt
unter der Leitung Rudolf Mauersbergers anspielen. Edda Mosers

monolithischer Kommentar könnte nicht aussagekräftiger sein: »Was soll man *da-zu* sagen!«

Dann kommt es zu Reminiszenzen an gemeinsam Erlebtes, etwa an die *Zauberflöten*-Szene nach Taminos großer Arie und dem Auftritt der Königin der Nacht. Dazu Peter Schreier: »Da steh' ich auf der Bühne und ›muss‹ mir die Königin der Nacht anhören, habe sie in den seltensten Fällen gut gehört, aber die es eigentlich immer ›drauf‹ hatte (von früh bis abends!) – das war Edda! Bei ihr konnte ich ›sorgenfrei‹ auf der Bühne stehen!«

Beide Sänger begegneten sich »oft genug, viele, viele Male« in Opernhäusern irgendwo auf der Welt, zum Beispiel in Wien – Edda Moser erinnert sich: »So wie ich den Schreier auf der Bühne traf und man sagte: ›Guten Abend, na, wie geht's denn? Was macht der Hund?‹ ... Dann haben wir weitergesungen! ... Die Inszenierungen, in denen wir auftraten, liefen ja schon Jahre lang, wir hatten da wirklich süße Begegnungen, auch weil wir mitunter Bewegungsabläufe durcheinanderbrachten. Irgendwo haben wir im *Don Giovanni* gesungen, und ich ging da irgendwie unerwartet nach rechts und Peter sagte: ›das ist falsch, das ist doch in Wien so!‹, jetzt waren wir aber zusammen in Berlin oder sonst wo. Wir haben uns eben immer wieder getroffen und uns gegenseitig gestützt.«

Für beide Ausnahmesänger war der »Blickkontakt auf der Bühne«, auch mit dem Dirigenten im Orchestergraben ganz entscheidend. Natürlich konnten sich auch kuriose Momente einstellen: »Ich habe mit dem Schreier die *Entführung aus dem Serail* gesungen und hatte im Duett irgendwie ein Blackout und sang weiter, schmiss aber musikalisch, und der Peter hat das dann nachgesungen – und wir haben später gesagt, das war eben eine andere Fassung!«

Edda Moser resümiert, dass sie »eine ideale Gestalt wie Peter Schreier nie wieder erlebt hat, wo man sich sagt: Ja, mit dem zu singen, ist eine ganz große Auszeichnung!« Auch hinsichtlich ihrer langen Erfahrung mit ihm stellt sie als Gesangsprofessorin fest: »So was tolles, so was diszipliniertes und so was ungewöhnliches –, das habe ich nicht wieder erlebt!« Sie sei unter ihren vielen Studenten nie auf eine solche Begabung gestoßen, obwohl es natürlich viele »gute Sänger heute gibt – absolut, kein Thema –, aber was wir damals hatten, dieses ganz *besondere*, so wie Karl Richter eben etwas ganz *besonderes* war oder Robert Heger oder Josef Krips oder Karajan – dieses Begnadete wie im Falle Schreiers findet man heute sehr selten.«

Edda Moser, Kammersängerin Prof.

In Berlin geboren und ausgebildet. Herbert von Karajan brachte die Sopranistin an die Metropolitan Opera New York, wo sie ihren spektakulären Einstand als Königin der Nacht in Mozarts »Zauberflöte« feierte. Seither war sie Gast auf allen bedeutenden Opernbühnen der Welt und hat mit den berühmtesten Dirigenten zusammengearbeitet. Sie besticht nicht nur durch ihre hohe Gesangskunst, sondern auch durch eine überzeugende darstellerische Leistung und gilt als eine der bedeutendsten Mozartinterpretinnen unserer Zeit. Sie lehrte an der Hochschule für Musik und Tanz Köln und ist dort Professorin auf Lebenszeit. In Meisterkursen in mehreren europäischen Ländern gibt sie ihr Wissen weiter. Darüber hinaus fühlt sich Edda Moser in besonderer Weise der Pflege und dem Erhalt der deutschen Sprache verpflichtet. Sie ist Initiatorin und künstlerische Leiterin des 2006 gegründeten Festspiels der deutschen Sprache, das auf Empfehlung des früheren Bundesaußenministers Hans-Dietrich Genscher seit 2007 jeweils im September im historischen Goethe-Theater Bad Lauchstädt stattfindet. https://festspiel-der-deutschen-sprache.com/edda-moser

Dirk Mürbe
Hochschullehrer und Arzt

»Das Lied in Dresden« –
eine von Peter Schreier geförderte Konzertreihe

Dem Liedgesang zu weiter Verbreitung und Wertschätzung zu verhelfen, war ein besonderes Anliegen von Peter Schreier, dem er sich im gesamten Verlauf seiner herausragenden internationalen Karriere gewidmet hat. Davon zeugen Mitschnitte und Berichte von seinen zahlreichen Liederabenden auf den bekanntesten Podien der Welt über vier Jahrzehnte. Als sechs musikbegeisterte Dresdner im Jahr 1998 die Liederabendreihe »Das Lied in Dresden« gründeten, war er sofort mit persönlicher Unterstützung und Begeisterung dabei, diese kammermusikalische Form in seiner Heimatstadt zu fördern. Mit über 120 Liederabenden, Lesungen und Meisterkursen wurde diese Vision Wirklichkeit und wird seit 2016 unter Obhut von Kammersänger Prof. Olaf Bär an der Hochschule für Musik Carl Maria von Weber in Dresden weitergeführt.

Ein gemeinsamer Abend nach Schuberts *Winterreise* beim »Lied in Dresden« war Auftakt vieler herzlicher Begegnungen und inspirierender Gespräche mit Peter Schreier. Neben seinem einzigartigen Schaffen als Sänger und Dirigent beeindruckte er uns als unprätentiöser Künstler und zugänglicher Mensch. Die Uneigennützigkeit, mit der er seine vielfältigen Kontakte für das Gelingen der Reihe nutzte, führte zu Sternstunden des Liedgesangs im Dresdner Kulturrathaus. Erinnert sei an unvergessliche Liederabende mit Künstlern wie Edith Mathis, Kurt Moll und Robert Holl oder die Lesung mit Dietrich Fischer-Dieskau.

Die Verantwortlichkeit, mit der er sich dieser ehrenamtlich getragenen Initiative verbunden fühlte, war uns Ehre und zusätzliche Motivation für alle damit verbundene organisatorische Arbeit. Die Konzertprogramme der Reihe über Jahre mit seinen Liederabenden

96

zu krönen, war ein Privileg und beispielloses Geschenk. Besonders imponierte mir, wie er sich immer wieder ernsthaft für unsere persönlichen Wege und Entwicklungen interessierte. Mit dieser Gabe hat er auch das ihn das gesamte Leben begleitende öffentliche Interesse gemeistert. Mit seinen künstlerischen Leistungen hat Peter Schreier eine ganze Generation von Lied- und Opernfreunden in außerordentlichem Maße beeinflusst. Die persönlichen Begegnungen geben dieser Prägung ein besonderes Gewicht und werden in der Erinnerung an ihn stets mit Freude und Dankbarkeit verbunden sein.

Dirk Mürbe, Prof. Dr. med.

Studium der Humanmedizin an den Universitäten Rostock, Dublin und Dresden und Gesangsstudium an der Hochschule für Musik Dresden. Facharzt für Phoniatrie und Pädaudiologie und Facharzt für HNO-Heilkunde. 2010 Berufung auf die Professur für Phoniatrie und Audiologie an der Medizinischen Fakultät der Technischen Universität Dresden, seit 2018 Lehrstuhl für Audiologie und Phoniatrie und Direktor der gleichnamigen Klinik der Charité Universitätsmedizin Berlin.

Martin Petzold
Sänger (Tenor)

Viele wunderbare Begegnungen mit Peter Schreier

Wenn ich an Peter Schreier denke, fallen mir viele wunderbare Begegnungen ein, und ich bin erfüllt von einer tiefen Dankbarkeit. Peter hat mein Sängerleben wesentlich mitgeprägt und gefördert. Auch sein Humor begleitete viele Momente unserer Zusammenarbeit.

Dazu möchte ich eine typische kleine Episode erzählen: Am 23. April 2016 durfte ich beim Festkonzert »800 Jahre Dresdner Kreuzchor« als Solist mitwirken. Auf dem Programm stand die *Missa Solemnis* von L. v. Beethoven. Das Lampenfieber stieg, als direkt vor mir in der Kreuzkirche der große Maestro mit seiner Frau Renate Platz nahm und sich angeregt mit einigen Damen und Herren der sächsischen Staatsregierung unterhielt. Das Konzert wurde ein voller Erfolg und mit viel Beifall bedacht. Wie so oft gab es für jeden Solisten einen schönen, großen Blumenstrauß. Spontan überreichte ich dieses »Triumphgemüse« an das Ehepaar Schreier und fügte »... in alter Dankbarkeit ...« hinzu. Schon unterbrach mich Peter mit lauter Stimme: »Na, hast wohl zu Hause keine Vase mehr.« Entsprechende Heiterkeit folgte im Publikum und bei den Orchestermusikern.

Nach unserer letzten gemeinsamen *Johannespassion* in der Thomaskirche Leipzig im Februar 2018 umarmten wir uns noch ganz fest und herzlich. Es wurde meine letzte Begegnung mit diesem großen Künstler.

Nach seinem Tod dachte ich an Elisabeth Kübler-Ross: »Menschen sind wie Kirchenfenster. Wenn die Sonne scheint strahlen sie in allen Farben, aber wenn die Nacht kommt, kann nur ein Licht im Inneren sie voll zur Geltung bringen.« Für mich war Peter ein Leben lang so ein Licht im Dunkeln. Dafür werde ich ihn immer in dankbarer Erinnerung behalten.

Martin Petzold, Kammersänger

Im Pfarrhaus Meißen aufgewachsen, bis zum Abitur 1974 Mitglied des Thomanerchores Leipzig. 1977 Facharbeiterbrief als Schlosser für Kunstschmiede. 1979–1984 Gesangsstudium an der Hochschule für Musik Felix Mendelssohn Bartholdy Leipzig. Seit 1986 Mitglied im Solistenensemble der Oper Leipzig. Ab 1989 internationale Gastspiele, vor allem mit Gewandhausorchester und Thomanerchor. Gastverträge an europäischen Opernhäusern. In jüngster Zeit Arbeiten als Karikaturist. www.martinpetzold.com

Andreas Priebst
Violoncellist

»... dass man mit ihm wunderbar musizieren konnte ...« – Erfahrungen mit Peter Schreier

»Du bist also doch ein ganzes Stück jünger als ich ...« – mit diesen Worten bot mir Kammersänger Peter Schreier im Frühjahr 1993 das »Du« an. Er hatte kurz zuvor erfahren, dass ich wie er – allerdings viel später – Mitglied des Kreuzchores in Dresden gewesen war. Das geschah im Münchener Gasteig-Saal bei der Probe zur ersten Aufführung der Bach'schen *Johannespassion*. Es war der Auftakt zu einer kleinen Tournee durch große westdeutsche Städte. Dresdner und Leipziger Gesangsolisten, eine kleine Gruppierung des MDR-Rundfunkchores und Mitglieder der Staatskapelle Dresden waren zusammengekommen. Inmitten meiner Kapellkollegen sitzend hatte ich die Ehre und große Freude, bei den Aufführungen dieses herrlichen Werkes als Gambist mitzuwirken. Diese Freude sollte ich in den kommenden Jahren noch sehr oft haben. Schon in meinen frühen Kreuzchorjahren begegnete der junge Peter Schreier mir zu den Oratorien-Aufführungen in der Kreuzkirche, in mehreren meiner Klavierauszüge aus diesen Jahren steht sein Autogramm neben denen von Annelies Burmeister, Adele Stolte, Ingeborg Wenglor, Theo Adam, Hans-Joachim Rotzsch u. a. Wir waren damals darauf versessen, möglichst viele dieser Autogramme in unseren eigenen Noten versammelt zu haben, jeder prahlte mit seiner Vielzahl.

1973 schloss sich ein erster Kreis, als ich als Cellist in die Dresdner Philharmonie engagiert wurde und nun wieder regelmäßig in der Kreuzkirche an den Aufführungen der großen Bach-Oratorien teilnehmen konnte – nicht mehr als stehender Sängerknabe, sondern am Cello sitzend, herrlich! Und auch jetzt war Peter Schreier oftmals als wunderbarer Evangelist verpflichtet worden, nicht mehr durch Rudolf Mauersberger, Kreuzkantor zu meiner Zeit, sondern es wurde unter Martin Flämig musiziert. Als Sänger der Partie des Evangelisten in *Weihnachtsoratorium, Johannes-* und *Matthäuspassion* ist er in meiner Wahrnehmung bis heute unerreicht! Jedesmal wenn ich diese Musik erleben kann, messe ich unwillkürlich die nämliche Leistung an der Peter Schreiers.

Seit den 1980er-Jahren hat er vielfach selbst als Dirigent und singender Evangelist Aufführungen dieser Bach-Oratorien geleitet, so deren erzählerische Dramatik unmittelbar auf Chor und Orchester übertragen können. Ich erinnere mich an wunderbare, ja exemplarische Aufführungen der *Johannespassion* in der Semperoper (am 1. März 2000 im Sonderkonzert der Staatskapelle), am 13. Juni 2003 in der Dresdner Kreuzkirche (mit Simone Nold, Monica Groop, Marcus Ullmann, Olaf Bär, Stephan Loges, dem Niederländischen Kammerchor und den Dresdner Kapellsolisten) oder bei den Festspielen Mecklenburg-Vorpommern, um nur drei Beispiele zu nennen, an denen ich als Gambist und Continuo-Cellist mitwirken konnte.

Auch die Konzerte in Rom sind mir unvergesslich (Orchestra e Coro di Santa Cecilia). Sie fanden am 12., 13. und 14. November 2000 im Auditorium Santa Cecilia mit Soile Isokoski, Elisabeth Wilke, Markus Ullmann, Andreas Scheibner und (wunderbar) Robert Holl als Christus statt. Die Continuogruppe mit Hansjörg Albrecht an Orgel und Cembalo stand im Neunzigrad-Winkel. In meinem Tagebuch findet sich folgende Erinnerung an die damaligen Tage: »Auf dem Weg dorthin (zum Pantheon – mit Hj. Albrecht) trafen wir Schreier ..., und es wurde eine schöne Stunde mit Spaziergang über die Piazza Navona, der in einem Café auf der Piazza Rotonda (im Freien, Mitte November!) ... ausklang. Nachdenklich sagte Schreier plötzlich: ›Ihr werdet ja sicherlich, hoffentlich länger leben als ich. Wenn ihr mal wieder hier sitzen werdet, und ich bin schon tot, dann erinnert euch bitte daran, dass ihr hier mit mir gesessen habt.‹«

1988 übernahm Schreier an der Semperoper als Dirigent die musikalische Einstudierung der Oper *Figaros Hochzeit* – die Inszenierung besorgte Christine Mielitz. (Der junge Olaf Bär sang alternierend mit Andreas Scheibner die Partie des Grafen.) Aus unserem Orchester kam nicht nur Zustimmung, es kam auch Kritik: »Muss dieser große Sänger nun auch noch dirigieren?« Allerdings waren die Meinungen sehr geteilt. Er holte sich ja immer von einigen Kollegen, die er gut kannte, Rat (z. B. von Prof. Reinhard Ulbricht), auf welche Weise er fürs Orchester so deutlich wie möglich dirigieren könne. Und obwohl Peter Schreier den *Figaro* nicht wie andere Mozartopern als Sängerdarsteller kannte – in *Così fan tutte*, *Zauberflöte* oder *Don Giovanni* beispielsweise gibt es stücktragende Partien seines Fachs –, wurde es eine hervorragende, berührende Produktion! Schon damals kam ich zu der Überzeugung, dass man mit ihm wunderbar musizieren konnte; man musste nur wollen!

Im Jahr 1995 wurde ich als Cellist Mitglied bei den Dresdner Kapellsolisten unter der Leitung von Helmut Branny. Eines meiner ersten Konzerte mit diesem hervorragenden Kammerorchester war eine »Lange Nacht« in der Kölner Philharmonie anlässlich des 60. Geburtstages von Peter Schreier. Er sang allein (u. a. Schumanns *Dichterliebe*, am Flügel András Schiff) und dirigierte auch unser Kammerorchester (u. a. Mozarts *Sinfonie A-Dur* KV 201) – es wurde nicht nur eine Schreier-Ehrung, es wurde ein Schreier-Fest!

Dieser Abend war der Anfang einer langen Reihe herrlicher Konzerte mit ihm und den Dresdner Kapellsolisten. Wir musizierten in vielen Musikzentren Deutschlands und in Italien gemeinsam. Er empfahl uns der japanischen Künstler-Agentur Japan Arts und dirigierte uns während der ersten Tournee der Dresdner Kapellsolisten durch Japan. (In der Folge wurden die DKS achtmal nach Japan zu Gastspielen eingeladen.)

Anlässlich eines Konzertes im Jahr 1998 im Münchener Herkules-Saal, das er leitete, fragte ich an, ob er mit uns Ende Dezember 1999 auch unter Helmut Brannys Dirigat singen würde – es ging um ein Konzert in der Dresdner Annenkirche im Rahmen der Konzertreihe »Meisterwerke – Meisterinterpreten«, für deren Programme ich seit 1982 verantwortlich bin. Er sagte sofort zu. »Wir müssen aber noch über Geld reden, lieber Peter.« – Er: »Wieviel hast du?« – »...!« –

»Für mich oder für euch?« – Ich: »Für uns alle!« – Er: »Lass es gut sein! Ich singe ohne Gage!« Er war zu unserem guten Freund geworden.

Ein letztes Mal musizierten wir gemeinsam mit ihm im Schumannjahr 2010. Unter Schreiers Leitung wurde im Rahmen seiner »Schumanniade« in der Kirche zu Kreischa die *Johannespassion* aufgeführt – in der Fassung, die Robert Schumann 1851 erstellt hatte. Noch ein letztes Mal dieses Werk mit Peter Schreier – ein weiterer Kreis hatte sich für mich geschlossen. Auf die Gretchen-Frage eines Journalisten (»Wie hältst Du's mit der Religion?«) hat er geantwortet: »Ich glaube an Johann Sebastian Bach!« Manchmal wird Bach als »Fünfter Evangelist« bezeichnet; wenn man mich nach einer »Nummer Sechs« in dieser Reihung fragte, dann würde ich den Namen Peter Schreier nennen.

Andreas Priebst

Nach dem Studium in Dresden Stellvertretender Solocellist der Dresdner Philharmonie, 1977–2015 Mitglied der Cellogruppe der Sächsischen Staatskapelle Dresden. Zunächst Cellist im Dresdner Streichquartett des Philharmonischen Konzertmeisters, später im Dresdner Ulbrich-Quartett und im Sächsischen Streichquartett der Staatskapelle Dresden, mit denen er in beiden Teilen Deutschlands, in Europa und Japan gastierte und preisgekrönte Einspielungen für Schallplatte/CD wie auch für Produktionen in Hörfunk und Fernsehen aufnahm. Seit 1995 Solocellist der Dresdner Kapellsolisten und der Cappella Musica Dresden. Mit den Ensembles ist er regelmäßig zu Gast auf internationalen Festivals in Europa und Fernost. Andreas Priebst ist Kunstpreisträger der Stadt Dresden.

Camillo Radicke
Pianist

Tagebuch-Notizen
über die Zusammenarbeit mit Peter Schreier

28. Juni 1989

Die Vorbereitungen für den Walther-Gruner-Liedwettbewerb London mit Britta Schwarz laufen. Wir können Peter Schreier für ein Vorsingen bei ihm gewinnen. Am Telefon will ich souverän wirken ... ich merke, wie ich zittere ... ich telefoniere mit dem »großen« Schreier ... Kindheitserinnerungen fliegen vorbei ... alljährlich Heiligabend seine Weihnachtsplatten aufgelegt ... und nun sprechen wir persönlich miteinander, Wahnsinn. Er klingt sehr freundlich ...

Zwei Tage später erste Begegnung bei ihm zu Hause ... mit Britta Schwarz schnaufe ich die Calberlastraße in Dresden-Loschwitz hinauf ... große Anspannung, Vorfreude ... Er öffnet lächelnd die Tür, sofort ein gutes Gefühl ... Treppe runter ins Untergeschoss ... viele Bücher, Schallplatten, auf dem Flügel Berge von Noten. Wir beginnen ... ups ... der Flügel ist mächtig ungestimmt, ich versuche es zu ignorieren. Peter Schreier gibt schöne Ratschläge ... dann das *Pagenlied* von Mendelssohn ... Brittas Körper tanzt und biegt sich, ich tupfe meine Begleitung so gut es geht ... Peter Schreier bemerkt schmunzelnd: »Na, da habt ihr wohl ganz schön oft meine Plattenaufnahme angehört.« Wir fühlen uns ertappt ...

Zehn Jahre später – Sommer 1999

Anruf von Peter Schreiers Sekretärin ... Angebot für ein erstes Konzert mit ihm gemeinsam in Meißen ... Ich denke an die Calberlastraße ... na, da scheint es ihm wohl damals doch gut gefallen zu haben ... wenig später die erste Probe bei ihm ... der Flügel ist wieder ungestimmt ... ich lächle innerlich ... diesmal vorher nicht so viel seine Aufnahmen angehört. Er dirigiert leicht meine Vorspiele mit ... aha, dieses Tempo will er also haben. Ich versuche jede kleinste Nuance zu speichern. Dazwischen immer mal ein »Das ist ja toll, was Sie da spielen, so hab' ich das ja noch nie gehört.«

Nach der Probe bin ich glücklich und sehr müde. Fast alle kommenden Proben werden ähnlich sein. Nichts wird zerredet. Kurze, klare Ansagen ... zwei drei Varianten ausprobieren ... zuhören ... Verständigung ... abspeichern.

22. September 1999

Erstes Konzert mit Peter Schreier in der Albrechtsburg in Meißen. Im Publikum Japaner aus Meißens Partnerstadt ... Schubert-Lieder ... alles geht gut ... Peter Schreier sieht zufrieden aus.

Danach Empfang beim Bürgermeister. Ich bekomme eine Ahnung, wie sehr Peter Schreier in Japan verehrt wird. Wenig später wieder ein Anruf seiner Sekretärin: »Wären Sie im nächsten Jahr verfügbar für Liederabende in Amsterdam, Wien, Eisenstadt ...?« Haydn, *Ferne Geliebte*, *Dichterliebe*, *Magelone* ... Ich glaub', ich träume ... sieht doch irgendwie danach aus, als würde Peter Schreier mich dauerhaft an sich binden wollen. Ich bin bereit.

24. Juni 2000

Liederabend in der Klosterkirche Schulpforta.

Bach, Schubert, Mendelssohn ... ah, nun machen wir ja auch das *Pagenlied*. Ich denke an Britta Schwarz ... Peter Schreier tanzt auch, aber weniger körperlich, alles über die Stimme. Dann zum ersten Mal den *Musensohn*. Er federt und hat Witz ... ich treffe den letzten Akkord perfekt.

Er dreht sich vehement zu mir und ruft: »Das war ja schallplattenreif!« – das Publikum applaudiert amüsiert.

Später fragt er mich, ob ich bei einigen Vor- und Nachspielen aus einer besonderen Notenausgabe spielen würde, denn so viele Dinge hätte er noch nie so gehört. Ich erwidere, dass ich nur schaue, ob es nicht ein paar schöne Zweitstimmen oder einzelne Töne gibt, die man noch mehr herauskitzeln kann, um den Klavierpart aufzuwerten. Sein Körper bekommt plötzlich eine besondere Spannung und er sagt: »Oh, bitte mach' das immer so.«

Wir sind also mittlerweile beim DU.

8. August 2000

Liederabend im Concertgebouw in Amsterdam. Um von der Garderobe auf die Bühne zu gelangen, muss man von der Empore aus eine ziemlich lange Treppe herabsteigen.

Zwei Minuten vor Beginn ... Peter nimmt mich zur Seite und sagt: »Pass mal bitte auf, dass ich nicht stürze.« Zwei Männer mit weißen Handschuhen öffnen die Schwingtür. Wir sehen in den gefüllten Saal hinab und beginnen den Abstieg. Peter voran. Oh, ich fühle selbst, dass meine Beine zittern. Wenn jetzt was passiert ... Die Treppe wird gefühlt immer länger, trotzdem ins Publikum lächeln und gleichzeitig Acht geben, dass wir unten heil ankommen. Es gelingt. Kurzer, erleichterter Blick von Peter. Ich denke nur, beim nächsten Mal gehen wir zur Sicherheit gleich Arm in Arm. Beim Zwischenapplaus und auch am Ende kürzen wir ab und nehmen nur wenige Stufen hinauf und wieder hinunter. Super Idee.

Dezember 2000

Liederabend-Trilogie in Bielefeld, Osnabrück und Münster. Peter schwärmt in Bielefeld von der tollen Akustik in der Oetker-Halle, einem der Lieblingsaufnahme-Säle von Karajan. Schuhkarton-

Form ... Wenig später werde ich mir mein erstes, eigenes Auto kaufen. Es wird ein Rover sein, quasi ein Jaguar für Arme ... mit Wurzelholzimitat. Ich freue mich, dass Peter sich jedes Mal freuen wird, wenn er mich aus dem Auto aussteigen sieht. »So ein schöner Wagen ... passt zu dir.«

September 2001

Meine erste »Schubertiade« mit Peter und danach unsere erste gemeinsame *Winterreise*. Gut, irgendwann ist auch sie mal an der Reihe. Aber ich habe höchsten Respekt vor diesem Stück. Mit Olaf Bär und Britta Schwarz vorher schon ein paar sehr gute Versuche gemacht, aber nun mit Peter ... ich spüre einen besonderen Druck. Wir betreten die Bühne. Wir lassen uns Zeit. Eintauchen, Vordenken ... Bilder aufrufen ... und los geht's. Wie ein Sog ... 65 Minuten im Tunnel. Peter in Hochform. Textverständlichkeit, Schlichtheit, Klangfarben, Wortfarben, Dynamik bis zum vierfachen Piano. Wir werfen uns die Bälle zu. Glückes genug.

Oktober 2002

Die ersten gemeinsamen Konzerte in Wien. Der Musikverein ... auch wieder solch ein Saal, wo einem schon beim Darübernachdenken die Beine schlottern. Was für eine Geschichte. Am freien Tag zwischen den Liederabenden lädt mich Peter zum Heurigen ein. Wir fahren 'raus nach Grinzing. Peter zeigt mir in seinem Lieblingslokal das opulente Speiseangebot. So viele verschiedene Sorten von Kartoffelsalat habe ich noch nie gesehen. Wir schlagen richtig zu. Satt zum Niederlegen ... Aber ein Nachtisch geht immer. Peter greift nach irgendetwas in seiner Tasche. Zack, ein kurzer Einstich in seine Bauchgegend. Ich schaue verdutzt ... Er lächelt zurück und sagt erleichtert und vorfreudig: »Hmmm, und jetzt kann ich noch einen schönen Kaiserschmarrn essen.« Es war die Diabetes-Spritze.

Lust, Appetit in Peters Gesicht, Bestellung, Einstich, Genuss. Dieses Ritual werde ich von nun an immer mal wieder hautnah miterleben. Und auch die gemeinsame Zigarette danach. »Ach Camillo, Du bist mein Altersglück ...«

November 2002

Unsere erste gemeinsame Japan-Tournee. Was für ein Erlebnis für mich ... so eine fremde und faszinierende Welt zugleich. Und bei den Konzerten Bedingungen, die ich mir so nicht erträumen konnte. Diese klangvollen Säle, diese unglaublich guten Flügel ... Wir sitzen im Zug Richtung Osaka. Shinkansen Express. Fährt auf die Sekunde genau ab, kommt auf die Sekunde genau an ... aha, so geht es also auch ... Wir amüsieren uns schon beim Einsteigen, wie diszipliniert die Japaner in den aufgemalten Abschnitten auf dem Bahnsteig auf den Zug warten. Alles in perfekter Ordnung und Disziplin. Und wir reihen uns ein. Im Zug sind wir irgendwie albern. Sowas wie »Nächster Stop« oder »Ausstieg rechts« auf Japanisch klingt ziemlich lustig ... es bleiben für diesen Tag geflügelte Worte.

Am nächsten Tag eigentlich Konzert in der Nähe von Osaka ... Peters Stimme streikt ... nach der Anspielprobe entscheidet er, das Konzert abzusagen. Ich spüre seine Enttäuschung, sich selbst und auch dem Publikum gegenüber und denke über das Älterwerden nach. Aber gut, es gibt ja noch gute Restaurants ... Also abhaken und ab in die nächste Nudelkneipe, wo Peter genüsslich Udon-Nudeln und Yakitori-Spieße isst. Wir unterhalten uns dabei intensiv über meine Flugangst. Beim Rückflug nach Deutschland kommt Peter plötzlich zu mir in die Holzklasse. »Du, mein Lieber ... ich habe eine Überraschung für Dich. Komm doch mal mit.« Oh, denke ich, lerne ich jetzt mal die Business oder gar die First Class kennen? Weit gefehlt. Wir steuern dem Cockpit zu. Die Tür steht offen, eine Stewardess erwartet uns mit einem Glas Sekt. Dann sitze ich plötzlich schräg hinter dem Piloten auf einem Klappstuhl. Wir stoßen an. Peter schaut schelmisch zu mir herüber. Ich frage den Piloten

Löcher in den Bauch. Immer wenn ich im Flieger sitze, dieses ungute Gefühl des Ausgeliefertseins. Und nun im Cockpit eine völlig entspannte und unaufgeregte Stimmung. Handgriffe beobachten, Durchsagen verfolgen. Alles läuft rund, für mich ist nun vieles greifbarer. Ich traue mir Blicke nach unten zu.

60 Minuten über den stillen Weiten von Sibirien im Cockpit einer Lufthansa-Maschine ... dank Peter.

Oktober 2003

Wieder Tour in Japan. Wieder gemeinsame Zugfahrt nach Osaka. Eine gewisse Unruhe unter den Passagieren ... dann plötzlich zücken alle, auch wir, den Fotoapparat. Der Fuji zeigt sich in seiner ganzen Pracht. Heute mit ganzer Spitze. Soll nicht jeden Tag so sein. Scheint für Japaner also auch etwas Besonderes zu sein, ihn so zu sehen. In Osaka kurz vor dem Auftritt meint Peter, dass er heute irgendwie keine so richtige Motivation hat. Ich solle ihm doch bitte heute besonders schöne Einfälle zuspielen, damit er in Gang kommt. Gesagt, getan. Ich lote alle Zweitstimmen und Zwischentöne aus ... durch Peters Körper geht ein Energieruck. Sein Motor läuft wieder. Er schaut immer mal halb in meine Richtung. Ich bilde mir ein, dass er mir dankbar zulächelt.

Sommer 2004

Wieder »Schubertiade«. Diesmal ist es etwas anders ... Peter eröffnet mir, dass er über das Aufhören nachdenkt. Ziemlich klar und fast emotionslos. Ich bin geschockt. Klar, er ist nicht mehr 50, aber die Stimme läuft doch noch ... Ich will nicht wahrhaben, dass es in Richtung Ende geht. Jetzt, wo ich ganz klar das Gefühl und die Bestätigung habe, dass wir voll auf Augenhöhe sind. Wir sprechen auch über Janáček, *Tagebuch eines Verschollenen* ... ob es vielleicht noch möglich ist. Die Folgekonzerte sind noch intensiver. Nimm alles auf, denke ich, was er mir noch mitgeben kann. Sowas kommt vielleicht nicht mehr wieder. Wehmut schleicht sich ein ...

Januar 2005

Unsere dritte und letzte Tournee in Japan. In Sapporo passiert etwas. *Winterreise*. Wir spielen uns unter Beobachtung von mehreren Bühnenarbeitern ein. Alles im grünen Bereich. Toller Saal, toller Flügel. Der Klavierstimmer erfüllt mir devot noch ein paar Sonderwünsche. Was für ein Luxus. Dann hinaus auf die Bühne, sammeln, Tunnelblick und ab geht die Reise. Plötzlich bemerke ich, wie stark sich die Seiten meiner Noten hin und her bewegen. Ich kann kaum das erste Lied zu Ende spielen. Ich bekomme einen Schweißausbruch. Was soll ich nur machen? Wir hatten doch extra Bescheid gegeben, dass sie die Klimaanlage während des Konzertes herunterstellen sollen. Und nun bläst sie auf höchster Stufe. Ich versuche, mit beiden Händen abwechselnd, dem Chaos Herr zu werden. Es ist zwecklos. Unmöglich, bei diesem Gebläse die Noten zu fixieren. Peter scheint noch nichts bemerkt zu haben. Ich beginne noch das zweite Lied, obwohl mir klar ist, dass das nicht weiter gut laufen wird. Kaum gedacht, ziehe ich die Notbremse und höre auf zu spielen. Peter blickt völlig entsetzt zu mir rüber ... der Schock im Publikum ist auch deutlich zu spüren. Flüsternd versuche ich, Peter die Situation zu schildern. Sein Gesichtsausdruck ist mürrisch. Aber er versteht schließlich. Wir geben dem Publikum ein Zeichen, dass die Notenseiten der Luftbewegung nicht standhalten. Dann renne ich raus zu den Bühnenarbeitern und fuchtle mit den Armen in der Luft, damit sie die Klimaanlage ganz abstellen. Es dauert mehrere Minuten. Ich schleiche wieder zurück auf die Bühne. 2 000 Zuhörer empfangen mich mit freundlichstem Applaus. Gut ... Durchatmen, wieder sammeln, in den Tunnel rein und auf ein Neues. Wir beginnen nochmal ganz von vorn, Peter schaut nicht mehr mürrisch, und wir reisen bis zum Ende. Ganz ohne Windkraft. Nochmal möchte ich sowas nicht erleben, denke ich. Dann doch lieber nochmal gemeinsam mit Peter die Treppe im Concertgebouw mehrmals hoch und runter ...

14. Mai 2005

Das letzte Konzert in Dresden. Schauspielhaus. Natürlich mit der *Winterreise*. Peters Stimme läuft beim Anspielen nicht rund. Ich verspüre einen leichten Anflug von Panik, auch bei mir. Gerade heute ...

Aber was dann während des Konzertes abläuft, ist nicht von dieser Welt. Peter singt wie ein junger Gott. Wir spielen uns quasi in einen Rausch. So dicht beieinander, so aufmerksam aufeinander bis ins kleinste Detail ... Am Ende lange Momente der Stille, ehe wir vom Publikum aus unserer Welt in die Realität zurückgeholt werden. Peters Blick trifft mich, als wolle er sagen: »Du, da waren wir aber ganz dicht am Schubert dran.« Und jetzt wird mir bewusst, jedes der folgenden Konzerte wird ein Abschied sein.

Wien Musikverein.

Auch hier eine greifbare Spannung in der Stadt ... Schreiers letzte Liederabende. Wir müssen statt zwei drei Konzerte spielen, wobei ich das Gefühl habe, wir könnten auch eine ganze Woche vor ausverkauftem Hause spielen.

Einmal *Müllerin*, zweimal *Winterreise*. Nicht ganz so überirdisch wie in Dresden. Aber auch ganz große Momente. Ich spüre nun deutlich seine schwindende Motivation und die Vorfreude auf alles Kommende, abseits der Bühne. Peter spricht vom Kochen, vom Rasenmähen, vom einfach Zuhausesitzen, ohne Druck, ohne Kofferpacken ...

Natürlich auch noch von seiner Lust auf Musik, aber sehr dosiert. Ich sehe seinen Lebensbogen vor mir. Und verstehe. Er ist müde, aber mit sich im Reinen und alles hat seine Zeit. Und ich durfte eine Strecke dieses Bogens mit ihm gehen. Wie wunderbar. Natürlich dann auch noch ein Abschied bei der »Schubertiade«. Und dann war es Oktober.

23. Oktober 2005

Ganz unspektakulär in einem Vorort von München. Unser letzter Liederabend ... Mit der *Schönen Müllerin*. Ich sitze in der Garderobe und überlege, ob er es eigentlich auch weiß, dass wir beide heute zum letzten Mal einen Liederabend machen werden. Ich schreibe noch schnell einen kleinen Brief. Wenige Sätze. Ich weiß, zu viel Balsam oder Lobhudelei würden ihn langweilen. Aber ich treffe die richtigen Worte, gebe ihm den Brief mit der Bitte, er solle ihn erst nach dem Konzert und unserer Verabschiedung lesen.

Die *Schöne Müllerin* war für mich immer eine Stufe unter der *Winterreise*. Jetzt aber, an diesem besonderen Abend ist es ganz anders. Peter nimmt mich so jugendlich auf dieser Lebensreise des Wanderers mit, und ich entdecke diesen Zyklus fast in neuem Gewand. Ich als Bächlein hülle ihn am Ende liebevoll ein. »Gute Nacht, gute Nacht! Bis alles wacht. Schlaf aus Deine Freude, schlaf aus Dein Leid! Der Vollmond steigt, der Nebel weicht und der Himmel da droben, wie ist er so weit!«

Schluss ... Spätestens hier meine ich zu spüren, dass auch Peter ganz genau weiß, dass es der letzte Abend mit mir ist.

Wie immer wollen wir eigentlich keine Zugabe machen. Aber das Publikum zwingt uns förmlich dazu. Nun gut. Noch einmal »Über allen Gipfeln ist Ruh ...« Ein ganz langes, intensives In-die-Augen-schauen. Ein Nicken. Eine Umarmung. Das war's ... oder?

Nicht ganz ... wir werden nach knapp 50 Liederabenden später noch in anderen Rollen gemeinsam auf der Bühne stehen. Peter wird Briefe von Fanny und Felix Mendelssohn Bartholdy lesen, ich dazu *Lieder ohne Worte* spielen.

Und er wird mich bei einem Klavierkonzert in Berlin als Dirigent begleiten.

Wir sehen uns noch ein paar Mal privat in seinem Landhaus, wo er mir von seinem Rasenmäher aus zuwinkt.

Dazwischen auch noch mehrere Begegnungen, wenn ich bei seiner »Schumanniade« bei Kreischa spiele. Dabei wird er auch nochmal rührend auf meinen Abschiedsbrief reagieren. Väterlich. Freundschaftlich.

Ganz unverhofft wird 2009 noch eine Anfrage für die Mitwirkung bei einer CD-Produktion kommen.

Peter wird quasi überredet. Er holt mich mit dem Taxi ab. Wir fahren nach Leipzig. Ohne miteinander geprobt zu haben. Gleich in die Aufnahme hinein ... Zwei Minuten und neun Sekunden ... »Weißt du, wieviel Sternlein stehen ... Gott im Himmel hat an allen seine Lust, sein Wohlgefallen; kennt auch dich und hat dich lieb.«

Das war es dann nun aber wirklich ... so unaufgeregt, so vertraut ... ein Miteinander für nur zwei Minuten und doch eine kleine, ganze Welt.

Camillo Radicke

Geboren in Dresden, erhielt in seiner Heimatstadt die musikalische Ausbildung bei Regina Metzner, Amadeus Webersinke und Arkadi Zenziper. Gewinner der internationalen Wettbewerbe von Mallorca, Athen und Vercelli (1990 / 1992). Seitdem gastiert Camillo Radicke als Solist und Kammermusiker in vielen Ländern Europas, im Nahen Osten, in Amerika, Kuba, Japan, Südkorea und Dubai.

Mit Orchestern wie der Dresdner Philharmonie, der Staatskapelle Dresden, den Stuttgarter Philharmonikern, dem Münchner Kammerorchester und dem RAI-Sinfonieorchester Turin konzertierte er unter Dirigenten wie Marek Janowski, Gerd Albrecht, Michel Plasson, Ludwig Güttler und Peter Schreier. Er trat u. a. in folgenden renommierten Sälen auf: Metropolitan Opera New York, Mailänder Scala, Teatro Colon Buenos Aires, Concertgebouw Amsterdam, Berliner Philharmonie, Musikverein Wien, Elbphilharmonie Hamburg, Cité de la Musique Paris, City Opera Hall Tokio, Wigmore Hall London, La Monnaie Brüssel, Tonhalle Zürich, Grand Théâtre de Genève, Gran Teatre del Liceu Barcelona, Teatro Real Madrid, Municipal Santiago de Chile, Sala Prestes São Paulo, Mozarteum Salzburg, Alte Oper Frankfurt, Kölner Philharmonie, Herkulessaal München und Semperoper Dresden. 2006 war er Jury-Mitglied beim 55. Internationalen ARD-Wettbewerb in München.

Als Liedpianist war und ist er Partner von Sängern wie Peter Schreier, Olaf Bär, Juliane Banse, Marlis Petersen, Stella Doufexis, Piotr Beczała und René Pape.

Peter Rösel
Pianist

Zwischen Wien und Loschwitz –
Brahms' *Schöne Magelone* gemeinsam mit Peter Schreier

Wenn ich an Peter Schreier und an unsere nicht allzu häufige, dann aber sehr intensive Zusammenarbeit denke, fällt mir zuvorderst der Name Brahms ein. Damit fing es an – mit dem berühmten Sänger durfte ich als junger Künstler einundzwanzig seiner Lieder für ETERNA aufnehmen. Das Ergebnis muss ihn wohl einigermaßen befriedigt haben, denn wenig später lud er mich ein, mit ihm in Salzburg *Die schöne Magelone* aufzuführen, was mein Debüt bei den dortigen Festspielen bedeutete.

Ein Abend bei den Berliner Festtagen und eine Schallplattenproduktion schlossen sich an. Hier wirkte Wolfgang Heinz mit, aus meiner Sicht auch ein großer Glücksfall, denn seine altväterliche, der Burgtheater-Tradition verpflichtete Sprache harmonierte auf das Vollkommenste mit dem leicht antiquiert anmutenden Text der Tieckschen Vorlage. In den Folgejahren gab es noch zahlreiche Veranstaltungen mit verschiedenen Schauspielern. Es ist etwas verwegen zu behaupten – ich tue es trotzdem –, dass die einmalige Diktion von Peter Schreier, die ich immer uneingeschränkt bewundert habe, manchmal sogar verständlicher war als der eine oder andere Satz der Kollegen von der sprechenden Zunft.

Eine Aufführung ist mir in ganz besonders lebhafter und lieber Erinnerung. Es handelt sich um ein Benefizkonzert dreier Loschwitzer Künstler für die und in der Loschwitzer Kirche im Oktober 1998. Und die war rappelvoll bis unter die Decke. Peter Schreier befand sich eigentlich zur Reha in der Bavaria-Klinik Kreischa, kam aber trotz ärztlicher Bedenken und auf eigene Verantwortung, um die Veranstaltung nicht zu gefährden und sang wie immer hochkonzentriert und zutiefst zu Herzen gehend. Den Part des Sprechers hatte Theo Adam übernommen. Er, der normalerweise mit großer Geste die Opernbühnen beherrschte, las die Erzählung mit ergreifender Schlichtheit.

Mir ist dieser Abend unvergesslich. Und wegen der Vergänglichkeit des Lebens ist er leider auch unwiederholbar.

Peter Rösel, Prof. em.

Studium an der Musikhochschule Dresden 1963/64, Studium am Tschaikowski-Konservatorium Moskau 1964–1969. Solist des Gewandhauses Leipzig 1976–1991, ca. 3000 Konzerte in aller Welt, zahlreiche Schallplatten- und CD-Produktionen. www.peter-roesel.de

András Schiff
Pianist

Musizieren auf der gleichen Ebene –
Erinnerungen an Peter Schreier

Sein Name war mir seit jeher bekannt, seine Stimme ebenso. Mein Onkel in Budapest besaß eine große, exquisite Schallplatten-sammlung; bei ihm Zuhause konnte ich schon als Kind Schreiers »Eterna«-Aufnahmen bewundern. Bach-Passionen und Kantaten, Mozart-Opern, Lieder von Schubert und Schumann. Im Konzert habe ich ihn erst viel später erlebt, im Jahre 1985 bei der »Schubertiade« im österreichischen Hohenems.

Zur ersten persönlichen Begegnung kam es wenige Jahre danach, als die »Schubertiade« nach Feldkirch übersiedelte. Nach einem großartigen Liederabend grüßte mich Herr Kammersänger Schreier am Künstlereingang des Montforthauses und fragte mich äußerst freundlich: »Herr Schiff, wollen wir nicht einmal zusammen musizieren?« Die Frage kam völlig überraschend, ich beantwortete sie ganz spontan mit »liebend gern«. Wir vereinbarten – ebenfalls in Feldkirch – einen Liederabend im kommenden Jahr. Das gemischte Schubert-Programm beinhaltete Lieder nach Texten von Goethe sowie die sechs Heine-Lieder aus dem Zyklus *Schwanengesang*. Seit meiner Kindheit gehören die Schubert-Lieder zu meinen absoluten Lieblingswerken, sie bildeten einen wichtigen Teil meines Studiums an der Budapester Musikhochschule unter György Kurtág. Diese Lieder mit einem Sänger vom Format Peter Schreiers aufführen zu dürfen, bedeutete für mich eine große Herausforderung, nicht min-der aber eine noch größere Ehre und Freude. Ich fühlte mich fast wie in einem Traum, der ein Jahr später Wirklichkeit wurde, als wir uns zur ersten Probe trafen. Da stellte sich etwas ein, was Selten-heitswert besitzt: Wir verstanden uns auf Anhieb, als ob wir schon jahrzehntelang zusammengearbeitet hätten. Bei musikalischen

116

Partnerschaften – sei es mit Dirigenten, Instrumentalisten oder eben Sängern – sind manchmal Worte gefährlich, tückisch oder geben Anlass zu Missverständnissen. Je weniger geredet wird, desto besser. In diesem Sinne verloren wir tatsächlich nur wenige Worte, benötigten sie auch nicht. Wir musizierten auf der gleichen Ebene. Keine Diskussionen über die Wahl der Tempi, keine über Zäsuren und den richtigen Ausdruck. Bezüglich all dieser Kriterien herrschte sofort Einigkeit.

Nach diesem sehr gelungenen ersten Konzert führten wir bei der nächsten »Schubertiade« alle drei Liederzyklen Schuberts auf (*Die schöne Müllerin*, *Winterreise* und *Schwanengesang*). Der Geschäftsführer der »Schubertiade«, Gerd Nachbauer, hatte dies großzügig ermöglicht. Dafür bin ich ihm heute noch sehr dankbar.

Bei dieser Gelegenheit bot Herr Schreier mir das »Du« an, und es entstand zwischen uns eine enge und tiefe Freundschaft. Es folgten zahlreiche herrliche Liederabende, nicht nur mit Schubert, sondern auch mit Liedern von Mozart, Beethoven, Schumann und Brahms. Neben regelmäßigen Auftritten bei der »Schubertiade« konzertierten wir bei den großen Festspielen von Salzburg, Luzern und Edinburgh sowie in den besten Konzertsälen von Wien, London, New York, Tokio und anderen Orten mehr. Bei der Firma Decca spielten wir sehr schöne Aufnahmen ein, alle im Mozartsaal des Wiener Konzerthauses in Zusammenarbeit mit dem wunderbaren Produzenten Christopher Raeburn.

Unvergesslich bleibt mir das Konzert bei den »Mondsee Musiktagen« in den späten 1990er-Jahren, wo wir gemeinsam mit Gert Westphal *Die schöne Magelone* von Brahms vortrugen. Zum Glück existiert davon eine Tonaufnahme. Peter sang überdies fabelhaft Janáčeks *Tagebuch eines Verschollenen* in der deutschen Übersetzung von Max Brod.

Am stärksten verband uns jedoch die innigste Liebe zu Johann Sebastian Bach. Bach war/ist für uns beide nicht nur der größte Komponist aller Zeiten, sondern bildet(e) den Mittelpunkt unseres Musiklebens, ja unseres Daseins. Als Kruzianer ist Peter mit dieser Musik aufgewachsen, wurde mit ihr sozusagen imprägniert, vertraut, wurde seine musikalische Muttersprache. Seine Darstellungen der Passionen waren einmalig in ihrer Einheit und brennenden Intensität. Als ich dann selbst die *Matthäus-Passion* dirigieren durfte, zuerst in London und dann in Stuttgart, gab er mir die große Ehre und sang den Evangelisten. Er hätte ja auch selbst dirigieren können ...

Einmal, abermals in Feldkirch, spielte ich Beethoven-Klavierkonzerte unter seiner Stabführung. Es war wohl an einem 29. Juni, dem Geburtstag meiner geliebten Mutter Klára, die anwesend war. Die Zwei haben sich gegenseitig sehr geschätzt. Nach dem Klavierkonzert drehte sich Peter um, trat vor den Flügel und sang mit mir am Klavier für Klára ganz spontan Schuberts *Liebesbotschaft*.

Manchmal können sich berückende Augenblicke in ihr Gegenteil verkehren. Bei einer Aufführung von Schumanns Liederzyklus *Dichterliebe* in der Kölner Philharmonie passierte Folgendes: Das letzte Lied *Die alten, bösen Lieder* endet mit einem wundersamen Nachspiel, vom Klavier allein vorzutragen, leise und verhalten – reinste Poesie. Doch an jenem Abend, verdarb ein einziger, übereifriger Zuhörer diese Stimmung. Sofort nach dem letzten gesungenen Ton – er hatte den Text wohl im Programmheft mitgelesen – brüllte er ein kräftiges »Bravo« in den Saal. Der Zauber war gebrochen.

Unter den vielen begnadeten Sängerinnen und Sängern, mit denen ich zusammen musizieren durfte, war Peter Schreier der natürlichste, der unkomplizierteste, der sympathischste. Seine außerordentliche Musikalität war hohe Kunst, aber eine natürliche, niemals eine gekünstelte. Er verstand im Gegensatz zu vielen Berufskollegen, was Kriterien wie Harmonie, Form, Struktur, Rhythmus, Kontrapunkt etc. bedeuten. Dass er Partituren lesen konnte, zeigte sich vor allem, als er sich dem Dirigieren zuwandte. Peter war überdies auch ein großartiger Sprecher. Zwar wenig sprachbegabt – Fremdsprachen waren seine Sache nicht –, beherrschte er umso exemplarischer die Diktion und Artikulation im Deutschen. Die vielen Strophenlieder in Schuberts *Die schöne Müllerin*, deren Strophen leider oft mit gleichem Ausdruck, gleicher Farbe vorgetragen werden, erhielten bei Peter stets neue, dem Text adäquate Nuancierungen. Im ersten Lied (*Das Wandern*) beispielsweise erhielten die zentralen Worte »das Wandern«, »vom Wasser«, »die Steine« etc. je unterschiedliche Betonungen und Färbungen.

Abseits vom Berufsleben war Peter auch ein geselliger Mensch. Mit ihm konnte man herrlich essen und einen köstlichen Wein kredenzen. Und was haben wir dabei gelacht! Wir verbrachten viele lustige Abende, zusammen mit unseren lieben Frauen Renate und Yuuko. Er liebte meine Witze, die politischen und nicht zuletzt auch die nicht jugendfreien.

In der Nähe von Dresden, in Kreischa, gründete er eine kleine »Schumanniade«. Es ist ein idyllischer Ort, wo Robert Schumann in den 1840er-Jahren oft und gerne weilte. Eine wunderbare Stätte für die Aufführung seiner Musik im intimen Kreis. Dort habe ich meinen großen Freund zum letzten Mal gesehen. Ich bin dem Schicksal ewig dankbar, dass es uns zusammengebracht hat.

Sir András Schiff, Dr. h.c.

Geboren 1953 in Budapest, erhielt er den ersten Klavierunterricht im Alter von fünf Jahren bei Elisabeth Vadász und setzte später sein Studium an der Franz-Liszt-Akademie in Budapest bei Pál Kadosa, György Kurtág und Ferenc Rados sowie bei George Malcolm in London fort. Ein wichtiger Teil seiner Tätigkeit sind Klavierabende und da im Besonderen die zyklischen Aufführungen der Klavierwerke von Bach, Haydn, Mozart, Schubert, Chopin, Schumann und Bartók. Seit 2004 hat er in mehr als 20 Städten den kompletten Zyklus sämtlicher Beethoven-Klaviersonaten in chronologischer Reihenfolge aufgeführt. Deren Live-Mitschnitte aus der Zürcher Tonhalle auf CD (ECM) erhielten höchste Auszeichnungen.

Sir András Schiff tritt mit den meisten international bedeutenden Orchestern und Dirigenten auf. 1999 gründete er sein eigenes Kammerorchester, die »Cappella Andrea Barca«, mit der er, wie auch mit dem Chamber Orchestra of Europe, als Dirigent und Solist eng zusammenarbeitet. Seit früher Jugendzeit ist Sir András Schiff ein leidenschaftlicher Kammermusiker. 1989–1998 leitete er die Musiktage Mondsee, ein Kammermusikfestival, das hohe internationale Anerkennung fand. Gemeinsam mit Heinz Holliger hatte er 1995–2013 die Künstlerische Leitung der Ittinger Pfingstkonzerte in der Kartause Ittingen, Schweiz, inne. Seit 1998 findet im Teatro Olimpico in Vicenza unter Leitung von Sir András Schiff die Konzertreihe »Omaggio a Palladio« statt.

Torsten Schreier
Musiktonmeister

»... und versiegelten den Stein.«
Gedanken zur Aufführungspraxis meines Vaters
der Passionen J. S. Bachs

Als bekannt wurde, dass mein Vater die Bach'schen Passionen als Evangelist *und* als Dirigent aufführen wollte, kamen mir durchaus Bedenken: Wie soll das gehen, als Evangelist sich nach jeder Nummer umdrehen und nach hinten zu Chor und Orchester dirigieren oder als Dirigent sich nach vorn drehen und zum Publikum singen? Wie soll das funktionieren bei vielen schnellen Übergängen? Und überhaupt: Ist so eine Konstellation kräftemäßig überhaupt zu meistern?

Es waren da auch die Stimmen, die aus Missgunst und u. U. auch aus Neid schnell mit Worten wie Selbstdarstellung und Egozentrismus bei der Hand waren. Dabei wollte mein Vater »nur« das vollenden, was seinem Ideal und seinem Selbstverständnis des Evangelisten entsprach: Die Rolle des Regisseurs, des Initiators, die Leitung und Initiierung der Vorstellung oder neudeutsch: der Performance, eben die ganzheitliche gestalterische Verantwortung zu übernehmen.

Seine Idee der Aufstellung: Er steht in der Mitte hinter dem Orchester dem Publikum zugewandt und der Chor drapiert sich links und rechts von ihm. So erreicht er Chor, Orchester und das Publikum gleichermaßen mit seiner Zeichengebung, seiner Körpersprache, kurz: seinen Eingebungen. Das war für so manchen auf der Bühne, aber auch im Publikum sehr gewöhnungsbedürftig. Aber jetzt konnte er all seine Intentionen, die in mehr als 25 Jahren konventioneller Aufführungspraxis entstanden sind, verwirklichen.

Auch ich, der viele Aufführungen der *Matthäus-* und *Johannes-Passion* im üblichen Rahmen und unter seiner Mitwirkung als Evangelist erlebt hat, war eher skeptisch seiner Idee gegenüber eingestellt. Bis ich es zum ersten Mal selbst erleben durfte. Mein Vater wuchs förmlich über die immensen Anforderungen hinaus, gab der Aufführung seinen unverwechselbaren Stempel nun nicht »nur« stimmlich, sondern als Organisator der gesamten Aufführung, ja des Ereignisses »Oratorium als quasi Bühnenwerk«. Die Dramatik riss so niemals ab, alle Übergänge pulsierten organisch und gaben der Handlung das Primat gegenüber der reinen Nummern-Abfolge.

Seine letzte *Matthäus-Passion* durfte ich 2005 in München für den Bayerischen Rundfunk übertragen. Sicher hat die Stimme des 70-Jährigen die Partie des Evangelisten nicht mit derselben Leichtigkeit wie 20 Jahre zuvor gemeistert, aber die Spannung der Aufführung war angesichts der Tatsache, dass es die letzte in dieser Form sein sollte, zum Zerreißen. Mein Gedanke nach den letzten Worten des Evangelisten »... und versiegelten den Stein.«, dass ich dies von ihm nie wieder live hören würde, ließ die Zeit für mich stillstehen und hat mich enorm bewegt.

Torsten Schreier

1976 Abitur an der Kreuzschule in Dresden, 1976–1981 Studium im Hauptfach Diplom-Tonmeister, u. a. mit Nebenfach Orchesterdirigieren, an der Hochschule für Musik Hanns Eisler Berlin, 1981 Staatsexamen. Ab 1981 bis in die Gegenwart Musiktonmeister beim Bayerischen Rundfunk in München.

Ute Selbig
Sängerin (Sopran)

Mit Peter Schreier musizieren – Glück und Privileg

Den ersten gemeinsamen Auftritt mit Peter Schreier und damit die erste persönliche Begegnung hatte ich im Mai 1987 im Dresdner Kulturpalast anlässlich einer konzertanten Aufführung von Glucks *Iphigenie in Aulis*. Auf der Besetzungsliste standen die großen Sänger-Namen der DDR: Eva-Maria Bundschuh, Peter Schreier und Siegfried Lorenz sowie als Gast Daphne Evangelatos. Es dirigierte Miltiades Caridis. Die kleine Partie der Göttin Diana, die am Ende der Oper wieder alles ins Lot bringt, wurde mir anvertraut – erst reichlich ein Jahr im Solistenensemble der benachbarten Semperoper engagiert. So betrat ich also erst kurz vor Schluss die Bühne und gesellte mich zu den Chordamen des Philharmonischen Chores Dresden. Von dort hinten aus, etwas erhöht auf dem Stufenpodest stehend, verkündete mein schlanker und noch sehr knabenhaft klingender Sopran die Worte der Göttin Diana – wie aus dem Olymp, sozusagen.

Dass ich von all den berühmten Sängerkolleginnen und -kollegen sehr beeindruckt war, steht außer Frage, und auch die anerkennenden Worte von Maestro Caridis, der mich später noch häufiger zu seinen Konzerten als Solistin einlud, haben mich gefreut.

Woran ich mich aber ganz besonders erinnere: Als ich damals zu singen begann, drehte sich Peter Schreier, vorn an der Rampe gemeinsam mit den anderen Solisten sitzend, nach mir um und nickte anerkennend, natürlich dezent und vom Publikum im ausverkauften Saal des Kulturpalastes unbemerkt. Später auf der Seitenbühne beim Schlussapplaus erhielt ich noch sein persönliches Lob, und er fragte auch gleich, wo und bei wem ich studiert hätte und welche Partien ich denn singe – sein Interesse war echt, es war keine bloße Höflichkeit.

Schon ein Jahr später ergab sich die erste wirkliche Zusammenarbeit an der Dresdner Semperoper: Kammersänger Professor Peter Schreier leitete die musikalische Neueinstudierung von Mozarts *Le Nozze di Figaro* in der Inszenierung von Christine Mielitz – und ich hatte mein Debut als Susanna, damals noch auf Deutsch gesungen.

Bereits wenige Tage nach der Premiere reisten der »Graf« Andreas Scheibner, der »Cherubino« Elisabeth Wilke und »Susanna« Ute Selbig mit dem Dresdner Kreuzchor, dem damaligen Kreuzkantor Martin Flämig und der Dresdner Philharmonie für drei Wochen nach Japan zu Aufführungen von Bachs *Matthäuspassion*. Und in einigen der Konzerte sang auch Peter Schreier.

Er, der Jahrhundert-Evangelist ...

Und ich stand daneben ...

Mitwirkend ...

In Japan ...

Es war 1988, keiner konnte auch nur ahnen, dass man dort nochmals hinreisen würde.

Ich bin unendlich dankbar für die unzähligen gemeinsamen Konzerte, zu denen ich von Peter Schreier in all den Folgejahren eingeladen wurde – ganz viel Bach und Mozart, Mendelssohn und Haydn. Und ich hatte das Glück und Privileg, mit ihm zu musizieren! Wenn das Telefon klingelte und seine liebe persönliche Sekretärin Marion Möhle am anderen Ende der Leitung war, hüpfte gleich mein Herz etwas schneller.

Die Zusammenarbeit mit ihm als Dirigent war in jeder einzelnen Probstunde besonders in meinen frühen Berufsjahren lehrreicher als ein ganzer Meisterkurs bei X, Y, Z. Er war absolut klar in seinen musikalischen und interpretatorischen Vorstellungen, unerbittlich und sehr ernsthaft und konzentriert in der Arbeit, ungeduldig und unnachgiebig bei kleinen Schludereien, aber – vielleicht der Tatsache geschuldet, dass er selbst Sänger war – immer verständnisvoll und hilfreich, wenn's mal schwierig wurde.

An erster Stelle stand stets das Werk, die Musik in Einheit mit dem Text. Ein purer »Schöngesang« ohne Inhalt, ohne Farben – das war ihm zu wenig, zu langweilig. Wirklich zornig habe ich ihn nie erlebt, aber Eitelkeit, Selbstzweck und zur Schau gestellte Rührseligkeit beim Singen oder Musizieren waren ihm zuwider.

Ein Erlebnis war mir eine wichtige Lehre: Wenn man als Solistin neben ihm stand und er dirigierte, atmete er automatisch immer mit und versuchte auch stets bei der Tempowahl die Möglichkeiten und Wünsche des Sängers zu berücksichtigen. Ich fühlte mich deshalb immer sehr wohl und von ihm »getragen«. Einmal, bei Haydns *Schöpfung*, stand ich hinter dem Orchester – weit weg von ihm. In einer Arie korrespondiert der Solo-Sopran mit einem solistisch besetzten Holzbläser. Ich – ganz hinten stehend – hatte während einer Probe plötzlich das Gefühl, der Instrumentalsolist schleppt und mein Atem reicht für kaum eine Phrase mehr aus. Ich sagte Peter also: »Wir werden ja immer langsamer!« Er lächelte nett, sagte aber klipp und klar vor versammelter Mannschaft: »Und selbst wenn es so wäre: an den eigenen Unzulänglichkeiten (also meinem in diesem Fall zu knappem Atem) sind nicht die anderen schuld. Immer erst mal die Fehler bei sich selber suchen und an sich arbeiten, nur so entsteht beim gemeinsamen Musizieren eine Einheit, etwas Besonderes.« Das war eine Lehre fürs Leben – und er hatte ja so Recht. Meiner Entschuldigung folgte in der Aufführung ein besonders komfortables Tempo in besagter Arie ...

Nach so manchem gemeinsamen Konzert saßen alle Mitwirkenden mitunter noch ein Stündchen zusammen. Da oftmals unter den von ihm ausgesuchten männlichen Solistenkollegen viele ehemalige Kruzianer waren, die sich bekanntlich untereinander lebenslang duzen, war ich oft die Einzige, zu der Peter Schreier »Sie« sagte – und umgekehrt sowieso. Als er mir dann eines Tages die vertrautere und persönlichere Anrede anbot, hatte ich sehr lange große Hemmungen, den von mir so verehrten Künstler beim Vornamen zu nennen, obwohl er ja ohne jegliche Allüren völlig natürlich und bodenständig im Umgang mit uns Sängerkollegen war.

Ende der Achtzigerjahre hatte ich im Rundfunkstudio Berlin in der Nalepastraße einen Termin für eine kleine Aufnahme. Peter Schreier musste am gleichen Tag auch dorthin, aus anderen Gründen. Ich wurde gefragt, ob ich ihn in meinem Auto, einem Lada, mitnehmen könne, seine Rückfahrt würde anderweitig organisiert. Ich holte ihn also zu Hause ab, und wir fuhren gemeinsam nach Berlin. Nun hatte ich damals die Angewohnheit, beim Fahren flache, bequeme Treter anzuziehen, die ich dann vor dem Verlassen meines Autos in schicke Pumps eintauschte. Selbige befanden sich deshalb immer unter dem Beifahrersitz. Im Stadtgebiet von Berlin gab es eine brenzlige Verkehrssituation, und ich trat mit voller Wucht auf die Bremse, woraufhin meine Hochhackigen nach vorn in Peters Fußraum purzelten. Sein anerkennender Kommentar, mein eigentlich nur »mit Waffenschein« zu tragendes Schuhwerk betreffend, vertiefte die ohnehin dunkle Schamesröte in meinem Gesicht. Später haben wir oft darüber gelacht, wenn er mich mal wieder augenzwinkernd fragte, ob ich meinen Lada noch fahre.

Nachdem ich 2010 unter seiner Leitung in zwei Konzerten mit Mozart-Messen im Wiener Musikverein und Musikern der Wiener Philharmoniker singen durfte, fand im Dezember 2012 ein gemeinsames Musizieren in der Avery Fisher Hall in New York statt: fünf Aufführungen von Händels *Messias* mit dem New York Philharmonic Orchestra – DAS musikalische Heiligtum der Vorweihnachtszeit in den USA – vergleichbar mit der Bedeutung des Bach'schen *Weihnachtsoratoriums* bei uns in der Adventszeit. Fünf Konzerte – alle nahezu ausverkauft. Dazu muss man sagen, dass an diesen, unseren Konzerttagen das gleiche Werk zusätzlich aber auch vormittags und nachmittags in Ausschnitten mit unterschiedlichen anderen Künstlern im gleichen Saal stattfand ... New York eben – Stadt der Superlative in jeder Hinsicht. Auch wenn ein Großteil des amerikanischen Publikums nach dem ihm bekannten Hit, dem *Halleluja*, einfach aufsteht und nach Hause geht – mir brachten diese Aufführungen immerhin eine tolle Kritik mit Foto in der New York Times ein.

Mehrmals folgte ich Peter Schreiers Einladung nach Reinhardtsgrimma zur »Schumanniade« – seinem kleinen edlen Festival im Zweijahresrhythmus. Entweder, er wirkte selber mit oder versuchte, als Zuhörer dabei zu sein. 2014 zur VIII. »Schumanniade« stand Robert Schumanns Liedzyklus *Myrthen* auf dem Programm. Gemeinsam mit Kammersänger Andreas Scheibner wechselten wir uns bei den einzelnen Liedern ab, begleitet von dem fantastischen Pianisten Camillo Radicke. Dazwischen lasen die Schauspieler Christine Hoppe und Lars Jung aus dem Briefwechsel Clara und Robert Schumanns. Der intime Rahmen im Festsaal des Schlosses bot ein stimmungsvolles Ambiente. Das Konzert wurde vom Mitteldeutschen Rundfunk mitgeschnitten.

Zum Zeitpunkt der Sendung hatte ich ein Konzert in Halle, konnte es also selber nicht hören. Wieder zu Hause angekommen, fand ich eine Sprachnachricht auf meinem Anrufbeantworter vor. Peter Schreier hatte die Übertragung gehört, und es hatte ihm gut gefallen: »Das haste wun-der-bar gemacht, ganz fein!« – Ein Lob aus seinem Munde war auch nach 30 Berufsjahren noch etwas Besonderes für mich. Wie gut, dass ich nicht zu Hause war – so habe ich diese Nachricht noch immer auf meinem Anrufbeantworter und hüte sie wie einen kostbaren Schatz.

Das endgültig letzte Mal, dass ich unter seiner Leitung sang, war sein Abschiedskonzert anlässlich seines 80. Geburtstages. Für mich war das eines der berührendsten Konzerte überhaupt. Wir musizierten Mozarts *Requiem*, und als der Chor das *Ave verum* anstimmte, kämpfte ich mit den Tränen.

Hier, in der Dresdner Kreuzkirche, wo für den Knaben-Alt Peter Schreier im Kreuzchor einst alles begann, beendete der einzigartige Künstler seine Weltkarriere (dass noch Dirigate in Leipzig folgen würden, war nicht absehbar). In der ihm eigenen Bescheidenheit nahm er den Applaus seiner Dresdner entgegen. Wir alle empfanden die Einmaligkeit dieses Abends ganz stark, und einmal mehr war ich erfüllt und voller Dankbarkeit, dass ich dabei sein durfte.

Noch einmal war die Dresdner Kreuzkirche zu Ehren Peter Schreiers bis auf den letzten Platz gefüllt: am 8. Januar 2020, als seine Familie, seine Weggefährten, Kollegen und Bewunderer von ihm Abschied nehmen mussten.

Danke, lieber Peter, für alles, was ich durch DICH erleben und von DIR lernen durfte.

Ute Selbig, Sächsische Kammersängerin

Geboren in Dresden, ist seit Jahrzehnten untrennbar mit der Klassischen Musikszene des Freistaates Sachsen verbunden. Bereits im Kindesalter stand sie dank einer frühen musikalischen Ausbildung in großen Festprogrammen, Konzerten und Revuen auf der Bühne. Nach Abitur und Hochschulstudium in ihrer Heimatstadt wurde sie an der kurz zuvor wiedereröffneten Semperoper als Solistin engagiert und ist bis heute trotz internationaler Karriere festes Ensemblemitglied.

Hauptsächlich inspirierend, vor allem zu Beginn ihrer sängerischen Laufbahn, benennt die mit zahlreichen Preisen ausgezeichnete Künstlerin die Zusammenarbeit mit Sir Colin Davis, Peter Schreier und Kreuzkantor Martin Flämig. Ute Selbigs besondere Affinität zu den großen Oratorien und kirchenmusikalischen Werken von Bach, Händel, Mendelssohn u. a. belegen unzählige Konzertauftritte weltweit ebenso wie die seit über 30 Jahren während Zusammenarbeit mit dem Dresdner Kreuzchor, dem Leipziger Thomanerchor und – nach erfolgtem Wiederaufbau – mit dem Ensemble der Dresdner Frauenkirche, dokumentiert auf mehreren CD-Einspielungen.

In der Oper ist es besonders das deutsche Repertoire von Mozart, Strauss und Wagner, das der lyrischen, instrumental geführten Sopranstimme Ute Selbigs entspricht. Für ihre Fiordiligi und Despina (Così fan tutte), Susanna und Contessa Almaviva (Le Nozze di Figaro), Pamina (Zauberflöte), Micaela (Carmen), Ännchen und Agathe (Freischütz), Zdenka (Arabella), Marzelline (Fidelio), Donna Elvira (Don Giovanni), Freia (Rheingold) und Eva (Meistersinger) wurde und wird sie in Dresden wie auch auf Gastspielen in München (Staatsoper), Berlin (Deutsche Oper und Staatsoper), Genf, Zürich, Mannheim, Nürnberg, Buenos Aires, São Paulo, Mailand, Florenz, New York, San Diego, Los Angeles, Chicago, Seattle oder Vancouver gefeiert.

Norman Shetler
Pianist

In die Annalen des Weltkulturerbes eingegangen –
Peter Schreier

Meine erste Begegnung mit Peter Schreier fand statt in einem Künstlerzimmer im Wiener Musikverein im Rahmen einer Probe für ein Konzert am nächsten Tag. Bevor ich den ersten Ton gespielt hatte, fragte er mich, ob ich an einem großen Schumann-Liedprojekt interessiert sei. Ich sagte natürlich zu, fragte ihn aber, ob er nicht zuvor mein Klavierspiel hören wollte. Nein, das wolle er nicht, da Dietrich Fischer-Dieskau mich so wärmstens empfohlen hätte, dass er keinerlei Bedenken habe. Was für ein verheißungsvoller und vertrauensvoller Start in unsere fantastische musikalische Zusammenarbeit!

Die anschließende Probe verlief mit wunderbarer Übereinstimmung und persönlicher Sympathie. Das Konzert am nächsten Abend wurde mit großer Begeisterung vom Publikum akklamiert und war der Beginn eines beglückenden, dreißig Jahre währenden gemeinsamen künstlerischen Weges. Wir begannen in den folgenden Monaten mit der Arbeit an einer Vielzahl von Schumannliedern, einschließlich der drei Zyklen (*Dichterliebe, Liederkreis* op. 24, *Liederkreis* op. 39), denen höchste Anerkennung zuteil wurde und die etliche Schallplattenpreise zuerkannt bekamen.

Unvergessen auch die Aufnahme des *Krämerspiegel* von Richard Strauss, die mir beim Anhören noch heute vergegenwärtigt, auf welch außergewöhnliche Weise wir musikalisch geradezu verschmolzen. Diesen Eindruck hatte ich auch immer wieder bei unseren zahlreichen großen Auftritten in der DDR und in den bedeutendsten Sälen Europas und der ganzen Welt (La Scala, Palais Garnier in Paris, Tokio, New York, San Francisco).

Das Faszinierende und Beglückende bei der musikalischen Arbeit mit Schreier war seine geistige und künstlerische Beherrschung eines sehr breiten Repertoires in einer Art und Weise, die aus meiner Sicht vollkommen war. Er konnte aus den einfachsten Liedern, beispielsweise *Lieblingsplätzchen* von F. Mendelssohn Bartholdy, beeindruckende Kunstwerke machen. *Das Veilchen* von W. A. Mozart gestaltete er so plastisch und farbig – das war für mich wie ein Wunder! Alle mit ihm gemeinsam musizierten Lieder, sowohl für Aufnahmen als auch im Rahmen der Konzerte, erhielten durch seinen höchsten künstlerischen Ausdruck und Anspruch immer einen Touch des Besonderen.

Auch außerhalb des Liedgesangs war sein Schaffen einzigartig: Seine Wagner-Interpretationen des Loge, David u. a. waren absolut Weltspitze und historisch einzigartig, seine Bach-Passionen sind in die Annalen als Weltkulturerbe eingegangen.

Es ist für mich ein immenses Glück und ein unermesslicher Schatz, diesem überaus großen und zugleich bescheidenen Weltbürger begegnet zu sein.

Norman Shetler, Prof.

Geboren in Iowa (USA), lebt heute in Wien. Mit vier Jahren begann er Klavier zu spielen und erhielt seine erste musikalische Ausbildung vom Vater, anschließend studierte er in Kansas City und New York. Später setzte er sein Studium an der Hochschule für Musik in Wien fort und nahm an den Beethoven-Meisterkursen von Wilhelm Kempff in Positano teil.

Er schuf sich als Konzertpianist, Kammermusiker und Liedbegleiter einen gleich bedeutenden Namen. Seine zahlreichen Tonträgeraufnahmen wurden mit Kritikerpreisen und einem Edison-Preis ausgezeichnet. Er gilt als einer der führenden Liedbegleiter und war hier Edith Mathis, Peter Schreier, Dietrich Fischer-Dieskau und vielen anderen Sängerpersönlichkeiten ein exzellenter und geschätzter Partner in Rundfunk- und Plattenstudios ebenso wie in den Konzertsälen in aller Welt.

Norman Shetler war Professor für Klavier an der Hochschule für Musik Würzburg und später Professor für Liedinterpretation an der Universität für Musik und darstellende Kunst in Wien und leitet weltweit Kurse in dieser Sparte. Ebenfalls internationale Erfolge erlebte er als Puppenspieler mit seinem »Musikalischen Puppencabaret«, mit dem er über fünf Jahrzehnte in fünf Kontinenten auftrat.

Christian Thielemann
Dirigent

Peter Schreier – ein fantastischer Schumann-Interpret

Peter Schreier ist einer der prägendsten Eindrücke meiner Kindheit und Jugend gewesen: Vom Evangelisten über die Liederabende bis zum Loge habe ich unauslöschliche Eindrücke empfangen.

Das Glück wollte, dass wir auch gemeinsam den *Palestrina* von Pfitzner aufführten. Ich hätte gerne so viel mehr mit ihm gearbeitet.

Momentan höre ich etliche seiner Aufnahmen, insbesondere Schumann, begleitet von Norman Shetler.

Interview vom 28. Dezember 2019

Oliver Reinhard: Herr Thielemann, erinnern Sie sich noch an Ihre erste Begegnung mit Peter Schreier?
Christian Thielemann: Aber ja. Wie könnte ich das vergessen. Ich war 13 oder 14 Jahre alt und habe ihn regelmäßig bei Liederabenden in Berlin erlebt. Ihn und Dietrich Fischer-Dieskau, diese beiden wunderbaren Stimmen, das war schon etwas sehr Besonderes. Und ich habe mich wirklich durch Peter Schreier zum ersten Mal intensiver mit der Tradition des Liedes beschäftigt. Das hat mich nachhaltig geprägt, ich bin ihm dafür sehr dankbar.

Wann haben Sie ihn zum ersten Mal persönlich getroffen?
Als wir zu meiner Nürnberger Zeit zusammen einen *Palestrina* gemacht haben, Peter Schreier war dort als Gast. Es war eine derart angenehme Zusammenarbeit, dass ich mich danach mit ihm in Dresden getroffen und ihm gesagt habe, wie wunderbar ich ihn finde. Das war mir ein Bedürfnis. Wissen Sie, viele Sänger machen

auf der Bühne einen großartigen Eindruck, abseits der Bühne aber sieht das oft anders aus. Peter Schreier war auf der Bühne als Künstler ebenso wie privat als Mensch gleichermaßen großartig. Er war einfach ehrlich und sehr sympathisch. Das einzige, was ich immer ein bisschen schräg fand: Wie kann jemand mit einer solchen Stimme bloß Schreier heißen ...

Obwohl Peter Schreier die Möglichkeit gehabt hätte, als Kosmopolit auf der ganzen Welt zu leben, ist er seiner Heimat Dresden immer treu geblieben.
Warum sehen Sie einen Widerspruch zwischen Kosmopolitentum und Heimatmensch? Für mich gibt es da gar keinen. Peter Schreier ist dafür das beste Beispiel. Er war Weltenbummler und ist dabei ein Heimatmensch geblieben. Und ich finde, darin ist er ein Vorbild, auch für die jüngere Generation heutzutage. Man kann ohne Probleme beides sein.

Seine größten Erfolge hat er mit Mozart und Bach gefeiert. Welchen Peter Schreier haben Sie am meisten gemocht?
Er war als Mozart-Tenor eine Größe, als Bach-Evangelist unvergleichlich, aber was der Allgemeinheit vielleicht etwas weniger bekannt ist: Peter Schreier war auch ein fantastischer Schumann-Interpret. Also: Hören Sie ihn mit Schumann!

Interview vom 28.12.2019 in der Sächsischen Zeitung Dresden – Mit freundlicher Genehmigung

Christian Thielemann, Dr. h.c.

1988–1997 Generalmusikdirektor in Nürnberg, 1997–2004 Generalmusikdirektor an der Deutschen Oper Berlin, 2004–2011 Generalmusikdirektor bei den Münchner Philharmonikern. Seit 2012/13 Chefdirigent der Sächsischen Staatskapelle Dresden und seit 2013 Künstlerischer Leiter der Osterfestspiele Salzburg sowie seit 2015 Musikdirektor der Bayreuther Festspiele. www.staatskapelle-dresden.de/staatskapelle/christian-thielemann

Heinz Zednik
Sänger (Tenor)

In memoriam Peter Schreier

Die Seiten des Lebensbuches eines großen Sängers sind geschlossen. Als ich am 22. Mai 2018 bei ihm in Dresden war, zu einer sehr lustigen stimmungsvollen Jause, habe ich nicht gedacht, dass es so schnell zu Ende gehen würde. Uns verband eine jahrelange Freundschaft und Verehrung, die auf Gegenseitigkeit beruhte. Nun ist eine der ernstzunehmendsten und tollsten Stimmen von Oratorien, Mozart-Partien und Liedgesang und vielem anderen mehr für immer verstummt. Gott sei Dank gibt es viele Tondokumente.

Kennengelernt habe ich ihn über den Rundfunk, ich glaube es war eine Bach'sche *Matthäus-* oder *Johannes-Passion*: Da sang ein gewisser Peter Schreier, der Name ist für einen Sänger ja ein bisserl komisch, aber als ich die Passion hörte, wusste ich, der kann heißen wie auch immer, es war einfach phänomenal. Er war Kruzianer, hatte von daher eine hervorragende musikalische Ausbildung und war ein wirklich ernstzunehmender Künstler, der alles das, was er interpretierte, großartig machte. Seine »Schubertiaden«, sein Mozart, ja sein David in den *Meistersingern*, sein Loge im *Rheingold*, natürlich auch seine Oratorien gelten für mich als das Großartigste, was auf einer Bühne je dargestellt und gesungen wurde.

Wie gesagt, wir schätzten uns persönlich sehr und haben das auch im Rahmen seiner Wien-Aufenthalte bei ausgiebigen Heurigen-Besuchen und auch privaten Einladungen immer wieder »begossen«. Ich kann mich auch an eine kleine Episode erinnern, noch in der DDR-Zeit, als er bei uns saß und sehr verwirrt und blass wurde. Als ich ihn fragte, ob es ihm schlecht ginge, sagte er: Es falle ihm gerade ein, dass sein Sohn eine Party in seinem Haus veranstalte und seine Bibliothek voll mit Solschenizyn-Bänden sei. Kann man sich heute gar nicht mehr vorstellen, dass so etwas verboten war; es ist aber Gott sei Dank nichts passiert.

Über ihn persönlich als Künstler viele Worte zu verlieren, hieße Eulen nach Athen tragen. Er war nun einmal ein Einmaliger unter vielen Einmaligen. Es hat mich sehr traurig gestimmt, dass es den Peter nicht mehr gibt. Hoffentlich trifft er dort oben den Mozart und den Schubert, und sie können zusammen musizieren. Vielleicht sehen wir uns auch?!

Heinz Zednik, Österreichischer Kammersänger

Geboren 1940 in Wien, studierte er zuerst am Konservatorium Wien bei KS Peter Klein, außerdem privat bei Marga Wissmann. In der Saison 1964/65 wurde er an die Grazer Oper engagiert. Von dort aus erfolgte im Jahr darauf der Wechsel an die Wiener Staatsoper, als deren Ensemblemitglied er seither wirkt. Von 1970 bis 1980 war Zednik Gast bei den Bayreuther Festspielen. Seine Darstellung des Loge (»Rheingold«) und des Mime (»Siegfried«) im sogenannten »Jahrhundertring« unter Patrice Chereau und Pierre Boulez begründete seine internationale Karriere, die ihn u. a. an die Mailänder Scala oder an die Metropolitan Opera in New York brachte. 1981 debutierte er bei den Salzburger Festspielen als Bardolfo (»Falstaff«) in der Inszenierung von Herbert von Karajan. Er galt mehrere Jahrzehnte hindurch als führender Interpret des tenoralen Charakterfaches, in Partien wie Wenzel (»Verkaufte Braut«), Herodes (»Salome«), Hauptmann (»Wozzeck«), Herr Broucek und viele andere.

Auch im Bereich des Liedgesangs war Zednik gefragt, wobei er den Schwerpunkt oft auf unkonventionelles Repertoire legte. So wandte er sich als erster Interpret nach Julius Patzak und Waldemar Kmentt dem Zyklus »Reisebuch aus den österreichischen Alpen« op. 62 von Ernst Krenek zu. Speziell das Repertoire des nicht ganz so ernst gemeinten Liedgutes – Schlussgruppe der Mörike-Lieder (Wolf), »Krämerspiegel« (Strauss) oder die »Brettl-Lieder« (Schönberg) – erfuhren in seiner Interpretation eine weitreichende Auslegung.

Besondere Verdienste erwarb sich Zednik, ebenfalls in der Tradition von Julius Patzak, als Interpret des klassischen Wiener-Liedes zusammen mit Heinz Holecek und Kurt Rydl, später mit Walter Berry spielte er zahlreiche Kostbarkeiten dieses Genres für die Nachwelt ein. Im Raum Dresden konnte man ihn mit diesem Repertoire zum letzten Mal 2018 in den Richard-Wagner-Stätten Pirna-Graupa erleben.

Reden zu Preisverleihungen an Peter Schreier
(1998–2011)

Brigitte Fassbaender
Sängerin (Mezzosopran)

Laudatio auf Peter Schreier zur Verleihung der
Hugo-Wolf-Medaille durch die Internationale Hugo-Wolf-
Akademie am 2. Oktober 2011 im Opernhaus Stuttgart

Eigentlich haben wir es von der singenden Zunft doch gut getroffen: Wenn man die Leiter des Erfolgs über Sprossenmitte hinaufgeklettert ist – und manche wie Peter Schreier schaffen es bis zur Spitze –, dann ist einem Ruhm und Nachruhm ziemlich gewiss. »Dem Mimen flicht die Nachwelt keine Kränze«, sagt Schiller im Prolog zu *Wallensteins Lager*. Wie dieser Prolog weitergeht – wer weiß das schon? Darum hier ein paar von Schillers wunderbaren Worten, denn jedes trifft auf Peter Schreier zu:

Dem Mimen flicht die Nachwelt keine Kränze;
drum muss er geizen mit der Gegenwart,
den Augenblick, der sein ist, ganz erfüllen,
muss seiner Mitwelt mächtig sich versichern
und im Gefühl der Würdigsten und Besten
ein lebend Denkmal sich erbaun –
So nimmt er sich seines Namens Ewigkeit voraus.
Denn wer den Besten seiner Zeit genug
getan, der hat gelebt für alle Zeiten.

In unserer medial glänzend versorgten, ruhm- und starsüchtigen Zeit werden ein außerordentliches, außergewöhnliches Lebenswerk und eine herausragende Lebensleistung absolut mit Nachruhm bedacht! Gott sei Dank muss man dafür oft gar kein Star, sondern nur ein geliebter Könner sein ... Auch wenn die Lebensleistung längst vollbracht ist und man dahinter, in den Schatten der Vergangenheit zurücktritt, möchte das Publikum, das einen verehrte, ja liebte (warum sage ich das eigentlich in der Vergangenheitsform – man tut's ja nach wie vor!) meist mehr wissen und davon zehren als man selber. Man wird, ohne es zu wollen, zur Instanz, an der sich Maßstäbe orientieren – und jetzt verlasse ich das vermeintlich so unpersönliche »man« und bleibe beim vertrauten, freundschaftlichen »Du«:

Du, lieber Peter, bist eine Instanz geworden, ein Maßstab, ein Vorbild, ein Wegweisender, ein Sänger, dessen künstlerischer Lebensweg vorbildlich verlaufen ist. Du hattest das Glück einer umfassend genossenen und genutzten Ausbildung von frühester Jugend an. Schon im behüteten Elternhaus warst Du von Musik umgeben. Und »tonrein« und »schön« konntest Du offenbar schon im Alter von zwei Jahren singen: »Peter singt ›Oh Tantebaum, oh Purzelbaum, die Treppe rauf und runter‹«. Damit habe ich jetzt Deinen Vater und seine Aufzeichnungen zitiert, den Lehrer und Kantor von Gauernitz bei Dresden, wo Du aufgewachsen bist. Dein Vater hat Deine musikalische Erziehung schon sehr früh in die Hand genommen und sich an Deinen Fortschritten stolz erfreut. »Oh Tantebaum« war ein erster, schriftlich festgehaltener, großer Begabungsnachweis!

Der Dresdner Kreuzchor unter der Leitung von Kreuzkantor Rudolf Mauersberger war das erste Ziel und die erste Adresse, die Du als knapp Zehnjähriger erreichtest. Du wurdest Kruzianer! Von da an war der Weg des Sängers Peter Schreier klar und folgerichtig vorgezeichnet; als Altsolist des berühmten Chores warst du damals schon auf internationalen Konzertreisen. Eine umfassende musikalische Ausbildung legte den soliden Grundstein für Dein späteres, überragendes Wissen um die Dinge und Dein sängerisches Können. Du hast diese einmalige Chance der Grundsteinlegung sehr wohl dankbar zu schätzen gewusst, wie aus Deinen Worten hervorgeht:

»Natürlich braucht die Stimme für einen Berufssänger eine besondere Ausbildung. Aber musikalisch habe ich durch den Kreuzchor unschätzbar profitiert, stilistisch, in der Kenntnis der Musikliteratur und der historischen Epochen. Ich habe im Kreuzchor die unentbehrliche sängerische Disziplin mitbekommen, und ich habe gelernt, mich im Interesse eines Werkes unterzuordnen.« Diesen so klug von Dir formulierten Erfahrungen bist Du ein Leben lang treu geblieben, egal ob als Sänger oder Dirigent.

Nach dem Stimmbruch ging's im Chor als Tenor und auch als Chorpräfekt weiter, als der der junge Mann die Aufgabe hatte, den Chor selbstständig vorzubereiten und Einstudierungen vorzunehmen. Es kam auch schon zum geliebten Dirigieren, einer Passion, die Dich durch Deinen ganzen Weg als Sänger hindurch weiter begleitet hat! Und dann befolgtest Du den Rat Deines Mentors und Lehrers Mauersberger und suchtest und fandest den Schwerpunkt in einer Gesangsausbildung.

Die fand in Dresden bei verschiedenen Lehrern statt, von denen Du positiv und aufbauend profitiertest. Durch die universelle musikalische Ausbildung, die Du unter Mauersberger genossen hattest, warst Du stilistisch sattelfest, aber es kristallierten sich doch zwei Vorlieben heraus oder besser zwei Gebiete, auf denen Du unschlagbar wurdest: Bach und Mozart! Du bist der Bachsänger, der Evangelist unserer Zeit geworden und nach wie vor Maßstab für jeden Bach-Tenor, der sich an die Eroberung dieser Wunderwerke macht.

Wer Deinen Evangelisten nicht im Ohr hat, ist selber schuld!

Mir sind unsere gemeinsamen Konzerte der großen Passionen in aller Welt unvergesslich, und wenn ich wusste, Peter Schreier singt, dann überwog die Freude auf das ehrfurchtsvoll geliebte Ereignis die Skrupel vor der so schweren Anforderung, die Bach an jeden Sänger stellt. Für Dich aber bedeutete er offensichtlich den sängerischen Himmel auf Erden und für Deine Zuhörer auch.

Im Zuge dieser Gedanken über Dich und für Dich habe ich viele meiner jungen Sänger, viele Mitarbeiter und amtierende Dirigenten spontan mit der Frage überfallen: »Woran denkt ihr, wenn ihr den Namen Peter Schreier hört?« »Bach« – war immer die erste Reaktion, so als seiest Du geradezu die personifizierte

Wiedergeburt oder zumindest sein Zwillingsbruder. Und sehr oft kam dann noch »Lied« hinzu.

»Ein Tenor aber muss sein wie der rechte Zephir, wie Auroren, ein Hirte, ein Kavalier, der den Sinnen freien Lauf gibt – und alles rührt, so Tränen kömmen« – soll Mozart gesagt haben über das Stimmfach, für das er so wunderbare Partien geschrieben hat, die Du alle in unnachahmlicher, müheloser Weise verkörpert hast, ganz so, was es meint »ver-körpert«. Dass Du ein perfekter Mozart-Sänger bist, versteht sich von selbst. Aber Deine Bühnenpräsenz, Deine sanguinische Körperlichkeit, Dein inneres und äußeres Strahlen, Dein Lächeln und Deine immer beteiligten, wohlwollenden aufmerksamen Augen, in denen oft und oft herzliche Verschmitztheit zu lesen war, die sind mir unvergesslich, wenn wir zusammen auf der Bühne standen und Du mein Ferrando warst, in der geliebten *Così fan tutte*. In Deiner kollegialen Gegenwart fühlte man sich einfach wohl auf der Bühne. Irgendwie geborgen und getragen von Deinem souveränen Können. Und bei Proben und im privaten Gespräch war und ist es genauso.

Ich glaube, ich habe Dich nie schlecht gelaunt erlebt. Manchmal etwas weniger heiter, weil konzentriert oder nachdenklich, vielleicht auch mal müde, was bei Deinem Pensum kein Wunder war. Aber die Heiterkeit, die Ausgeglichenheit, die Selbstverständlichkeit, mit der Du jede Situation zu meistern versuchtest, ob auf oder hinter der Bühne, waren erstaunlich.

Den meisten Sängern und Sängerinnen, denen ich begegnet bin, und besonders den jungen (und wir kannten uns ja auch schon, als wir jung waren), ist die Selbstüberschätzung eine selbstverständliche Lebens- und Berufseinstellung. Du, lieber Peter, bist da eine seltene Ausnahme. Das hattest Du gar nicht nötig, das ließ Deine angeborene Bescheidenheit und Liebenswürdigkeit gar nicht zu. Du bist ein Hochbegabter, dem das Glück des Ausschöpfens einer außergewöhnlichen Begabung geschenkt war. Du hast dieses Glück mit Klugheit, Vernunft, mit Selbsterkenntnis und unerhörter Disziplin verwaltet und bewahrt.

Dazu gratuliere ich Dir genauso wie zu der Ehrung, die Dir heute zuteil wird. Du hast Dir die Hugo-Wolf-Medaille ersungen in jahrzehntelanger, intensiver Beschäftigung mit dem Lied. Dass Hugo Wolf einer der Schwerpunkte Deiner sängerischen Auseinandersetzung mit der Dir, wie alles, zufliegenden Materie »Lied« wurde, versteht sich eigentlich von selbst, denn Hugo Wolf ist nun einmal im Verein mit Schubert, Schumann und Brahms der Liedkomponist schlechthin.

Und doch gilt es immer wieder, sein Werk zu erobern und es einem relativ zögerlichen Publikum nahezubringen. Heute mehr denn je, aber das betrifft uns mehr oder weniger nur noch am Rande, wenn wir als Gesangspädagogen gehalten sind, auch das Repertoire der neuen Sängergeneration zu vertiefen und zu erweitern. Wolf ist und bleibt offensichtlich einer der Schwierigsten, zumindest für das Publikum. Ich habe das nie verstanden, muss es aber erstaunt immer wieder zur Kenntnis nehmen.

Die Hugo-Wolf-Medaille hast Du mehr als verdient, denn Du bist, neben allem anderen, auch einer der ganz großen Liedersänger unserer Zeit. Das Dreigestirn »Bach – Mozart – Lied« strahlt unvergänglich hell und leuchtend über Deinem Lebensweg als dirigierender Tenor.

Wie hat Mozart gesagt? Ich wiederhole das charmante, geistvolle Bonmot gern: »Ein Tenor aber muss sein wie der rechte Zephir, wie Auroren, ein Hirte, ein Kavalier, der den Sinnen freien Lauf gibt – und alles rührt, so Tränen kömmen«.

Ja, das ist es: »Und alles rührt, so Tränen kömmen« ...

Du, Peter, bist einer der ganz wenigen Sänger, die mich in meinem Leben zutiefst zu Tränen gerührt haben. Ich weiß nicht, ob Du Dich erinnerst, warum solltest Du? Aber ich weiß es noch ganz genau und trage es unverlierbar in mir. Das war bei Deiner so unsagbar sensiblen und verinnerlichten *Schönen Müllerin*, irgendwann bei der »Schubertiade« in Feldkirch, im Großen Saal. Ich habe sie nie wieder so gehört. Und als ich hinterher zu Dir ging, um Dir zu sagen, was Du da angerichtet hattest, da konnte ich's kaum, vor Tränen und Schluchzen. Und mir war's nicht mal peinlich ...

Und eine letzte Begebenheit, auch in Feldkirch sich ereignend, sei an den Schluss gestellt: Aribert Reimann hat seinerzeit den kleinen Liederzyklus a cappella *Eingedunkelt* nach Texten von Paul Celan für mich geschrieben, den ich in Feldkirch uraufführen sollte. Die »Schubertiade« war und ist das Mekka für uns Liedersänger, und ich war dementsprechend nervös, vor allem, weil ich das, was ich da an Tönen treffen und singen sollte, so schwer fand. Irgendwie kam es dazu, dass ich Dir die Noten zeigte und mein Leid klagte. Und was geschah? Du nahmst das erste Lied, schautest kurz drauf, und dann sangst Du es ganz einfach so vom Blatt, lupenrein und mühelos. Naja, ein bisschen neidvolles Zähneknirschen hab' ich Dir damals schon zugedacht. Also, Reimann ist jedenfalls viel, viel, viel schwerer als Hugo Wolf ...

Ich denke mit Dankbarkeit und Ehrfurcht an alles, was ich von Dir lernen und hören und erleben durfte. Sei umarmt mit Gratulation!

Brigitte Fassbaender, Kammersängerin Prof. Dr. h.c.

Geboren 1939 in Berlin. In Nürnberg studierte sie Gesang bei ihrem Vater, Kammersänger Willy Domgraf Fassbaender. Mit 21 Jahren debütierte sie an der Münchener Staatsoper, von wo ihre aufsehenerregende internationale Karriere ihren Ausgang nahm. Sie sang an allen führenden Opernhäusern und Festspielen der Welt und verkörperte alle bedeutenden Partien ihres Fachs. Für zwei Publikumsgenerationen war sie *der* Oktavian in Strauss' Rosenkavalier. Über 250 Schallplatteneinspielungen geben Zeugnis von ihrer Bedeutung als Sängerin, ein Großteil davon im Lied- und Konzertbereich. Ein Meilenstein war die Einspielung der drei großen Schubert-Zyklen, die sie als bisher einzige Frau aufgenommen hat. 1994 beendete sie ihre Gesangskarriere, um sich ganz der Regie zu widmen. 80 Inszenierungen hat sie inzwischen im In- und Ausland auf die Bühne gebracht. Die Förderung junger Talente ist ihr ein wichtiges Anliegen, sie unterrichtet in Meisterkursen. 1995–1997 war sie interimistische Operndirektorin am Staatstheater Braunschweig, 1999–2012 Intendantin des Tiroler Landestheaters Innsbruck und 2009–2017 künstlerische Leiterin des Richard-Strauss-Festivals Garmisch-Partenkirchen. Seit 2002 leitet sie den Eppaner Lied-Sommer.

Reimar Bluth
Musikwissenschaftler

**Laudatio auf Peter Schreier zur Verleihung
des Preises der Europäischen Kirchenmusik während
des 12. Festivals der Europäischen Kirchenmusik am
27. Juli 2000 in Schwäbisch Gmünd**

Kirchenmusik gehörte immer zu Peter Schreier, schon im elterlichen Kantorenhaus an der Elbe bei Meißen und gleich danach im Dresdner Kreuzchor. Ich erinnere mich dabei an einen Wandschmuck, den der damalige Kreuzkantor Rudolf Mauersberger in einer Paramentenwerkstatt kunstvoll hatte fertigen und im Gesangssaal des Kreuzchors anbringen lassen, auf dem für uns Kruzianer bei jeder Chorprobe in großer Schrift zu lesen war: »Gott loben – das ist unser Amt«. Dieser Leitspruch hing da, für jeden sichtbar, und irgendwie hat man ihn auch gelesen, bewusst oder unbewusst aufgenommen, so, wie gleichermaßen die Chormusik, die wir tagtäglich in diesem Saal übten. Eine solche Schule prägt, und sie hat auch Peter Schreier geprägt.

Wiederbegegnet sind wir uns dann im Jahr 1967, als aus mir ein Schallplattenproduzent geworden war. Er war inzwischen der gefragte Mozart-Tenor und Bach-Sänger, der Evangelist, der das Passionsgeschehen so eindringlich verkündete, wie man es bislang nicht kannte. Wieviel physische Kraft fordert allein die Bewältigung der Evangelistenpartie in der *Matthäuspassion*, welche Ökonomie des stimmlichen Einsatzes ist nötig, kommen die Tenor-Rezitative und -Arien noch hinzu; mit welch wachem künstlerischem Gespür ist das von Bach Notierte als klingende Aussage zu formen! Das alles schien bei Peter Schreier Selbstverständlichkeit zu sein. Ja, in der Intensität und Expressivität seiner Gestaltung glaubt man, einen Augenzeugen zu hören, in der Erregung und im Betroffensein über das Geschehen gleichsam, und wiederum sachlich aus der Sicht des Nur-Berichterstatters.

Und dann nahm dieser Evangelist Jahre später noch zusätzlich den Taktstock in die Hand. Ihm war es einfach ein künstlerisches Bedürfnis, die unglaubliche Musik Bachs selbst singend und dirigierend in seiner Auffassung und seinem Wissen, um sie aufzuführen und Hörern nahezubringen. Ein Sich-Verschleudern-Wollen für die Sache, so könnte man das bezeichnen. Allein, das Wollen reicht nicht, auf das Können kommt es bekanntermaßen an.

Und das ist unbestritten! Anlässlich unserer Aufnahmen der *Passionen*, des *Weihnachtsoratoriums* und der *h-Moll-Messe* war seine Arbeit allein mit dem Leipziger Rundfunkchor von einer beispiellosen Intensität geprägt. Der Dirigent Schreier vermochte zu allem auch noch überzeugend vorzusingen, wie er es vom Chor musikalisch oder hinsichtlich der Wortverständlichkeit ausgeführt haben wollte. Ein Sänger forderte von Sängern absolute Deutlichkeit in der Deklamation und Artikulation, was Schreiers Bach-Interpretation in besonderer Weise auszeichnet, und dies in der ihm eigenen Besessenheit vom Singen, aus seiner tiefen Musikalität heraus, der Aussage des Werkes allumfassend dienend.

Seine Aufführungen und Aufnahmen der großen Bach-Werke als Dirigent und Sänger zugleich haben Hörerwartungen geprägt. Das spürt man dann besonders, wenn man diesen Werken andernorts wiederbegegnet.

Und noch eines: Peter Schreier ist wiederholt vor die Wahl gestellt worden, das Amt des Kreuzkantors in Dresden zu übernehmen. Welche Bereicherung wäre das für die Pflege der Kirchenmusik gewesen! Nur, hätte er diese verpflichtende und ihn völlig ausfüllende Berufung angenommen, was wäre uns an Erlebnissen höchster Gesangskunst in Oper und Konzert verborgen geblieben! Wie viele Stunden holder Kunst wären wir nicht teilhaftig geworden, die Peter Schreier dem Lied und seiner Gestaltung gewidmet hat!

Dennoch, bei aller Vielfalt seiner künstlerischen Tätigkeit blieb ihm die musica sacra immer Herzenssache. So ehren wir heute keinen Berufskirchenmusiker, sondern einen Musiker, der sich berufen fühlte und fühlt, Kirchenmusik eindringlich und nachhaltig in die Herzen und Sinne der Zuhörer zu tragen.

Reimar Bluth

Geboren 1941 in Dresden, verstorben 2019 in Berlin. 1952–1960 Mitglied im Dresdner Kreuzchor, studierte 1960–1966 in Berlin an der Humboldt-Universität (Musikerziehung) und an der Hochschule für Musik Hanns Eisler (Klavierspiel und -methodik, Tonsatz). Ab 1967 Leiter der ETERNA-Aufnahmeproduktion (Klassik) beim VEB Deutsche Schallplatten Berlin, Arbeit mit Künstlern und Klangkörpern aus Ost und West (darunter mit Peter Schreier), zahlreiche Coproduktionen mit westlichen Firmen. 1994 Entlassung aus der insolventen Deutschen Schallplatten GmbH. 1995–2009 ehrenamtlicher Orgelbeauftragter in Berlin-Brandenburg. 1998–2004 Musikwissenschaftler an der Akademie für historische Aufführungspraxis Berlin, danach Tätigkeit als freier Aufnahmeproduzent bei verschiedenen Klassik-Labels. 1965–2016 regelmäßiges Orgelspiel in der Ev.-luth. (altluth.) Kirche in Berlin-Mitte.

Hans John
Musikwissenschaftler

Laudatio auf Peter Schreier anlässlich der Verleihung
des Sächsischen Mozart-Preises 2005 in Chemnitz

Kammersänger Professor Peter Schreier gehört seit mehreren Jahrzehnten zu den Ausnahmekünstlern in unserem Lande, und das
auf sängerischem und dirigentischem Gebiet. Sein weitgespanntes
Repertoire als Sänger umfasst die Gattungen Lied, Oratorium und
Oper. In den großen Konzertsälen der Welt ist er als Liedinterpret
und als Dirigent gefragt. Seine Künstlerkarriere, rechnet man die
Vorbereitungszeit zum Dresdner Kreuzchor mit hinzu, umfasst
62 Jahre. Das ist einmalig und außergewöhnlich. Hinter dieser langanhaltenden Wirksamkeit als Sänger verbergen sich eine besondere
sängerische Veranlagung, Verantwortung, Erfahrung, Leistungsbewusstsein und eine unglaubliche Selbstdisziplin und Arbeitsökonomie.

Dabei vollzog sich Schreiers sängerische Entwicklung keineswegs »über Nacht«. In einem evangelischen Kantorenhaus erblickte er 1935 das Licht der Welt. Im malerisch gelegenen Dorf
Gauernitz, am westlichen Elbufer zwischen Dresden und Meißen
befindlich, wurde er geboren. Ab seinem achten Lebensjahr besuchte er die Vorbereitungskurse des Dresdner Kreuzchors. Ab
dem zehnten Lebensjahr absolvierte er den altsprachlichen Zweig
der Dresdner Kreuzschule. Griechisch und Latein gehörten zu den
Grundpfeilern seiner humanistischen Bildung. Gründlicher Literatur- und Geschichtsunterricht trugen mit dazu bei, dass sich
Schreier später zu einem der hervorragendsten Liedinterpreten
profilieren konnte.

Schreiers Sängerkarriere basierte fraglos auf glücklichen Fügungen. Dazu gehören das »Gold in der Kehle«, das ihm in die Wiege gelegt wurde, eine großartige sängerische Disposition, sängerische und sonstige Allgemeinbildung, Verantwortung gegenüber der Kunst, fanatischer Fleiß und beharrliche Energie, der Blick auf das Ziel, das Sendungsbewusstsein eines großen Künstlers und die Konzentration auf Wesentliches.

Musikalisch gefördert wurde Schreier anfangs durch Kreuzkantor Rudolf Mauersberger, der Schreiers große sängerische Begabung erkannte, ihn schon als Knaben-Solist in repräsentativen Oratorien-Aufführungen einsetzte, ihm einige Kompositionen auf den Leib schrieb und, als er vom Alt zum Tenor mutierte, ihn zum Chorpräfekten berief. All dies ist in einigen Publikationen beschrieben worden. »Werden Sie Sänger« – so lautete der kategorische Imperativ Mauersbergers, als Schreier ihn nach dem Abitur um Rat fragte, was seine berufliche Perspektive betraf. Dieser Ratschlag des Kreuzkantors war wohlbegründet, für Schreier wegweisend und für die Musikwelt ein Glücksfall.

Es dürfte wohl schwerlich einen international bekannten Sänger geben, der es bezüglich der langen Karrieredauer mit Schreier aufnehmen könnte. Nie gab es bei Schreier sängerische Krisen. Im Gegenteil, seine Karriere glich einem stetigen Crescendo. Er, der seine ihm gesetzten und von ihm stets respektierten Grenzen als lyrischer Tenor nur ausnahmsweise überschritt, hat immer eine herausragende künstlerische Höhenlinie gewahrt. Bei allen Erfolgen, Anerkennungen und Auszeichnungen ist er ein bescheidener Musiker geblieben, lern- und wissbegierig, ohne Allüren und Eitelkeiten. Ihm ging es stets um die Sache.

Schreier ist nicht nur im Besitz einer schlanken, weichen, in allen Lagen ausgeglichenen und perfekt geführten Tenorstimme, sondern auch mit einer hohen Intelligenz ausgestattet, die ihm die Voraussetzungen und Gewähr für eine außergewöhnliche und eindringliche Gestaltungskraft bietet. Seine Gestaltung von Bach- und Mozartarien, sein flexibler und dynamischer Rezitativgesang, sein künstlerisches Temperament, seine Kunst der Diktion, seine

Variabilität bezüglich der Klangfarbennuancierung und vieles andere mehr begeistern und überzeugen Musikliebhaber wie Kenner gleichermaßen. Schreier beherrscht ein Riesenrepertoire, das barocke, klassische und romantische Oratorien- und Opernpartien umfasst. Zahlreiche Werke des 20. Jahrhunderts hob er aus der Taufe. Etwa 300 Lieder hat er jederzeit abrufbereit in seinem Repertoire. Ein Großteil davon ist in einer Fülle von CD-, Schallplatten-, Video- und Rundfunkaufnahmen festgehalten.

Schreier ist zudem ein Mensch, dem ein gehöriges Maß von Humor und Schlagfertigkeit zu Gebote steht. Wer ihn in Proben erlebt, in Meisterkursen, im Gespräch mit Kollegen, in Interviews, spürt, dass hier ein engagierter temperamentvoller Könner und erfahrener Praktiker am Werk ist, der etwas mitzuteilen hat, der keine Mätzchen und Allüren duldet. Schreier kann sogar unwirsch werden, wenn künstlerischer Ausdruck verfehlt wird und junge angehende Künstler sich mit Mittelmaß begnügen.

Schreier ist ein kommunikativer Künstler, der seine Kunst als Lebenselexier auffasst. Er gehört zu den Idolen der Musikwelt. Kein seriöses Musiklexikon verzichtet auf seinen Namen. Die Fachwelt ist sich darin einig, dass Schreier zu den Ausnahmeerscheinungen auf sängerischem Gebiet gehört, wobei seine Prädestination als Mozart- und Bach-Interpret besonders hervorgehoben wird. Zudem gilt er als bedeutendster Interpret deutscher Kunst- und Volkslieder. Wenn er in den großen Konzertsälen und Opernhäusern der Alten und Neuen Welt auftritt, sind die Eintrittskarten lange vorher ausverkauft. Der Name Schreier zieht wie ein Magnet. Die in einigen Ländern etablierten PS-Fan-Clubs sind sichtbares Zeichen seiner ungebrochenen Popularität.

Neben dem Sängerischen hat Peter Schreiers Künstlerkarriere noch eine zweite Seite, die des Dirigenten. Ebenso wie auf sängerischem Gebiet absolvierte er auch als Dirigent an der Dresdner Musikhochschule Carl Maria von Weber eine gründliche Ausbildung. Wie auf dem Felde des Gesangs ist er auf dirigentischem Gebiet den Werken Mozarts und J. S. Bachs besonders verbunden. Sein Repertoire umfasst aber wesentlich mehr.

Schreiers Dirigate zeichnen sich gegenüber anderen Koryphäen der Taktstockzunft durch Besonderheiten aus: Da er vom Gesang herkommt, gehört die Vokalsinfonik zu seinen bevorzugten Repertoire-Favoriten. Zum zweiten zeigte Schreier in sinfonischen und konzertanten Werken ein besonderes Gespür für melodische Linien, für feinste lineare Verästelungen in den Außen- und Binnenstimmen.

Eine dritte Seite betrifft die große dynamische und dramatische Intensität, die Schreiers Interpretationen auszeichnet. Er versucht der ästhetischen Forderung hinsichtlich der Realisierung von »Klangrede« und »Klangsprache« auch als Dirigent zu entsprechen. Wenn man sich seine Interpretationen Bach'scher, Händel'scher und Mozart'scher oder romantischer Kompositionen vergegenwärtigt, spürt man, dass hier ein Vollblutmusiker am Werk ist. Er musiziert »mit Leib und Seele«, mit Überzeugungskraft, die auf genauer Werkkenntnis basiert und sich auf große Interpretationserfahrungen stützt.

Viele der ihm als Dirigent anvertrauten Werke beherrscht er in- und auswendig. Interpretatorische Glanzpunkte Schreiers waren jene Aufführungen Bach'scher Passionen, bei denen er auch die Rezitativpartien im Tenorfach mit übernahm.

Fassen wir zusammen: Schreier setzt und setzte nicht nur als Sänger Maßstäbe, sondern im komplexeren Rahmen auch als Dirigent. Das Œuvre Bachs und Mozarts liegt ihm besonders am Herzen, und er hat zu beiden Komponisten eine besondere Affinität. Hinzu kommt seine große Liebe zum Kunstlied, als dessen Interpret und meisterhafter Gestalter er hohe Maßstäbe gesetzt hat und setzt. Immer war Schreier auch offen für Neuentdeckungen: Häufig hat er Werke des 20. Jahrhunderts als Sänger interpretiert. Einige Werke wurden ihm von renommierten Komponisten gewidmet.

Wir wünschen Peter Schreier noch viele Jahre erfolgreichen künstlerischen Wirkens, zudem Gesundheit, Wohlbefinden und Kraft auch im persönlichen Leben. So, wie wir ihn seit langem kennen, wird er uns auch in den nächsten Jahren künstlerisch noch viel

Erhebendes bieten, Mozarts Manen werden ihm dabei gewiss zur Seite stehen.

***

13 Jahre später ergänzte der Verfasser seine Sicht auf die Lebensleistung Peter Schreiers durch die zusammenfassende Würdigung der »Schumanniaden«:

Die »Schumanniaden« in Kreischa und Reinhardtsgrimma

Die I. »Schumanniade« stand unter der Überschrift »Auf den Pfaden Robert Schumanns anlässlich der 150jährigen Wiederkehr des Aufenthaltes des Komponisten und seiner Familie in Kreischa (11. Mai 1849 bis 12. Juni 1849)«. Diese »Schumanniade« war integriert in die Dresdner Musikfestspiele 1999. Seither wirkt Peter Schreier als Sänger, Rezitator und Dirigent, als Förderer und künstlerischer Mentor und bestimmt somit maßgeblich das künstlerische Profil der »Schumanniaden« mit. Seinem weltweiten Bekanntheitsgrad als Lied-, Opern- und Oratoriensänger, seiner Tätigkeit als Dirigent und seiner guten Vernetzung im internationalen Musikbetrieb ist es zu verdanken, dass renommierte Pianisten, Sänger, Ensembles, Chöre und Rezitatoren seinem Ruf zur Mitwirkung bei den »Schumanniaden« folgen. Unter den engagierten Künstlern seien u. a. die Pianisten Norman Shetler, András Schiff und Wolfgang Rieger, die Sänger Ute Selbig, Ruth Ziesak, Olaf Bär und Robert Holl, die Geigerin Yuuko Shiokawa, der Cellist Miklós Perényi, das Petersen Quartett, der Thüringische Akademische Singkreis (TASK), der Kammerchor »Cantamus«, der Sächsische Kammerchor und der »König der Vorleser« Gert Westphal genannt.

Bei allen »Schumanniaden« stand das in Kreischa geschaffene Werk des Genius loci im Vordergrund. Ansonsten erklangen auch Schlüsselwerke Robert Schumanns aus der Leipziger, Dresdner und Düsseldorfer Zeit. Hinzu kamen Kompositionen aus dem Freundeskreis Schumanns, u. a. von Felix Mendelssohn Bartholdy und Johannes Brahms. Den Festspielbesuchern wurde somit ein Panorama wertvollster Musik aus dem Bereich deutscher Romantik dargeboten.

Peter Schreier hat mit den von ihm inspirierten und gestalteten »Schumanniaden« erreicht, dass das Schumann-Bild um viele Facetten erweitert wurde. Von Anfang an war der Publikumszuspruch zu den »Schumanniaden« groß. Das zeigt auch die stattliche Liste der Förderer.

Peter Schreier hat wiederholt betont, dass er eine besondere Vorliebe für das Werk Schumanns habe. 2014 sagte er in einem Interview: »Schumann ist für mich der Komponist, der die Tiefe am besten auslotet.« Unter der Ägide Schreiers und des Kunst- und Kulturvereins »Robert Schumann« in Kreischa e. V. wurde das Musikleben durch die »Schumanniaden« wesentlich bereichert. Musikliebhaber wissen dies seit langem zu schätzen.

Mit der X. »Schumanniade« im Juni 2018 wird sich Peter Schreier letztmalig als musikalischer Leiter dieses Festivals dem Publikum stellen. Wir hoffen, dass das Festival in seinem Sinne weiterlebt.

Hans John, Prof. Dr. phil. habil.

Geboren 1936 in Bad Freienwalde, war er 1946–1954 Mitglied im Dresdner Kreuzchor und studierte an der Martin Luther-Universität Halle-Wittenberg und an der Humboldt-Universität Berlin Musikerziehung, Altphilologie und Musikwissenschaft. Danach wirkte er als Lektor an der Humboldt-Universität sowie als Dozent für Musikgeschichte an der Hochschule für Musik Franz Liszt in Weimar, wo er zudem sein Gesangsstudium abschloss. 1977–2002 unterrichtete er Musikwissenschaft an der Hochschule für Musik Carl Maria von Weber Dresden, veranstaltete etliche Konferenzen und gründete 1993 das Institut für Musikwissenschaft, das er bis zur Emeritierung leitete. Zahlreiche Buchveröffentlichungen und Vorträge im In- und Ausland.

Günter Jena
Kirchenmusiker und Dirigent

Laudatio für Peter Schreier anlässlich der Verleihung des
»Preises für Bibel und Gesang« durch die Stiftung Bibel
und Kultur, Stuttgart 1998

»Das war schon in meiner Jugendzeit eine Traumvorstellung: Evangelist in den Passionen, im Weihnachtsoratorium zu sein. Diese Aufgaben haben mich ungeheuer beeindruckt. Es war ein Kinderglaube. Heute bin ich natürlich glücklich, dass sich mein Traum erfüllt hat, dass ich diese Partien singen kann.«

Dieser Satz Peter Schreiers aus einem Interview soll die Ouvertüre zu meiner Laudatio sein und damit zugleich alles, was ich zu sagen habe, einschränkend definieren: »Bibel und Kultur« heißt die Stiftung, die ihm heute ihre Auszeichnung verleiht und nur von diesem, vergleichsweise kleinen, aber gewiss höchst bedeutsamen Ausschnitt seiner Tätigkeit will ich sprechen: nämlich von seiner Rolle als Sänger und Dirigent geistlicher Werke, von seiner Bedeutung insbesondere als Evangelist in den Bach'schen Passionen und Oratorien.

Auch nicht nur ausschnittweise werde ich von seinen anderen Tätigkeiten berichten, von seinen vielen Schallplattenaufnahmen, von seinen ungezählten Konzerten, von seinem großen Repertoire in Oper und Liedgesang, von seinen zahlreichen Preisen und Ehrungen. Wenn ich alle Erfolge und alle Verdienste, dazu alle Ehrungen und Preise zu schildern versuchte, so klänge es, selbst wenn ich es mit Untertreibungen und Weglassungen täte, nach Prahlerei. Denn alles, was sich nur denken lässt, wurde ihm in den Schoß gelegt. Beifall ohne Ende, Verehrung, Erfolg. Das nicht nur in Dresden, das nicht nur in Deutschland, das nicht nur in Europa: nein weltweit. Wir alle wissen es: Von jüngsten Jahren an war er von Erfolgen so überschüttet, dass es einem angst und bange werden könnte: Angst, weil Hohes tief, tiefer und schneller als Gewöhnliches abstürzen kann, wenn es nicht achtsam sich pflegt und vor allem vor Hochmut sich schützt. Bang, weil Außergewöhnliches auch immer außergewöhnlich gefährdet ist: Der Gesundheit nach, der die kleinste Erkältung schaden kann; der Überanstrengung nach, die, wir wissen es alle, sich zuallererst auf die Stimme legt.

Damit genug der Vorrede, der themenbestimmenden Einleitung, der Ouvertüre meiner Laudatio. (Früher lernten die Musiker von den Rhetorikern, ich will es heute umdrehen und meine Rede aufbauen wie eine kleine Suite.) Ich will meine Gedanken in einer lockeren Aneinanderreihung von nun noch sieben Tanzsätzen vortragen. Wer möchte nicht vor Freude, wenngleich auch manchmal nachdenklich, tanzen ob dem, wovon ich zu berichten habe.

Ich beginne mit einem Air – einem einfachen Liedchen.

Wer aber Bachs berühmtes, himmlisches *Air* kennt, weiß, dass ich sogleich von einem Wunder erzähle: von des Sängers Begabung nämlich. Jedermann stellt mit Erstaunen fest: Alles, was Peter Schreier singt, insbesondere auch in der Rolle des Evangelisten, klingt so selbstverständlich, so natürlich, als wäre er in dem Bericht wie in der Musik zu Hause. Als müsste er ihre Sprache nicht buchstabieren, als wäre sie ihm geläufig von Kindesbeinen an. Nun, wird man einwenden, wie nicht? Der Vater war Lehrer und Kantor, er selbst im prägenden Alter der Jugend im Dresdner Kreuzchor.

Aber: Wie viele Kinder von Lehrern bevölkern unser Land? Wieviel ehemalige Mitglieder von hervorragenden Knabenchören? Wieviel großartige Sänger? – Die Herkunft, die Prägung in jugendlichen Jahren durch die Umwelt, die wunderbare Qualität einer Naturstimme, ihr unverwechselbares Timbre (wenn man nur wenige Takte im Radio hört, weiß man: hier singt Peter Schreier), die (für einen geborenen Sachsen ungewöhnlich) deutliche, noch in jeder Endsilbe verständliche Aussprache – all diese begünstigenden Elemente sind bei Peter Schreier in reichem, in überreichem Maße vorhanden, machen allein aber seine Kunst noch nicht aus. Über einen berühmten Sängerkollegen sagte er einmal (ich wiederhole sein Wort, das abends, nach anstrengender Probe salopp in Weinlaune gesprochen, nicht für die Öffentlichkeit bestimmt war, hier im klein vertrauten Freundeskreis, der es gewiss richtig einzuschätzen weiß), über einen Kollegen also, der sich durch eine wunderbare Naturstimme, nicht aber durch übermäßige Intelligenz auszeichnet: »Dem hat der liebe Gott selbst seine Stimme in die Kehle gekotzt.«

Lieber Peter! Da der »Liebe« so weit weg ist und ich ihn direkt nicht fragen kann, will ich eine Vermutung wagen: Deine Stimme hat der Gott nicht »gekotzt« – so schön sie dann immerhin, wie die des berühmten Kollegen, auch wäre –, sondern, als er besonders guter Laune und voller Stolz und Sorglosigkeit, dazu in großer Ruhe war, mit Sorgfalt und Liebe geformt. Denn Adel der Stimme, aufhorchen-lassendes Timbre, Exaktheit der Aussprache, Sorgfalt der Deklamation, Perfektion der Intonation verbinden sich in ihr so innig und scheinbar ohne Mühen zu einer Stringenz, dass man an eine besondere Gabe der Natur denken mag, von einem Wunder, einem Geschenk Gottes sprechen darf.

Ich ergänze das Gesagte mit einem anderen Gedanken. Mein zweiter Satz ist eine Courante – schnell und energisch.

Sie handelt von Peter Schreier, dem Fleißigen.

Es gilt: Wem Gott gibt, dem gibt er immer noch mehr. Ein scheinbar ungerechtes Geheimnis dieser Welt: »Wer da hat, dem wird gegeben werden, und er wird die Fülle haben«. Ob der Gott aber, der so schenkt, der solche Stimmen vergibt, »lieb« genannt werden darf, sei dahingestellt. Wir wissen es aus dem Gleichnis, wem er viel gibt, dem fordert er auch viel ab. Unangemessen viel, will uns manchmal scheinen, wenn wir das Leben von Großen bedenken.

Du aber hast Dich fordern lassen, hast mit Deinem Pfund gewuchert, dass es jeden auf Zinsen bedachten Banker vor Ehrfurcht erschauern müsste. Gewiss in den jungen Jahren des Lernens, die auch nicht frei waren von Rückschlägen und Enttäuschungen.

Ich meine aber insbesondere: in Deiner *ganzen* Sängerzeit. Auch schon erfolggekrönt hast Du Dich immer neuen Erfahrungen geöffnet, nie das Lernen aufgegeben und so eine große Entwicklung durchschritten. Du hast immer hohe und schwer zu erfüllende Ansprüche an Dich gestellt. Und dass das oft mühsame Arbeit war – das lässt sich denken. Denn sozusagen zum erlauchten Personal Gottes zu gehören, das schafft nicht nur Annehmliches und heiter Großes, es schafft auch Mühsal und Ackerei.

Will sagen: Wer schon auf hohem Stand antritt, dem schenkt die Erfahrung, das Lernen durch immer wieder neues Tun jenes Maß hinzu, das erst das wirklich Große, das alles Überragende ausmacht. Man könnte auch sagen: Erst Erfolg im Leben ermöglicht Erfolg, erst Anerkennung schenkt jenes letzte Quäntchen an bergender Selbstsicherheit und Selbstverständlichkeit, die keiner fremden Hilfsmittel bedürfen, um immer zu Höchstform zu gelangen. Du berichtest freimütig in einem Interview: »Ich habe keine Probleme damit, jedesmal in diese Höchstform hineinzukommen. Ich benötige weder Alkohol noch Aufputschmittel dafür. Vielleicht ist das eine Frage des Erfolges. Denn ich freue mich heute auf jeden Auftritt ... Ich weiß, es wird gern gehört, die Leute hören mich gern. Man freut sich auf mich – ich habe jedenfalls das Gefühl –, und das fordert mich nicht nur heraus, sondern animiert.«

Dritter Satz meiner Gedanken, eine Sarabande – eine ungewöhnliche Betonung ist das Charakteristikum des Tanzes. Ursprünglich ein lasziver Fruchtbarkeitstanz (als er 1569 erstmals in einer Fronleichnamsprozession gesungen wurde, musste sich der Verfasser vor der Inquisition verantworten), steckt der Tanz auch noch in der Bachzeit voll schwärmerischer Melodik.

Ich rede von Peter Schreier, dem Zauberer.

Wenn Du Bachs Evangelistentakte singst, dann hört man den Bericht nicht nur, wie er sich gehört, sondern mit einer Überzeugungskraft, dass man spürt: Anders kann er gar nicht lauten. Keiner, der nur wenige Evangeliums-Takte aus Peter Schreiers Mund gehört hat, kann sich vorstellen, dass man sie anders singen, anders hören könnte als eben nur gerade so. Das gilt natürlich insbesondere von den Takten, in denen Bedeutendes berichtet wird. Ich erinnere mich sehr deutlich an Deine wunderbare, durch schöne und bewundernswerte stimmliche Gewandtheit und Glattheit geadelte, auch damals schon durch tiefes Verständnis und erlesensten Geschmack des Abwägens gekennzeichnete Interpretation der Evangelisten-Rolle in den ersten Konzerten, die Du bei mir sangst. Das mag 1964 oder 1965 oder jedenfalls etwa in diesen Jahren in Würzburg gewesen sein. Ich möchte diese Konzerte nicht missen. Aber ich möchte sie auch nicht eintauschen gegen die Erlebnisse, die ich in den letzten Jahren mit Dir hatte.

Ich schildere eines der letzten: Jedermann hier weiß, dass John Neumeier, der begnadete Choreograph, es gewagt hat, die *Matthäus-Passion* zu choreographieren, mit mir und meiner ausdrücklichen Ermunterung. Und ich empfinde es als dankbaren Zufall, dass er diese Ehrung, die Dir heute zuteil wird, auch erhalten hat – sicher nicht zuletzt dieses Wagnisses wegen. Ich hatte Dir wohl davon erzählt. Aber Du wolltest davon nichts wissen. Ja, schildertest mir eines Tages mit Kopfschütteln, Du seist in Salzburg aus dem Hotel getreten und habest vom Domplatz herüber Dich singen gehört. (Ich muss erklärend mitteilen, dass die Compagnie die Passion, wenn sie nicht mit live-Musik aufgeführt werden kann, was sich leider aus räumlichen oder finanziellen Gründen oft verbietet, nach einer Rundfunk-Aufnahme von uns tanzt, in der Peter Schreier singt.) Du hattest also Ausschnitte aus einer Probe der Ballett-Aufführung während der Salzburger Festspiele gehört. Mit bedenkenvoller Miene erzähltest Du mir: »Da bin ich hingegangen und habe doch tatsächlich gesehen, wie die zu unserer Matthäus-Passion herumhoppen«.

Da mir Deine Einstellung also nur zu deutlich bekannt war, habe ich Dich zunächst gar nicht zu überreden versucht, eine der Ballett-Aufführungen in unserer Hamburger St. Michaelis-Kirche zu singen – an dem Ort, für den die ganze Passion choreographiert ist, was man an anderen Orten stellenweise betrüblich merkt, da etwa der lange Mittelgang und das weite Kirchenschiff fehlen, die die

Tänzer mit bedeutungsschweren Gängen usurpieren. Als aber die vermutlich letzten Aufführungen des Balletts in dieser meiner langjährigen Wirkungsstätte anstanden – die letzten, weil ich mich nicht mehr dort, sondern im Ruhestande an fremdem Ort befinde –, hab ich's doch übernommen, Dir zu sagen: Einmal *musst* Du eine solche Aufführung singen.

Du kamst und sangst im Mai des vergangenen Jahres. Von der Generalprobe an, der ersten gemeinsamen Probe von Musikern und Ballett, wusste ich, dass ich recht getan hatte mit meiner Überredung. Du saßest vom ersten Takt an weit vorn auf Deinem Stuhl, von unserer Musikempore nach vorn übergeneigt, um alles besser sehen zu können. In der Aufführung aber machtest Du Dich zum Bestandteil dieses Gesamtkunstwerkes, wenn ich dies Wort hier gebrauchen darf, um die umfassende Komplexität des Unternehmens anzudeuten. Du sangst die ganze, große Partie auswendig, wandest Dich unter dem Singen ausschließlich den Tänzern zu, als würdest Du nicht etwa für ein Publikum singen, sondern nur mit ihnen, den Tänzern, sprechen: Ihnen Trauriges, Bewegendes mitteilen, sie mit aufpeitschenden Worten anstacheln oder ihnen mit dem wunderbar klingenden Pianissimo Ruhe und Frieden geben – etwa in der Szene, in der unmittelbar vor der Kreuzigung alle Tänzer außer Christus sich irgendwo in der Kirche befinden, sie haben während der vorherigen Arie in nachdenklich traurigem Tanz ihren Meister verlassen und verharren still gebannt weitab von der Bühne. Mit einem unglaublich spannungsvollen Pianissimo, das die Herzen still stehen ließ, erläutertest Du singend: »Und von der sechsten Stunde an war eine Finsternis über das ganze Land.«

Alle Tänzerinnen und Tänzer waren tief bewegt. Viele kamen vor Berührung weinend aus der Aufführung. Noch Tage danach – ich hatte zufällig im Ballettzentrum zu tun und konnte es erleben – liefen sie, die sonst so jugendlich herumtollen, wie benommen und noch Tränen nahe durch ihr Haus. Solche Sternstunden werden nicht gemacht, keiner hat mit dem Kauf einer Eintrittskarte Anspruch darauf. Aber bisweilen werden sie geschenkt. Und ich mutmaße: nur Künstlern mit einem hohen Maß an Können *und* Erfahrung geschenkt. Denn nur sie haben eine feste, präzise, durch Erfahrung gereifte Vorstellung von dem, was sie wollen und was sie dann den Umständen schnell und gleichsam improvisierend angleichen können, ohne den Kern ihrer Überzeugung aufzugeben.

Zusammengefasst: Johann Sebastian Bach ist der lebendigste, leidenschaftlichste, anrührendste Künder des »Euangelions«, der frohesten, aufregendsten, visionärsten Botschaft, die die Welt kennt. Peter Schreier ist seit Jahrzehnten der lebendigste, leidenschaftlichste, anrührendste Interpret dieser Bach'schen Verkündigung. Er kann mit seinem Singen bewegen und anrühren, er kann mit seinem Singen Leidenschaften erregen und aufrühren. Wer, der ihn je als Evangelist gehört hat, könnte die Momente der Anteilnahme, der Ergriffenheit, der Stille vergessen, die sein Singen erzeugt. »Bis orat, qui cantat«, sagt Luther. Bei Peter Schreier wird das Wort aber nicht nur verdoppelt oder vervielfacht in seiner Wirkung, es wird vertieft, geschärft und geschliffen.

Ich fahre fort mit einem Double – das ist eine variierte Wiederholung des eben Gesagten in einem anderen Bereich. Bei Bach wandert die Melodie in eine andere Stimme, etwa vom Sopran in den Bass.

Ich variiere das Gesagte und flechte ein, dass Dir die gleiche Gabe der Ausstrahlung, der Faszination auch als Dirigent gegeben ist.

Wieder spreche ich von einer Begebenheit, die ich aus der Nähe beobachtet habe. Als Du mit den Hamburger Philharmonikern die *Matthäus-Passion* aufführtest, wurde dazu mein Michaelis-Chor verpflichtet. Ich dirigierte mit diesem Chor die Passion jedes Jahr, oft mehrmals, und alle Sängerinnen und Sänger waren eingeschworen auf meine Interpretation, die sich erheblich von der Deinen unterscheidet. In nur zwei Proben aber gelang es Dir, aus dem Chor eine echte Schreier-Interpretation hervorzuzaubern. Hinterher gestandest Du mir, daß Du nach der ersten Probe noch gedacht hattest: »Das schaffen die nie, von dem Jena-Sound loszukommen.« Aber sie hatten es geschafft, weil die Klarheit und Präzision Deiner Vorstellungen sich schnell allen Sängerinnen und Sängern mitteilte. Diese Leistung wird nachträglich, in diesem Jahr, überdeutlich, da ein anderer Gastdirigent gerade das Gleiche versucht und sich beschwert, dass er es in acht Proben, die ihm zur Verfügung stehen, nicht schafft.

Ich fahre fort mit einer Bourrée – ein Tanz, der sich durch fließende Melodik auszeichnet.

Ich spreche von Peter Schreier, dem Erzähler.

Dies alles, was ich an Faszinierendem geschildert habe, geschieht bei Peter Schreier mit Maß und Weisheit: Er kann mit seinem Singen *erzählen*. Wie wichtig ist der strömende Fluss der Rede, die alles zusammenbindet! Die nicht unnötig bei Nebensächlichem verweilt, die Höhepunkte schafft, und das heißt auch: die über manches Gewöhnliche zwischendurch nicht gerade hinweggeht, aber es doch auch nicht zu einem Vorkommnis sondergleichen aufplustert. Mir ist im Ohr die historische Aufnahme der *Matthäus-Passion* unter einem sehr berühmten Dirigenten mit dem damals – das waren reichlich zwei Generationen vor Peter Schreier – berühmtesten Evangelisten. Er fängt den ersten Evangelienvers aus der *Matthäus-Passion* so zu deklamieren an: »Da *JESUS* diese *REDE VOLLENDET* hatte, *SPRACH* er zu *SEINEN JÜNGERN*.« – Mag sein, dass spitzfindige Exegeten jedem der also hervorgehobenen Worte solch sonderliche Bedeutung zumessen. Aber, wenn man so *deklamiert*, wie ist es dann später möglich, vom Verrat, von der weinenden Enttäuschung über nicht eingehaltene Versprechung, vom Volksgeschrei, gar vom Sterben Jesu in Ergriffenheit zu berichten, wenn auf diese Weise alle Ergriffenheit schon vorweggenommen ist? Zum Erzählen, gerade zum anteilnehmenden Erzählen, gehört, dass man seine Anteilnahme nicht in jeder Kleinigkeit schon verbraucht, dass man, wenn es geboten ist, sein Engagement klug verteilt und den Hörer nicht mit allzu vielen Höhepunkten ennuyiert, die dann gemeinsam wieder nur *eine* Ebene ergeben, nämlich einen flachen, in seiner Übertreibung einebnenden Bericht. Du jedenfalls singst die zitierten Takte flüssig, wie nebenbei und erläuterst just auch an ihnen: »Es gibt für den Evangelisten Sentenzen ..., die das schnelle Berichten nahelegen.« An anderer Stelle erklärst Du: »Das bedeutet nicht, daß ich in jeden Takt, in jedes Wort, in jede Silbe etwas ›hineingeheimnisse‹. Aber ich versuche, alles mit einem starken Espressivo, mit publikumsbezogener Eindringlichkeit, mit unbedingter Intensität zu erfüllen.«

Obwohl wir alles – zumindest den Worten nach – kennen, was Peter Schreier uns erzählt, ist es neu und aufregend und noch nicht abgenutzt, wenn er singt. Er kann mit seinem Singen anrühren, bewegen, aufrütteln, Leidenschaften erregen. Aber: Noch im Äußersten hält Peter Schreier Maß. Merkmal aller Kunst, die nicht einfach nachahmt, sondern verdichtet: Nicht einmal, wenn er tobende Turbachöre mit seinem erregten »Sie schrieen aber ...« einleitet, verliert er je die Kontrolle über seine Stimme. Nicht einmal dort wird er seinem, für einen Sänger ja merkwürdigen Namen »Schreier« gerecht.

Fünfter Gedanke: eine Gavotte – eine hüpfende, fast möchte ich sagen, eine »herumhoppende« Gavotte, nämlich, wo's zugeht wie im Ballett:

Ich spreche von Peter Schreier, dem Exakten.

Bei aller Freiheit der Rede und ihrer Gestaltung hast Du es nie nötig, der Musik mit sängerischen Kniffen und Kunststückchen etwas hinzuzufügen, sie gleichsam mit schmückenden Adjektiven zu versehen. Dein Gesang hält sich streng an das Hauptsächliche, nämlich an das in den Noten Geschriebene. Dies erinnert mich an eine Begebenheit, die von einem amerikanischen Zeitungsmagnaten erzählt wird. Dieser soll einem jungen Volontär, der in seinen großen Verlag eintrat und in der bedeutenden Zeitung seine ersten Schreibversuche würde abliefern dürfen, gesagt haben: »Schreiben Sie, was Sie gesehen und gehört haben. Schreiben Sie aber nur, was sie, und sei es noch so unglaublich, selbst glauben. Schreiben Sie, wie Ihnen ums Herz ist. Aber bevor Sie ein Adjektiv in Ihren Text einschmuggeln, kommen Sie zu mir in den 32. Stock und fragen mich, ob es notwendig ist.«

Du folgst den Noten genau nach all ihren Windungen und Wendungen: Mit Deiner Notengenauigkeit, mit Deiner geradezu peniblen Exaktheit der Bach'schen Notierung gegenüber, beweist Du: Bachs Musik braucht keine Adjektive. All ihre Noten sind so treffend gewählte Hauptwörter, dass jede Ausschmückung sinnentstellende Übertreibung wäre, solche Überfeinerung schnell ins Närrische fiele.

Bachs Musik Adjektive, »Hinzufügungen« an die Seite zu stellen, heißt auch: Der ja so kargen Darstellung der Evangelien übertrieben Bedeutungsinhalte beilegen. Ich bekenne, dass ich lange Jahre überrascht, ja irritiert war, wie Du in den ersten Takten des *Weihnachts-Oratoriums* über Maria berichtest »die war schwanger«. Nüchtern, ohne Emotion, ohne Mystik. Ich verstand mit den Jahren, dass – zunächst jedenfalls, in diesem Stadium des Berichts – keine Diskussion um die Jungfrauenschaft, keine Auseinandersetzung über die Gottessohnschaft geführt, sondern ein ganz nüchternes Ereignis mitgeteilt wird, nicht mystifiziert, nicht – und sei es nur zukünftigen Bericht vorausnehmend – falsch glorifiziert. Später, wenn dem Ereignis durch die verwunderten Worte der Hirten – sie haben sie direkt aus dem Munde der Engel vernommen – Bedeutung zugemessen wird, vermagst Du der Aussage »Maria aber behielt alle diese Worte und bewegte sie in ihrem Herzen« tiefschürfend nachdenkliches Piano zu verleihen. Dies alles streng dem Notentext folgend: Denn bei der Aussage, dass Maria »schwanger« war, landet Bach auf einem ganz gewöhnlichen Dreiklang, nachdem er zuvor sogar die Aussage, dass Maria das »vertraute Weib« des Joseph war, immerhin wenigstens mit einem weichen Dominantseptakkord gewürdigt hatte. Bei der Bewegung ihres Herzens aber moduliert Bach nicht nur aus höheren Tonarten abwärts in das bei ihm immer leidende, klagende h-Moll (denken Sie an die Messe in dieser Tonart!), sondern unterstreicht die Worte auch noch mit einer bedeutungsschweren chromatischen Abwärtsfigur im Continuo. Also: Musterhaft genau hältst Du Dich an das, was wir in Bachs Noten finden.

Musterhaft? Ja, und auch wieder nein. Denn: Nach dem Muster, gleichsam nach der Weise der Vorgänger und der Tradition zu sprechen (o, wie oft geschieht das in unserer Kirche!), das genügt nicht. Du plapperst nicht einfach nach, was andere formelhaft vorgesprochen. Sondern Du erfüllst das Erzählte an den richtigen Stellen mit packender Anteilnahme. Neu, aufregend ist alles, was Du singend sagst. Das Äußere, der Text der Noten, ihre exakte und den Regeln auch der Bachzeit entsprechende Wiedergabe vermählt sich in Deinem Singen mit dem Innen, mit der Seele. Man will etwas hören wie zum ersten Mal, wie eben erfunden und erdacht. Denn nur das Neue, das noch nie Erdachte, noch nicht Ausgesprochene, erregt unsere Sinne und Aufmerksamkeit so, dass wir hören, ja, dass wir hören müssen. Und das eben gelingt Deiner Interpretation, die nichts hinzufügt und doch alles ausfüllt. Du sagst selbst: »Ich halte es mir zugute, daß ich den Evangelisten mit größtmöglichem Engagement singe, so, als ob ich jedem Hörer ganz intensiv und eindringlich sagen möchte, daß das, was ich da erzähle, alles andere als eine beiläufige Sache ist.«

Sechster Gedanke, eine Polonaise – ein eigentlich fremdländischer Tanz, der sich doch großer Beliebtheit gerade in Deutschland erfreute. Ein Gedanke, eigentlich befremdlich, nämlich unangebracht der Person zu nahetretend und doch oft hinterfragt.

Ich spreche von Peter Schreier, dem Frommen.

Ein Sänger, wie ein Redner, sollte erfüllt und überzeugt sein von dem, wovon er abhandelt. Oder, wie Helmuth Thielicke einmal bemerkte: »Wenn ich bei einem Produzenten von Limonade eingeladen bin und bei Tisch nicht sein Erzeugnis kredenzt bekomme, weiß ich, was ich davon zu halten habe.« So frage ich provokativ: Bist Du selbst überzeugt von dem, was Du singst? Im Vokabular der Kirche gefragt: Bist Du fromm?

Ich empfinde die Frage als unanständig. Verleitet sie doch den Gefragten zur Haltung des Pharisäers, der, anders als der Zöllner, sich seines Gebets brüstete mit den Worten: »Ich danke dir, Gott, daß ich nicht bin wie die andern Leute«.

Aber Du selbst hast die Frage in einem Interview beantwortet, allerdings nur das beleuchtend, was den Hörer angeht. Du sagtest:

»Ausschlaggebend ist das, was mir viele Hörer immer wieder sagen: Man hat den Eindruck, *Sie glauben* daran!« Ein andermal wurdest Du direkter: »Die Stücke, die ich singe – ob ein Lied, eine Matthäus-Passion oder einen Belmonte in der ›Entführung‹ –, mit denen identifiziere ich mich.«

Nicht nur frömmelnde Sittenwächter mögen also vorlaut fragen, wie es mit Deiner eigenen Überzeugung bestellt ist. Denn es sieht nun einmal so aus in den Köpfen der Menschen, dass sie Gedanke und Tat gern beieinander sehen, dass sie dem nur glauben wollen, der seine Worte auch selbst beherzigt.

Zuvörderst möchte ich – mit Worten Thomas Manns – konstatieren: »Worte sind stark. Nicht ungestraft spricht man Worte, sie lassen eine Spur im Gemüt, gesprochen ohne Gefühl, sprechen sie zum Gefühle doch des, der sie spricht, lügst du mit ihnen, ihr Zauber verändert dich etwas nach ihrem Sinn, daß sie nicht ganz mehr Lüge sind.« Will sagen: Du kannst gar nicht anders sein als irgendwie fromm, denn die Worte, die Du so inniglich als Deine singst, müssen Dich ebenso verändern wie uns Hörer. Wie wir könntest Du, selbst wenn Du wolltest, Dich ihrem Zauber, den Du doch selbst erzeugst, auf Dauer gar nicht entziehen.

Aber darüber hinaus: Du liebst Musik. Nicht in dem landläufigen Sinn von »bevorzugen«, wie man etwa sagt: »Ich liebe den Weißwein kühl«. Sondern in dem des wirklich Liebenden, des sich Verzehrenden, des Abhängigen. Abhängigkeit aber war und ist die Quelle des Gottgefühls, der Ursprung jeder Religiosität. Sie kehrt im Leben des Menschen nur wieder in der Liebe zu einem andern Menschen, die, wenn sie tief und neu ist, auch etwas Himmlisches an sich hat.

So frage ich: Was ist fromm? Gleicht jenes Wort nicht alten, wertvollen Kleidern, die man in Museen oder Herrenhäusern ehren und pflegen mag, die aber niemand anziehen möchte? Wenn aber fromm, ähnlich wie das Wort »religio« bedeutet: gebunden, fasziniert, angekettet zu sein an Größeres, dann muss wohl auch diese Stiftung Deinem Singen dies Epitheton zusprechen. Denn, ein wesentliches Merkmal, das man Deinem Singen anhört: Du kannst

Dich wundern. Wundern über so Ungewöhnliches, Unerwartetes wie ein paar Takte von Mozart oder Bach, Wunder, die nur Gott selbst – gleichsam als »praeludium vitae aeternae« – in diese Welt gebracht haben kann. Ich behaupte: Wer sich wundert, wer so tief erstaunen kann, ist fromm. Denn er betet an, er öffnet sich, um sich von dem Anderen, dem Fremden, dem wahrhaft Verwunderlichen, also dem Jenseitigen, erfüllen zu lassen. Der große, gerade 90-jährige Albrecht Goes sagt es in seinem neuesten Büchlein: »Fragt man mich nach dem Zustand der Seele, den ich mir am innigsten wünschen würde, für Leben und Kunst, so würde ich ohne Zögern erwidern: Das Erstaunen.«

Siebenter, letzter Gedanke, eine fröhlich überschäumende Gigue. –

Lieber Peter Schreier, in einem meiner liebsten Romane, der großen Ägyptenerzählung Thomas Manns, lese ich über Joseph den Satz: »Man beglückwünscht immer nur den Glücklichen und segnet immer nur den Gesegneten.«

Ich beglückwünsche Dich zu dieser Auszeichnung und wünsche Dir Glück für Dein weiteres Leben – beim Singen, beim Dirigieren und bei allem, was Dir abseits davon, im persönlichen Leben, Freude bereitet und damit Grundlage, Voraussetzung auch wieder für Dein Musizieren ist. Und ich hoffe, Thomas Mann hat Recht, und meine Glückwünsche treffen einen Glücklichen. Es ist nicht an mir, zu segnen. Aber ich darf den Segen für den so hoch Gesegneten wohl erbitten, damit sich Thomas Manns Diktum voll und ganz erfüllte: den Segen für Deine musikalischen Besorgungen und den Segen für Dein persönliches Leben.

Wenn Du dereinst vor dem Gott stehen wirst, so werden viele aufstehen und zu ihm sagen: Durch den da haben wir DICH kennengelernt! Und, sei der Gott nun lieb oder gerecht oder zornig – ich denke, er ist ganz anders, als Menschen sich ihn vorstellen können –, so wird er jedenfalls das Geschrei und Gejubele Deiner Anhänger nicht überhören können und zudem wird er, wenn er, was wir doch unterstellen, *weise* ist, sich sagen: Auf die Dienste von *dem* kann ich in meiner himmlischen Kapelle nicht verzichten! Der bringt sogar den Engeln noch etwas bei!

Günter Jena, KMD i. R. Prof.

Geboren 1933 in Leipzig. Nach dem Besuch der dortigen Thomasschule studierte er Musikwissenschaft, Philosophie und Psychologie an der Freien Universität in Westberlin sowie Kirchenmusik und Dirigieren an der Musikhochschule München bei Karl Richter, dessen Assistent er wurde. 1961–1974 Kantor an der St. Johanniskirche Würzburg, Gründung des dortigen Bachchors und der dortigen Bachtage. 1974–1998 Kirchenmusikdirektor an der St. Michaeliskirche in Hamburg. Eine enge Zusammenarbeit verband Günter Jena mit dem Choreographen John Neumeier, vor allem bei der 1981 entstandenen Choreographie der »Matthäus-Passion«. Zahlreiche Vorträge und Buchveröffentlichungen. www.guenter-jena.de

Aspekte des Wirkens (2020)

Markus Vorzellner
Korrepetitor und Publizist

Peter Schreier und Österreich
»Ich habe in Wien meine schönsten künstlerischen Jahre verbracht«[1]

Diesen Satz sprach Peter Schreier im September 2005 im Rahmen seiner letzten drei Wiener Liederabende im Brahms-Saal des Musikvereins. Obgleich diese Worte eher als Hommage an sein Wiener Publikum denn als verifizierbare Aussage zu verstehen sind, so wohnt ihnen doch ein hoher Grad an Wahrheit inne. Von dem anekdotenhaften Umstand einmal abgesehen, dass es Wiener Freunde waren, die ihm geraten hätten, seinen nicht eben sängerfreundlichen Namen zu ändern[2], hätte sich Schreier »um ein Haar« in Wien niedergelassen[3] – bedeuten doch Institutionen wie die Wiener Staatsoper, der Wiener Musikverein oder in weiterer Folge die Salzburger Festspiele für einen Künstler vom Rang Peter Schreiers wesentliche Stationen der Karriere (wenngleich er selbst dieses Wort nicht besonders schätzte). Deren Wert lässt sich unter anderen aus einer Aufzählung der wichtigsten Opernhäuser seiner Karriere außerhalb seines Berliner Stammhauses ermessen, welche er bei einem Interview im Rahmen der »Dresdner Gespräche« vom Jahr 2000 getätigt hatte: »Es gibt natürlich ein paar Opernhäuser, die einfach einen solchen Weltruf und eine solche Weltgeltung haben, dass einem schon das Herz dort noch höher schlägt: Ich denke zum Beispiel an die Wiener Staatsoper, ich denke an die Mailänder Scala, ich denke an die Münchner Staatsoper und an die Metropolitan Opera.«[4]

Beide österreichischen Bühnendebuts Peter Schreiers fallen in das Jahr 1967. Sowohl in Wien als auch in Salzburg stellte er sich

165

als Tamino ein, den er in Berlin zum ersten Mal verkörpert hatte und mit welchem er sich ebendort am 8. Juli 2000 endgültig von der Opernbühne verabschiedete.

Eine weitere Mozart-Partie sollte speziell in Bezug auf Österreich einen gewissen Stellenwert einnehmen, der Ferrando in *Così fan tutte*, den der Sänger als »interessanteste und vielseitigste Rolle unter den Mozart-Partien« bezeichnete, »die vom Humorvollen zum Ernsten, zum Todernsten alle Ausdrucksmöglichkeiten bot«[5]. Diese Partie sang er zum ersten Mal am 12. August 1960 am Kleinen Haus der Staatstheater Dresden in der Glacisstraße.[6] Doch war es speziell die Salzburger Inszenierung Günther Rennerts von 1972, die Schreier als »meine schönste Inszenierung«[7] bezeichnete.

Auf den 13. März 1965 fällt das Wien-Debut des Konzertsängers. Mit den Wiener Symphonikern unter der Leitung von Karl Richter gab Schreier im Goldenen Saal des Wiener Musikvereins den Tenorpart in Johann Sebastian Bachs *h-Moll-Messe*. Seine Partner waren Therese Stich-Randall, Marga Höffgen und Kieth Engen.

Im folgenden Jahr dirigierte Karl Richter erneut die Wiener Symphoniker; auf dem Programm stand Bachs *Johannespassion*. Den Jesus sang Hermann Prey, ein Umstand, der sich für Schreier als folgenreich erweisen sollte. Preys enger Freund Fritz Wunderlich hielt sich zum selben Zeitpunkt in Wien für die Proben zur Wiederaufnahme von Hans Pfitzners *Palestrina* in der Inszenierung von Hans Hotter auf, die nur wenige Tage später, am 11. April, über die Bühne gehen sollte. So kam es im Musikverein zu der denkwürdigen Begegnung: »Nach der Probe brachte Prey den Wunderlich mit und sagte ihm: ›Jetzt musst Du den Schreier mal kennenlernen!‹«[8] Dass Wunderlich die sängerischen Qualitäten seines jüngeren Kollegen erkannte, nimmt kaum wunder. Seine menschlichen Qualitäten jedoch belegt sein Einsatz für Schreier beim Direktorium der Salzburger Festspiele: »Er war ein toller Kumpel, ein so lockerer Kollege, der sich mir gegenüber völlig unbefangen benahm – da sprang sofort ein Funken über. Von Hermann Prey, von Freunden und Bekannten hörte ich später, dass er danach sehr oft von mir gesprochen und mich für die ›Entführung‹ in Salzburg sehr empfohlen, ja richtig protegiert hat. Er soll dort gesagt haben: ›Jetzt nehmt's doch mal den Schreier und lasst mich in Ruhe!‹ Das fand ich ganz uneigennützig, ja toll von ihm.«[9]

Zu Wunderlichs Lebzeiten kam es jedoch in Salzburg zu keinem Auftritt Schreiers als Belmonte. Er hatte mit dieser Partie zwar schon vorher an einigen deutschen Opernhäusern debütiert, so in Berlin, München, Hamburg oder Stuttgart[10], doch an der Wiener Staatsoper sang Schreier diese Rolle zum ersten Mal am 6. Jänner 1967, und in Salzburg überhaupt erst 1980 in der Inszenierung von Filippo Sanjust, unter dem Dirigat von Lorin Maazel.

Durch Wunderlichs tödlichen Unfall am 17. September 1966 war die Partie des Tamino bei den Salzburger Festspielen 1967 vakant geworden. Konsequenterweise wurde sie Peter Schreier angeboten[11], der in dieser Inszenierung von Oscar Fritz Schuh seinen Einstieg bei den Salzburger Festspielen gab. Wenige Monate zuvor, am 15. Juni 1967, sang Schreier seinen ersten Don Ottavio an der Wiener Staatsoper. Tags darauf konnte man in der Kronen-Zeitung lesen, er sei »in der Wärme des Timbres und der Schönheit der Kantilene ein würdiger Nachfolger Fritz Wunderlichs«.[12]

Das erwähnte Zusammentreffen der beiden Tenöre im Wiener Musikverein stellt indessen nur einen Strang der Beziehungsvielfalt der Wiener Bach-Interpretation des Dresdner Tenors. Die erste *Matthäuspassion*, die Karl Richter und Peter Schreier am 23. und 24. März 1968 gemeinsam in Wien gaben, wurde von der österreichischen Kritik mit Lobeshymnen bedacht, die wiederum in unkonventioneller Weise auf Schreiers Heimatland zurückwirkten. So brachte das Thüringer Tageblatt eine Auswahl einiger Wiener Kritiken: »Eine zweimalige ungekürzte Aufführung von Bachs Matthäus-Passion, die jeweils vier Stunden unter [...] Karl Richter im Wiener Musikvereinssaal geboten wurde, wird von allen österreichischen Zeitungen mit großem Lob bedacht.«[13] Es werden im Folgenden drei ausgewählte Kritiken zitiert, unter anderem jene aus der ÖVP-geführten Tageszeitung Volksblatt, die über den Tenor meint, er sei »die Überraschung des Abends« gewesen. Zwar hatte dieser bereits in den Jahren davor mit Karl Richter im Wiener

Musikverein musiziert[14], doch schien es ihm gelungen zu sein, mit seiner Interpretation der gesamten Tenor-Partie der ungekürzten *Matthäus-Passion*[15] neue Maßstäbe zu setzen.

Bereits im folgenden Jahr schienen die Besonderheiten Schreierscher Bach-Interpretation beim Wiener Publikum, resp. der Wiener Presse, endgültig angekommen zu sein. Anlässlich einer Aufführung des Bach'schen *Weihnachtsoratoriums* mit dem Niederösterreichischen Tonkünstler-Orchester, abermals unter Karl Richter, bedachte Herbert Müller in seiner Rezension den Tenor mit dem Satz: »Peter Schreiers tenorale Vorzüge sind in Wien hinreichend bekannt.«[16]

Seine in derartigen Rezensionen hervorgehobene stilistische Individualität scheint Peter Schreier sogar unter der Leitung fordernder Dirigenten bewahrt zu haben. Diesen Eindruck vermittelt eine Kritik von Haydns *Schöpfung* bei den Salzburger Festspielen 1977, in der Hubert Zanoskar anmerkt: »Die Solisten fügten sich in Karajans Konzept, das ihnen lyrische und ariose Chancen in Fülle gab, bis auf Peter Schreier, der als Uriel seine Oratorientradition nie verleugnete.« In der Fortführung dieses Gedankens lässt Zanoskar vorsichtig durchblicken, dass Schreier vielleicht am deutlichsten den Duktus des Werkes erfasst hätte: »Mit seiner Phrasierung (›Es sei'n Lichter an der Veste des Himmels‹) wäre Haydn ohne Vorbehalt einverstanden gewesen.«[17]

Ein besonderer Einfluss Peter Schreiers auf die österreichische Musiktradition ist freilich am Liedsektor nachzuweisen. Zu Wien und Salzburg gesellt sich in diesem Genre ein dritter geographischer Bereich, die Spielstätten der Vorarlberger »Schubertiade«, wo Schreier von deren Gründung 1976 bis zu seinem Abschied 2005 kontinuierlich gewirkt hat.

Auch der Entwicklungsstrang dieses Genres, das der Sänger einmal als »geträumte Wahrheit«[18] bezeichnete, kann in einem Querschnitt durch österreichische Rezensionen überdeutlich nachgezeichnet werden. Neben der Tatsache, dass seine Liedinterpretationen eine neue Qualität schufen, stellte im Österreich der 1960er-Jahre auch das dargebotene Repertoire eine teils befremdende Novität dar, brachte Schreier doch bei zahlreichen Gelegenheiten das Liedschaffen Beethovens zur Aufführung, oft sogar in abendfüllender Weise. Entsprechend fällt auch eine Kritik seines dritten Liederabends aus, den Schreier am 1. Juni 1968 im Musikverein gab, mit Rudolf Dunckel am Flügel. Kurt Schmidek[19] vom erwähnten Volksblatt lässt in seiner nahezu dialektisch angelegten Rezension keinen Zweifel an der unkonventionellen Programmauswahl: »Der Künstler hatte den Mut – und es gehört schon welcher dazu, auf die stimmungs- und ausdrucksdichte Romantik der eigentlichen Welt des Liedes gänzlich zu verzichten – einen Abend lang nur Beethoven zu singen.« Doch »der Mut hat Aussicht auf Erfolg«, zumal »Peter Schreier [...] alles mit[bringt], um für Beethoven der ideale Interpret zu sein«.[20]

Zwei Jahre später, am 18. Juni 1970, erwähnt Schmidek dasselbe Konzert in einer Kritik zu einem Liederabend, der zwei Tage zuvor, wieder im Brahms-Saal des Wiener Musikvereins, stattfand und in welchem Schreier, abgesehen von Robert Schumanns *Dichterliebe*, abermals ein reines Beethoven-Programm bot: »Seine zuchtvolle Art, Beethoven zu singen, kennen wir bereits (in den Festwochen 1968 hörten wir ein reines Beethoven-Programm).«[21]

War in Wien die Akzeptanz eines reinen Beethoven-Abends relativ bald erreicht, so belegt die im Oberösterreichischen Tagblatt veröffentlichte Kritik eines Liederabends, den Peter Schreier 1977, also sieben Jahre später, in Linz gab, dass man abseits der musikalischen Zentren Österreichs mit einer solchen Repertoire-Gestaltung noch rechte Schwierigkeiten hatte, wenngleich dieses Programm einen Monat zuvor im Rahmen der Salzburger Festspiele gegeben wurde: Franz Lettner »wurde der Abend ein wenig langweilig«. Freilich: »Beethovens Lieder sind gewiss großartig, und Peter Schreier hat sie entstaubt, wo es nur geht und sie mit Intelligenz, unnachahmlicher Technik und seiner wundervollen Stimme so individuell gestaltet, wie es nur gehen kann. Eine Konzerthälfte lang faszinierte das auch alles. Dann aber sehnte man sich nach Abwechslung, die eben Beethoven-Lieder allein nicht bieten können.«[22]

Doch nicht nur hinsichtlich der Rezeption des Schreierschen »Mutes zu Beethoven« ist eine Entwicklung zu beobachten – auch der Künstler selbst durchläuft in den Jahrzehnten seines Wirkens einen Reifeprozess. Greift man nun ein bestimmtes Lied, etwa aus ebendiesem Beethovenschen Repertoire heraus und vergleicht Aufnahmen aus unterschiedlichen Jahren, so lässt sich eine kontinuierliche innere Differenzierung feststellen, die dem beständigen Suchen Schreiers nach einer idealen Interpretation geschuldet ist. Exemplarisch stehe Beethovens *Der Kuss* op. 128. Im Mitschnitt von Peter Schreiers erstem Salzburger Festspiel-Liederabend vom 30. Juli 1969 zeigt seine Interpretation erste Ansätze jener Freiheiten, die später zur Selbstverständlichkeit werden und demzufolge die Variationsbreite vergrößern, in deren Rahmen auch die »Inspirationen des Augenblicks«[23] wesentlich plastischer zum Tragen kommen. So auch in der Interpretation des Salzburger Liederabends vom 12. August 1979, bei welchem dieses Lied in den Zugabenbereich fiel: Durch ein kurzfristiges Abgehen vom Belcanto, kombiniert mit einer zügigeren Tempowahl als 1969, konnte Peter Schreier bei der berühmten Frage »und schrie sie nicht?« eine derartige Spannung hervorrufen, dass es dem Publikum ermöglichte zu reagieren, wohingegen bei dem live-Mitschnitt von 1969 keine Reaktion zu vernehmen ist.

Derart Paradigmatisches kann in diesem Zusammenhang lediglich den Rang eines pars pro toto beanspruchen. Dass freilich Schreiers Interpretationen besonders der Lieder Wolfgang Amadeus Mozarts, Franz Schuberts oder Robert Schumanns neue Maßstäbe setzen konnten, ist hinlänglich bekannt und soll daher auch in diesem Rahmen nicht näher beleuchtet werden.

Der vorliegende Betrachtungsbogen soll nicht enden, ohne die späten Aufenthalte Peter Schreiers in Wien zu erwähnen: Nach seinen letzten drei Liederabenden im Musikverein mit Camillo Radicke im September 2005 dirigierte er 2010 daselbst noch zweimal die Wiener Hofmusikkapelle mit Werken Mozarts.

Innerhalb dieses letzten Kapitels ist dem Autor dieses Beitrags erlaubt, sich als Teil des Geschehens zu positionieren: Zum 80. Geburtstag Peter Schreiers 2015 durfte er für das Wiener »Haus Hofmannsthal«[24] eine Ausstellung ausrichten, in deren Rahmen der Künstler zu einem Podiumsgespräch sowie zu einem Meisterkurs geladen wurde. Peter Schreier war sehr kooperativ hinsichtlich der Ausstellungsvorbereitung. So chauffierte er den Autor höchstpersönlich zu seinem Wochenendhaus im sächsischen Lungkwitz am Lockwitzbach, wo sich die benötigten Materialien befanden, und erteilte die Erlaubnis zur zeitweiligen »Plünderung« seiner Bestände für den Transport nach Wien.

Am 13. Oktober 2015 saß Schreier schließlich am Podium im »Haus Hofmannsthal« und erzählte ausführlich aus seinem Leben. Dabei kam er auf ein besonderes Wiener Erlebnis zu sprechen, das sich am Tag nach seinem Debut vom 13. März 1965[25] ereignet und das ihn aufgrund einer gewissen, babylonischen Verwirrungen ähnelnden Sprachidiomatik besonders beeindruckt hatte: »Also ich bin am nächsten Morgen auf der Wiedner Hauptstraße gegangen: Bei einem Herrenausstatter lag da ein schöner Pullover. Ich dachte, den kaufst Du Dir. Da kommt mir einer entgegen und sagt ›Kompliment‹. Ich dachte, da geht jeder ins Konzert. ›Kompliment, Kompliment‹; ich kannte das nicht und dachte, das galt meiner persönlichen Leistung. Das war eine wunderbare Begegnung mit dem Wienerischen; das vergesse ich nie.«

Auch privat kam man sich während des Wiener Aufenthaltes 2015 näher; so fand einige Tage nach dem Podiumsgespräch der Besuch eines Heurigenlokals in Wien-Stammersdorf statt. Sein Kollege Heinz Zednik war ebenfalls zu diesem Treffen gekommen.

Aufgrund des großen Erfolges, den sein Besuch in Wien hinterlassen hatte, kam Peter Schreier im Oktober 2017 ein weiteres Mal ins »Haus Hofmannsthal«. Erneut war es die Kombination aus Podiumsgespräch, Meisterkurs und privatem Zusammensein, die jenen Tagen das Prädikat der Einzigartigkeit verleihen konnte. Es sollte dies sein letzter Besuch in Wien und somit der Stadt »*meiner schönsten künstlerischen Jahre*« werden.

Markus Vorzellner

Geboren in Wien, studierte an der dortigen Hochschule für Musik und Darstellende Kunst bei Elisabeth Dvorak-Weisshaar und Harald Ossberger. Spezialisierung auf Liedbegleitung und Korrepetition. Zusammenarbeit u. a. mit Piotr Beczala, Paul Armin Edelmann, Peter Edelmann, Gabriele Fontana, Heinz Holecek, Wolfgang Holzmair, Eva Lind, Elisabeth von Magnus, Ildikó Raimondi, Kurt Rydl und Heinz Zednik. Intensive Korrepetitionstätigkeit, speziell im Rahmen von Meisterkursen, u. a. bei Grace Bumbry, Sylvia Geszty, Christa Ludwig, Kurt Equiluz und Peter Schreier. 1996–2000 Studienkorrepetitor bei Walter Berry. Internationale Konzert- und Vortragstätigkeit, wissenschaftliche und essayistische Publikationen.

Anmerkungen

1 Joachim Reiber: Les Adieux. Peter Schreiers letzte Wiener Liederabende, in: Musikfreunde – Magazin der Gesellschaft der Musikfreunde, September /Oktober 2005, S. 42–46, hier 43.
2 Dresdner Gespräche 2000, vgl. https://www.youtube.com/watch?v=TVTn_cRcLUA, abgerufen am 21.7.2020. Ab 0:59 sagt Peter Schreier: »Selbst berühmte Leute wie Karl Böhm [sind] mit dem Namen nicht so sehr pfleglich umgegangen. Aber das hat mich nicht gestört, und ich hatte auch nie die Absicht, deswegen eventuell meinen Namen zu ändern, obwohl mir das gerade von Wiener Bekannten damals sehr geraten wurde, als ich in Wien das erste Mal sang.«
3 Joachim Reiber: Les Adieux. Peter Schreiers letzte Wiener Liederabende, in: Musikfreunde – Magazin der Gesellschaft der Musikfreunde, September 2005, S. 42–46, hier 44.
4 Dresdner Gespräche 2000, ab 5:44, vgl. https://www.youtube.com/watch?v=TVTn_cRcLUA, abgerufen am 21.7.2020.
5 Peter Schreier – Zwischentöne. Zum 60. Geburtstag, vgl. https://www.youtube.com/watch?v=NlEI4C68FTE, abgerufen am 21.7.2020.
6 Gottfried Schmiedel: Peter Schreier, Berlin 1979, S. 26 f.
7 Peter Schreier – Zwischentöne. Zum 60. Geburtstag, vgl. https://www.youtube.com/watch?v=NlEI4C68FTE, abgerufen am 21.7.2020.
8 Jürgen Helfricht: Peter Schreier – Melodien eines Lebens, Dresden 2008, S. 76.
9 Ebd.
10 Da Capo – Peter Schreier im Gespräch mit August Everding 1994, vgl. https://www.youtube.com/watch?v=P5CBcZUFqOM, abgerufen am 22.7.2020.
11 Doch bereits zu Lebzeiten Wunderlichs sprang Schreier für diesen ein: Für die Bayreuther Festspiele 1966 übernahm Schreier die Partie des Seemanns in Wagners »Tristan und Isolde«. Unter der Leitung von Karl Böhm sangen u. a. Wolfgang Windgassen, Birgit Nilsson und Eberhard Wächter.

12 Hedi Schulz: Aber in Spanien, ja in Spanien! Die Neuinszenierung von Mozarts »Don Giovanni« in der Wiener Staatsoper, in: Kronen-Zeitung vom 17.6.1967.

13 Ohne Verfasser: »Einer der besten Evangelisten«. Wiener Publikum und Presse begeistert von Peter Schreier, in: Thüringer Tageblatt, Erfurt, ohne Datum (nach 25. März 1968).

14 »h-Moll-Messe« BWV 232 (1965), »Johannes-Passion« BWV 245 (1966) sowie »Die Jahreszeiten« HV XXI:3 (1967).

15 Kurt Schmidek übertitelte im Volksblatt seine Rezension vom 7.4.1966 wie folgt: »Bach – diesmal ohne jede Amputation«.

16 Herbert Müller: Weihnachtsoratorium monumental. Ungekürzte Aufführung unter Richter – Die Sänger gaben den Glanz, in: Volksblatt vom 24.12.1969.

17 Hubert Zanoskar: Aus dem Paradies Vertriebene. »Die Schöpfung« – Joseph Haydns Oratorium unter Herbert von Karajan im Großen Festspielhaus, in: Salzburger Nachrichten vom 17.8.1977.

18 Dresdner Gespräche 2000, bei 26:50, vgl. https://www.youtube.com/watch?v=TVTn_cRcLUA, abgerufen am 21.7.2020.

19 Schmidek war auch Komponist. Peter Schreier sang dessen »Caprichos« op. 37 in zwei Liederabenden im Jänner 1972.

20 Kurt Schmidek: Mut zu Beethoven, in: Volksblatt vom 5.6.1968.

21 Kurt Schmidek: Mit Schreier kein Programm zu lang, in: Volksblatt vom 18.6.1970.

22 Franz Lettner: Kostbar, aber zu wenig Abwechslung, in: Oberösterreichisches Tagblatt vom 28.9.1977.

23 Joachim Reiber: Les Adieux. Peter Schreiers letzte Wiener Liederabende, in: Musikfreunde – Magazin der Gesellschaft der Musikfreunde, September/Oktober 2005, S. 42–46, hier 45.

24 https://haus-hofmannsthal.jimdofree.com/

25 Siehe oben.

Fabian Enders
Dirigent

Unerreicht lebendig – Der Bach-Interpret Peter Schreier

Peter Schreiers Blick auf das musikalische Schaffen der Vergangenheit und Gegenwart war der eines Universalisten. Was er an neuen Impulsen, an ungekannter Ausdruckskraft in die Interpretation der Werke Bachs einbrachte, wäre mit einer Verengung der Perspektive, konzentriert auf einen musikhistorischen Abschnitt, nie auch nur denkbar gewesen. Die unausgesprochenen, aber unverzichtbaren Prinzipien seines künstlerischen Wertesystems sind es, die den Sänger und Dirigenten, die Wirkung dieses Universalisten seiner und jeder Zeit entheben. Das Expressive, das eigentlicher, ernster Dramatik innewohnt, hat niemand vor und nach ihm so weit treiben können wie er. Wenn er musizierte, war jedem Werk die Sphäre einer gleichsam transepochalen Ausdruckskraft sicher.

Die ungeheure Klarheit der extremen und streng logisch eingesetzten Ausdrucksmittel, ihre oft beängstigende und wieder tröstliche Kraft: Ihm war sie eigen wie ein Teil seiner Natur.

Peter Schreiers Bach-Interpretation isoliert zu betrachten, ist also kaum möglich. Doch gilt es hier die Ergründung seiner speziellen Lesarten in Bezug auf diesen Komponisten, den Schreier ohne Umschweife seinen »Gott« nannte.

Es wird sich diese Reihung und zu erhoffende Verknüpfung von Gedanken kaum als dienstbar erweisen jenen, die die Vielfalt Bach'scher Interpretationen durch verengende Theorien gefährden.

Peter Schreier als Exponenten oder Vordenker einer noch nicht zur Vollendung gelangten historisierenden Praxis einordnen zu wollen, wird an seiner vielseitigen Künstlerpersönlichkeit ebenso zu Schanden wie der Versuch, seine Interpretationen anhand seines künstlerischen Herkommens erklären zu wollen. Wo Praktiker und Kritiker feiern, dass mit hergebrachten Werten »aufgeräumt« worden sei, wo »revolutionär« die reduzierte Besetzungsgröße genannt wird, drängt sich die Frage nach der verbleibenden künstlerischen Identität und Substanz auf; zieht man ab, was ex negativo sich selbst definiert. Kaum ist es angängig, sich dem künstlerischen Phänomen Peter Schreier auf diesem Wege zu nähern und retrospektiv doch erhellend. Es soll unsere Betrachtung begleiten, nicht aber bestimmen.

Ein Radikaler ohne die geringste Attitüde eines Radikalen, insofern Johann Sebastian Bach verwandt: Radikalität als Konsequenz des künstlerischen Weges, nicht als Attitüde schlichter Distanzierung vom Überkommenen.

Dieser Bach-Interpret ist ein einzigartiges Phänomen und vielleicht wird uns diese Schrift in unserem gemeinsamen Scheitern an der Unerklärlichkeit dieses Peter Schreier Impulse geben können, Impulse des Hörens. Ein Ziel, aufs innigste zu wünschen, item: das Geheimnis des wahrhaft Großen kann selbst der aufklärerischste Anspruch nicht ergründen.

Wenn wir im Folgenden einen Weg nachvollziehen, so kann dieser sich nur bedingt, d. h. nur dialektisch, mit dem Begriff der *Entwicklung* gemäß heutigem Verständnis verbinden: Ein Künstler entwickelt sich hin zu sich selbst. Bei jedem geistig Schaffenden von hohem Rang nimmt der Einfluss des Zeitlichen und Zeitgebundenen auf sein Werk im Laufe seines Lebens mehr und mehr ab. Radikalisierung und Individualisierung bedingen einander, inspirieren das unverwechselbare Schaffen und, hinsichtlich des Nachruhms, die Relevanz des Künstlers.

Peter Schreier sprach in Bezug auf seine Kunst auffallend oft vom Ideal der »Natürlichkeit« und umschrieb sie als eine »selbstverständliche«, eine, die nicht gesucht sei: Umso geheimnisvoller.

1945 kann man ansetzen, Schreiers solistische Beschäftigung mit Bachs Werk zu betrachten. Dem Kruzianer wurde Kreuzkantor

Rudolf Mauersberger zur prägenden Lehrergestalt. Im Dezember 1945 sang Schreier die *Engelsverkündigung* in Bachs *Weihnachtsoratorium*: »Fürchtet euch nicht. Siehe, ich verkündige euch große Freude«. Das mögen die ersten Bach'schen Zeilen gewesen sein, mit denen der Kruzianer als Solist Bewunderung weckte. Nach Stimmkrise und Wechsel aus dem Sopranfach kam Peter Schreiers Knabenalt zu einzigartiger Blüte. Der scheinbar uneingeschränkte Atem und unangestrengte Strom seines Gesanges machen – neben der unverwechselbaren Farbe seines (wie von Ferne her schwebenden) Tones – den Reiz der Aufnahmen, die wir von seiner Altstimme besitzen und die (neben den Kostbarkeiten aus dem Œuvre Rudolf Mauersbergers und Cornelius' wunderbarem *Simeon*) das *Agnus Dei* der *Hohen Messe* und die Arie *Es ist vollbracht* aus der *Johannespassion* umfassen. Wie mir Peter Schreier erzählte, hatte er als Knabe in gemeinsamen Aufführungen des Dresdner Kreuz- und des Leipziger Thomanerchores Gelegenheit, unter der Leitung des Thomaskantors Günther Ramin eine Bachinterpretation zu erleben, die die Kruzianer auf ihre impulsive und ungebärdige Art fesselte. Will man heute das andersartige Abbild der Bachexegese Rudolf Mauersbergers ermessen, so wird man auf die Aufnahme der *Hohen Messe* zurückkommen, die im Herbst 1958 vom Kreuzchor und der Staatskapelle Dresden verwirklicht wurde. Wollte man den überstrapazierten Gegensatz subjektiver und vermeintlicher objektiver Deutungen Bachs aufrecht erhalten, so könnte man in Mauersbergers Einspielung, die Zeugnis einer hohen Chorkultur ist, das Bemühen finden, dem Überlieferten so wenig wie möglich Subjektives beizugeben. Dieses Bemühen um Werktreue kann, bei den spärlich bezeichneten Bach'schen Partituren, freilich kaum den großen Ermessensspielraum vergessen machen: Es erfrischt die rigorose Konsequenz der transparent verklanglichten Architektur polyphoner Gebilde, die stabile und planvoll strukturierte Dynamik im Gegensatz zum berechenbaren Auf- und Abschwellen, mit dem wir in den letzten Jahrzehnten so gern schläfrig gemacht werden. Der Hörer einer solchen Aufnahme sage getrost dem Glauben Valet, man habe nicht anders gekonnt: Man hat nicht anders gewollt!

Als Peter Schreier nach Abitur und vollzogenem Stimmwechsel zum lyrischen Tenor als angehender Sänger das uneingeschränkte Vertrauen Rudolf Mauersbergers genoss, mutete dieser der jungen Stimme nach erstmaliger Erprobung die Partie des Evangelisten in der *Matthäuspassion* zu. Schreier erzählte von diesem Scheitern freimütig, anekdotisch: Niemand konnte anhand seiner damaligen Leistung – die Aufgabe überschritt die Möglichkeiten des Zwanzigjährigen – in ihm einen respektablen Evangelisten der Zukunft erkennen.

Dem Dresdner Kreuzchor entwuchs, gleichzeitig mit Theo Adam, der 1926 geborene Dirigent Karl Richter, dessen Studien bei Karl Straube und Günther Ramin den Ausgangspunkt für Richters langjähriges Wirken in München bildeten. Er spielte zahlreiche geistliche Werke in bemerkenswerten Deutungen für die Deutsche Grammophon ein. In Passion und Kantate agierte bei Richter stets ein überlegenes und unerhört gestaltungsintensives Solistenensemble, aus dem zwei Persönlichkeiten herausragen: Dietrich Fischer-Dieskau und Peter Schreier. In Richters späteren Jahren fand sich immer häufiger der Name des inzwischen weit über die Grenzen der DDR erfolgreichen Opern-, Lied- und Oratorientenors: Peter Schreier bewunderte in Richter den Musiker, der das Werk Bachs zu »einer großen virtuosen Steigerung« brachte. In Richter und Schreier fanden Künstler einander, denen die Gestalt der musikalischen Aufführung aus der sinnstiftenden Verbindung von Text und Musik entwuchs. Man höre sich die Kantate *Siehe zu, dass deine Gottesfurcht nicht Heuchelei sei* BWV 179 (1976/77) an und wie sich darin der herausfordernd-drohende Tonfall des Eingangschores mit dem anklagend-sarkastischen des Rezitativs »Das heutige Christentum ist leider schlecht bestellt. Die meisten Christen in der Welt sind laulichte Laodicäer und aufgeblasene Pharisäer« zu einer klingenden Synthese von Poesie und Kritik verbindet. Ein intimer Höhepunkt der inspirierten Zusammenarbeit ist in der Schallplattenaufnahme (1978) der Lieder aus *Schemellis Gesangbuch* an der großen Freiberger Silbermannorgel dokumentiert. In der Reihe der Aufnahmen, die Schreier bei Richter sang, spiegelt sich ein Wandel der Lesart jener Partie, die für Schreier zum großen Glücksfall werden sollte, ja, zu deren großem Glücksfall er wurde und die ohne ihn nicht mehr zu denken und unmöglich zu singen ist: Den Evangelisten in Bachs drei deutschsprachigen Oratorien gestaltete er nicht nur atemberaubend und unvergleichlich; er legte verblüffend unterschiedliche, nachgerade gegensätzliche Deutungen dieser Partie vor: In mehrerlei Gestalt gab er ihn unter Karl Richter. Unter Herbert von Karajan, Claudio Abbado, Rudolf und Erhard Mauersberger, Hans-Joachim Rotzsch, Nikolaus Harnoncourt oder Helmuth Rilling präsentierte Schreier jeweils sehr unterschiedliche Perspektiven auf diese Partie; wenn er selbst zugleich als Dirigent agierte, ein Novum der Kombination, entstand ein nie gekannter dramaturgischer Bogen über das gesamte Werk.

Als Peter Schreier neben der immer umfassender werdenden Tätigkeit als Sänger die Laufbahn eines Dirigenten begann, geschah dies unter besonderen Vorzeichen: Peter Schreier hatte aufgrund seiner »beschäftigungslosen« Zeit während des Gesangsstudiums in Dresden Orchesterdirigieren sowie Chor- und Ensembleleitung studiert und sich danach zunächst exklusiv dem Singen zugewandt. Der Initiative eines früheren Kommilitonen bedurfte es, um Schreier zu ersten Aktivitäten als Dirigent zu bewegen. Herbert von Karajan förderte auch diese außergewöhnlich starke Begabung des Künstlers mit Hingabe: Peter Schreier erzählte mir von Karajans Hinweisen und Ratschlägen, u. a. – was er gern zitierte – zu Brahms *D-Dur-Symphonie*: »Weg mit den Akzenten«, ferner von seinem Debüt bei den Berliner Philharmonikern: Schreier dirigierte Beethovens *G-Dur-Konzert* und, besorgt um die Anschlüsse nach solistischen Passagen, gestand er mir: »Auch wenn ich nicht rechtzeitig runter schlug; die Philharmoniker spielten genau zur richtigen Zeit. Da brauchte ich mir keine Sorgen machen.«

Schnell konnte Peter Schreier seine musikalischen Werte, seine Sicht auf die Werke des Barock und der Klassik (Operndebüt als Dirigent: Händels *Julius Cäsar* an der Berliner Staatsoper) auch in seiner neuen Rolle vermitteln. Er dirigierte Mozarts Opern und Sinfonien, die *Krönungsmesse* und die *Große Messe in c-Moll* (Aufnahmen bei Philipps), das *Requiem* (preisgekrönte Einspielung), Mendelssohns oratorische und sinfonische Werke, Haydns *Schöpfung*, Beethoven, Brahms. Schuberts *B-Dur-Symphonie* und die *Unvollendete* (»die Peter Schreier zu einer Gewalt heraufdirigiert hatte, die ich bisher an ihr noch nicht kannte«, so hörte Eva Strittmatter)[1] spielte er vortrefflich mit der Staatskapelle Dresden ein. Er stand häufig am Pult der ihm langjährig verbundenen Staatskapelle Berlin, leitete Rundfunk- und Konzertorchester, war Gastdirigent in den USA, der Schweiz, Großbritannien, Italien. Er dirigierte die Werke, zu denen er etwas zu sagen hatte. Man begrüßte den ideenreichen, den fantasievollen, intelligent modellierenden und charismatischen Mann am Pult, der eine Aufführung im Detail zu prägen und als Ganzes zu formen wusste. Sein Anspruch an sprechendes, an beredtes Musizieren entlockte Mozarts *Haffner-Sinfonie* in Berlin ebenso ungeahnte Farben wie einer Schubert-*Messe* in Wien. Peter Schreier, »der kompetent, energisch, mit raschen, vitalen Bewegungen dirigiert« (so Joachim Kaiser über Schreiers Dirigat der Münchner Philharmoniker[2]) überließ die arm- und mühselige Untergliederung der Disziplinen von Chorleitung und Orchesterdirigieren getrost den entsprechenden Fakultäten. Die Fähigkeit, in einer Partitur entscheidende Inhalte aufzuspüren, Zusammenhänge zu erkennen und ihnen in der Vorstellungskraft einerseits, in Probe und Konzert andererseits, Gestalt zu verleihen, konzeptionelle Impulse der beteiligten Künstler zu integrieren und zu kanalisieren, dies sollten vokale wie instrumentale Formationen von einem jeden Dirigenten erwarten. Schreier dirigierte Oratorien und Kantaten mit Vorliebe, wohltuend »unchorisch« dabei: Dass der Inhalt eines Werkes hinter angenehmem »Sound« zurücktrat, kam unter Schreiers Leitung praktisch nicht vor. Die Aussage eines Werkes und deren *Enthüllung* sah der Sänger und Dirigent als wichtigsten Auftrag, und ihn langweilte der gewöhnliche, leere Schönklang des Routinierten – übrigens unabhängig von der Dekade oder der Höhe des Kammertons: Er konnte dieses Phänomen zwischen 443 und 415 Hertz verlässlich ausfindig machen.

Betrachten wir Höhepunkte der Bach-Interpretation Peter Schreiers, so erstrahlen diese als Einzelerscheinungen einer immer unabhängiger, freier denkenden und werdenden Künstlerpersönlichkeit. Er besaß die Gabe, Spitzenensembles auf kurzem Wege zu neuen ästhetischen Konzepten zu führen. Generell bemerkenswert ist seine Abkehr von alter Konvention und neuer Konformität: Das offene Geheimnis, dass Bachs Werk unter Verwendung eines nur minimalen Spektrums der tatsächlichen Ausdrucksmöglichkeiten und -facetten praktiziert und so selten nur *interpretiert* wird, darf ausgiebig bedauert, kann hier aber nicht ausführlich behandelt werden.

Mit dem Kammerorchester Berlin nahm Peter Schreier die weltlichen Kantaten Bachs auf, fungierte als Dirigent und Sänger. Seine interpretatorischen Prioritäten sind zu dieser Zeit angelegt und treten deutlich zu Tage: Eine Transparenz, die (zumeist verborgene) Details wahrnehmbar macht, teils akzentuiert, die intelligente, strukturelle Lösung, die über der Logik der Linie nie deren vertikale Indienstnahme (also harmonische Funktion) vernachlässigt, vor allem aber das dialogische Verständnis der Bach'schen Partituren: Nicht willkürlich wird da Licht und Schatten auf die einzelnen Chor- und Orchesterstimmen geworfen. Schon gar nicht ginge es je darum, aufsteigende Linien ab einer gewissen Tonhöhe prinzipiell hervortreten zu lassen, in mittlerer Lage nur Füllstimmen zu suchen oder dergleichen. Vieles, dessen Vernachlässigung heute gängig ist, was an verborgenen Besonderheiten dank Schreiers Interpretation erstmals hörbar und verständlich wurde, verschwand wieder hinter manch unhinterfragt-praktikabler Stiletüde, nachdem er es hervorgeholt hatte. Man höre sich das Dramma per Musica *Der zufriedengestellte Aeolus* BWV 205 an, das mit den Worten »Zerreißet, zersprenget, zertrümmert die Gruft« beginnt. Schreier verwirklicht mit dem Kammerorchester einen Widerstreit von kurzen, zerreißenden Einwürfen der Hörner und Trompeten einerseits und den (zum sonstigen Satz unverhältnismäßig hoch liegenden) eiligen Figuren der Holzbläser andererseits. Das musikalische Konfliktpotenzial, das die Lehre später kontrastierenden Themenkomplexen in Symphonie und Sonate zuweist, findet sich in Bachs Kantaten oftmals in der von vornherein kontrastreich angelegten Faktur: These und Antithese werden *zugleich* exponiert, weil das *charakteristische und somit strukturgebende* (!) Element solcher Chorsätze in nichts als dem Willen des Komponisten zur idealen und damit zwangsläufig subjektiven Darstellung des Textes liegt. Wo der Chor in unmissverständlicher Bildgewalt der Einführung des Orchesters Worte gibt, wird klar, dass in der Enthüllung dieses Gehalts die Maßstäbe der Interpretation gefunden werden (müssen). Im Moll-Teil wird durch die Linien der Holzbläser nun deutlich, dass die im Text erwähnte »Luft« sich schon eingangs andeutete: Schreier dämpft alles in fahles Licht, um dieses Wort anschaulich zu machen und sodann umso wirksamer zerstören zu lassen: »Durchbrechet die Luft, dass selber die Sonne zur Finsternis werde.« Bei letzteren Worten nähern sich die Stimmen einander ängstlich an.

Ähnlich könnte man Bachs szenische Anlage im Eingangschor *Schleicht, spielende Wellen und murmelt gelinde* in einer kongenialen Umsetzung durch Peter Schreier als Primus inter Pares bewundern: Unbedingt muss man dies hören! Der zyklischen Einspielung weltlicher Kantaten Bachs folgte in den 1980er-Jahren eine Reihe denkwürdiger Aufnahmen, in deren Rahmen der Rundfunkchor Leipzig und die Staatskapelle Dresden unter der Leitung Peter Schreiers neben Mozarts lateinischer Kirchenmusik die vier abendfüllenden geistlichen Werke Johann Sebastian Bachs in außergewöhnlichen Interpretationen präsentierten: Ersten Aufführungen des *Messias* mit dem Rundfunkchor unter Schreiers Leitung ab 1977 folgte zwischen November 1981 und Januar 1991 eine intensive Zusammenarbeit im Rahmen von Schallplattenproduktionen (Eterna in Koproduktion mit Philips). Die *h-Moll-Messe* rahmte diese Reihe und wurde zunächst mit dem Neuen Bachischen Collegium Musicum (1981) und später mit der Staatskapelle Dresden (1991) realisiert. Die *Matthäuspassion* (September 1984), das *Weihnachtsoratorium* (November 1986 – Januar 1987) und die *Johannespassion* (Februar 1988) bilden das Herzstück dieser Produktionsreihe aus der Lukaskirche Dresden. Diese Aufnahmen darf man als Höhepunkt und Vermächtnis des Bachinterpreten schlechthin betrachten, in ihnen den Schlüssel für Peter Schreiers Bachverständnis suchen und *muss* sie zugleich als einsame Gipfel der Bachinterpretation erkennen und anerkennen. Gipfel ragen heraus, sind höher als ihre Umgebung, und demnach schwerlich als horizontale Wegweiser zu gebrauchen. Hierin liegt der springende Punkt: Die Daten der Aufnahmen werden nicht umsonst genannt, liegen sie doch in einer Zeit widerstreitender Bachverständnisse, die man retrospektiv mit Etiketten versah: Wie eingangs angekündigt, ist die Indienstnahme von Peter Schreier als Wegbereiter der hier nicht näher genannten »Praxis« nicht angängig. Warum?

Wohl scheint es unmöglich, historisch so belastete Begriffe wie den des Formalismus aufzurufen und doch liegt in der Aussage des Cembalisten und langjährigen Intendanten Peter Schreiers an der Berliner Staatsoper, Prof. Dr. Hans Pischner, mehr als ein Funken Wahrheit, wenn er die idealtypische Verwirklichung des realistischen Musiktheaters vor allen Bühnenrollen in Schreiers Verkörperung des Evangelisten in der *Matthäuspassion* sieht. Dies heute aufzurufen, scheint mir notwendiger denn je, leben wir doch in einer Zeit, in der öffentlich über die Verpflichtung gesprochen wird, durch die Aufführung einer Bach'schen Passion auch die Menschen musikalisch befriedigend zu unterhalten, die den Inhalt des Werkes ablehnen – statt sie für diesen Inhalt zu begeistern. Der Inhalt ist die Musik: Als Konsequenz des Inhalts ergibt sich die Form. Das genetische und organische Material eines solchen Werkes dergestalt auseinander zu reißen, dass man g-Moll-Klänge wertschätzen soll, ohne die dialektische, die befremdliche Spannung von Hymne und Klage im Eingangschor der *Johannespassion* zu erleben, ist ein absurdes Ansinnen. Ein ähnlicher Versuch wäre es, die Folge der Vokale in Shakespeares Syntax zu bewundern, die Konsonanten als störend zu empfinden, die Existenz von Figuren in seinen Dramen als Beiwerk und deren konfliktbeladene Beziehung als überflüssiges Hintergrundwissen für Experten anzusehen. Musik und Wort sind füreinander bestimmt und wirken miteinander bestimmend. Nur das Verständnis für diese Bindung eröffnet den Blick auf ihre höhere

Botschaft. Die Unfähigkeit mancher »Interpreten«, die inneren Zusammenhänge, Konflikte, pro- und antagonistischen Energien und deren Gründe zu begreifen und zu vermitteln, hängt mit dieser irrwitzigen Überschätzung der Form zusammen, die in Wahrheit eine *Flucht ins Formale* ist: Hilflosigkeit gegenüber dem Inhalt. Die leeren Ausdruckshülsen, mit denen man Bach allzu oft beikommt, hat Peter Schreier glanzvoll überwunden, nicht nur gegenüber der Vergangenheit. Die Leere jedoch ist manchem zur Maxime geworden: Wo und wem geht es um historische Erkenntnisse als Hilfsmittel einer rhetorischen Dechiffrierung barocker Partituren, um eine plastischere, lebendigere Darstellung derselben, um ein vertieftes Verständnis der musikalischen Sprache, das die kreative interpretatorische Arbeit beflügeln und inspirieren könnte? Ein kleines Spektrum von Mitteln, die man kaum »Ausdrucksmittel« nennen kann, wird, ohne Ansehen der Zusammenhänge eines Werkes, diesem wie eine Uniform übergezogen. Es möchte da recht tänzerisch zugehen: Unter einem Bach'schen Chorsatz das Modell einer Sarabande oder eines Menuetts zu entdecken und aus dessen Funktion für die Bach'sche Aussageabsicht nun das allein Seligmachende der Aufführung abzuleiten, klammert den wesentlichen Aspekt aus: Das Tanzmodell ist Folie, dessen Abwandlung, Brechung meist erst Entscheidendes über Bachs Intention sagt. Die von Bach oft irregulär (weil inhaltlich) gesetzten Akzente werden zumeist gnadenlos dem Regiment der Taktstriche untergeordnet: Man muss beim Hören vieler Aufnahmen nicht mitlesen, um jeden Taktbeginn zu erkennen. Der Zusammenhang, in dem dieser vielleicht überhaupt keine Betonung sinnvoll macht, gilt vielen als sekundär, weil nicht modellhaft herleitbar. Zudem liegt unserer interpretatorischen Folklore ein elementares Missverständnis des protestantischen Ethos zugrunde: Das Priestertum aller Gläubigen galt und gilt für den, der sich auf die Schrift beruft: Wo ein Aufführungsapparat ohne Dirigent organisiert ist, sollten Phrasierungen und Artikulationen in sinnvoller Weise dem Themenverlauf durch die einzelnen Stimmen angepasst werden, man sollte Imitationen als solche erkennbar machen. Leider ist, anstelle idealer kammermusikalischer

Gestaltung mit höchster Aufmerksamkeit und genauestem Hören, entweder ungezügelter Individualismus oder Gleichgültigkeit am Werk.

Freilich bilden und bildeten herausragende Bach-Interpreten zu jeder Zeit eine Ausnahme; in einer (gemäß dem Inhalt) logischen Bach-Interpretation eines John Eliot Gardiner werden neben Intelligenz und Können auch Übersicht und Kanalisierung der individuellen Energien zu einem überzeugenden Ganzen deutlich. Zu der bequemen Konfliktarmut modischer Interpretationen gehört es dagegen, dass die Tempi, die doch im Kontrast erst ihre Aussage deutlich erkennen lassen, einander immer mehr angeähnelt werden, so auch die Dynamik: Ja, ein plötzlich einsetzendes piano oder forte kommt nicht vor. Alles wird bequem entwickelt und vorbereitet; das nennt man nun »Natürlichkeit«. Nur leider gibt Bach weder in Buchstaben noch erst recht nicht in Noten Instruktionen, die uns diese gemütliche Leisetreterei erlauben würden. Im Gegenteil müsste man sich immer wieder fragen, welche Radikalität der Bachs gleich käme, aus welchen Motiven heraus man ihn denn heute so weit von Beethoven weg denken möchte ... Nicht alles ist ein Werden, manches ist ein Sein.

Peter Schreiers Verdienst war es, und dafür sprechen die Aufnahmen der Jahre 1981–1991 unmissverständlich, eine klanglich monochrome Routine aufzufrischen, plastisch und durchhörbar, beredt zu gestalten, die Dynamik nie blockweise, sondern immer als nuanciertes Ausdrucksmittel einzusetzen, scharf kontrastierte Tempi einander gegenüber zu stellen. In einigen Bach'schen Sätzen halten Schreiers Geschwindigkeiten Rekord, aber ihre besondere Wirkung besteht darin, dass der Dirigent Schreier sehr rasche Tempi nicht – wie wir es gewohnt sind – zum *extensiven* Musizieren bestimmte, in ihnen nicht die Reduktion auf wenige (und nur durch das Metrum diktierte) Schwerpunkte sah. Bei ihm dienen sie rasender Intensität und dramatischer Höchstspannung, weil sie erfüllt sind von plastischer Darstellung der Details. So entstand ein Bach unter Starkstrom, der nie zuvor und nie danach überboten wurde. Das hängt damit zusammen, dass Schreier von Chor und Orchester, wo es darauf ankam, eine dynamisch konstante Ausführung der Noten und Harmoniefolgen von Anfang bis Ende forderte, um diese punktuell gezielt abzuschattieren und einzelne Stimmen hervorzuheben, die wichtiges (sonst oft unterbelichtetes) harmonisches, melodisches, rhythmisches Material präsentierten.

Grundsätzlich galten ihm die Gesetzmäßigkeiten der Partituren, freilich nach Abgleich mit relevanten Quellen, Revisionen und konkreten aufführungspraktischen Konditionen, höher als die in ihrer zeitlichen Umgebung entstandenen Regelwerke. Bedenkt man die räumlich begrenzte Gültigkeit und die zahlreichen Widersprüche solcher zeitgenössischer Quellen in Bezug auf Aufführungspraktisches, so wäre ein Interpret gut beraten, den konkreten Einzelfall immer als maßgebend gegenüber dem vermeintlich zeitgebundenen Generalfall zu bewerten. Dem geistesgeschichtlich so widersinnigen Versuch, ausgerechnet J. S. Bach in den Raum und die Zeit zurückzudrängen, aus deren Enge sich sein Werk entfesselt hat, widmete Theodor W. Adorno bereits 1951 bedenkenswerte Überlegungen (»Bach gegen seine Liebhaber verteidigt«), die heute leider aktueller denn je sind, wo der Umgang mit Bachs Musik zunehmend gedankenloser und von *hohlen Phrasen* im doppelten Sinne bestimmt wird.

Die Orchestermusik Bachs hat Peter Schreier mit dem Kammerorchester Carl Philipp Emanuel Bach (1991/92) aufgenommen und, neben der brillanten, feurigen Einspielung aller *Brandenburgischen Konzerte*, insbesondere mit der Interpretation der beiden großen *D-Dur-Orchestersuiten* bewiesen, welch spannungsgeladene innere Dramatik er auch in dieser wortlosen Musik aufzuspüren wusste. Als scharf konturierte Plastiken höchster künstlerischer Profilierung erscheinen die funkelnden Ouvertüren hier und als Aufbruch: Diese überaus originelle, unfeierliche und energiegeladene Einspielung macht Bachs höchst individuellen Umgang mit den höfischen Formen deutlich: Man hört weniger eine französische Ouvertüre als Bachs Reflexion einer französischen Ouvertüre, weniger einen Dienst an der Form als ihre Überspitzung und zugleich ihre Krönung: Bach treibt auf den Gipfel, was Schreier mit messerscharfen Punktierungen lustvoll verklanglichen, hyperartikulieren lässt. Folgen die Tänze, darin schon die Dimension reflektierter Distanzierung sich andeutet, *aufgehoben* – wie alles Takttreue – in der Réjouissance: Ganz fern der »*Menuets*« erahnt man jenes *Menuett über ein Menuett,* das ein Menuett verspottet und zugleich die Trauer in sich trägt darüber, dass es vorbei sei – mit dem Menuett: Beethovens *Achte.* Die Aufnahme der Suiten ist nicht nur preisverdächtig. Sie macht erstmals klar, wie sperrangelweit Bach das Tor zur Symphonik bereits aufgerissen hatte: Beethoven grüßt.

Betrachten wir die drei großen Oratorien Bachs, die, in der atemberaubend hochstehenden Qualität von Schreiers Interpretationen, nicht nur in sich zu nie gekannter Geschlossenheit fanden, sondern gleichsam als Trilogie erscheinen:

Sicherlich ist es unzulässig, von einer Theorie der Interpretation bei Peter Schreier auszugehen; oben Genanntes lehnte er weniger aus einer bestimmten Antithese oder prinzipiellen Opposition heraus ab, als dass viel eher eine Antitheorie ihn ermächtigte, alle Konventionen der Bachpflege (»hinter« oder »vor« sich, jedenfalls) getrost liegen zu lassen. Diese Antitheorie bestimmt die möglichst präzise Äußerung im künstlerischen Sinne, also die vorbehaltlose Verantwortlichkeit gegenüber dem Detail und die gleichzeitige – gleichsam sinnstiftende – Kontextualisierung im Rahmen des Gesamtwerkes, nicht aber die Reduktion des Werkes auf die Paradigmen seiner Entstehungszeit: Schlicht das, was Reich-Ranicki die Arbeit »dicht am Gegenstand« nannte und dessen Rahmen Joachim Kaiser mit »verdeutlichender Freiheit« umschrieb. Mir sagte Peter Schreier einmal, ihn störe die zeitaufwendige Beschäftigung der Musiker innerhalb der Probenarbeit »mit Dingen, die für die Interpretation nicht wichtig sind«.

Wie sieht dieser konkrete Weg von Bach zu uns über Peter Schreiers Musizieren aus?

Weltberühmt ist er als Tenor in Bachs *Weihnachtsoratorium.* Hört man ihn mit der geliebten Arie *Frohe Hirten, eilt, ach eilet,* so hat er sie in vielerlei Gestalt dem Konzept der jeweiligen Aufführung eingepasst – und blieb doch immer er. Der Ausdruck hing nicht am Tempo. Die makellose Schönheit seines hier lyrisch (denn das ist bei ihm Frage des wechselnden musikalischen Charakters) agierenden Tenors bewundert man, ferner die nie übertroffenen Koloraturen, die die Hirten zum Aufbruch animieren. Besondere Aufmerksamkeit schenkt er in vielen Aufnahmen dem kürzesten Wort der Arie, das sonst so oft nahezu unterschlagen wird: »Geht, die Freude heißt zu schön«. Hierin liegt jedoch der Kern der Aussage: »Zu schön«, um noch verweilen, um innehalten, um unbeteiligt bleiben zu können. So erschließt sich über die winzige Emphase im Zusammenhang des Wortes zugleich die Gesamtgestalt der freudig erregten Passage. Mit Delikatesse war das Melos »Sucht, die Anmut zu gewinnen« in ganz anderer Färbung zu hören, wobei zugleich der nach Moll gerückten Harmonik und dem Bestreben der Aussage Rechnung getragen wurde. Es galt, Bachs Farbenspiel verständlich zu machen. Man muss sich klar machen, dass diese blitzartigen Beleuchtungen, diese – im Wortsinne – *erhellenden* Details nach Schreier wieder im dunklen Einerlei sinnentleerter Linien verschwunden sind und offenbar die wenigsten Interpreten unserer Tage mit dergestalt geschärften Sensoren arbeiten. Vermutlich fühlen sie sich auch zu nichts als dem Dienst an allgemeiner Stiltreue-Erwartung berufen, wobei die Frage, welche Stilistik Bachs vermeintlich vor allem linear gedachte und geführte Stimmen denn gegenüber denen Buxtehudes bezeichnend präge, nicht gestellt wird. Die Dogmen, wenn man die illusorische Pilgerreise zum »objektiven« Bach-Bild der Nachkriegszeit überhaupt Dogma nennen mag, die Dogmen haben sich gewandelt – der Dogmatismus hat sich gesteigert.

Das *Weihnachtsoratorium* in Schreiers großartiger Gesamtkonzeption indes, mit ihm als Dirigenten und Evangelisten, steht fernab diverser Entwicklungslinien, ist weder als Ableitung noch als Hinführung zu begreifen. Staatskapelle und Rundfunkchor musizieren in vielfältiger Farbenpracht, überaus differenziert und hintergründig, meisterhaft in der Ausführung der vokalen und instrumentalen Soli. Die selten so plastisch und auffordernd gehörte Initiative der Pauken (historischer Mensur!) zu Beginn des Werks ist zugleich Programm: Die Instrumentengruppen scheinen sich gegenseitig zu maximal engagiertem Spiel anzustacheln, dialogisieren mit Esprit, sempre con brio, ohne dass je daraus selbstgefällige Spielerei würde. Selten, so scheint es, ist der Chor derartig mit dem Orchester zu *einem* Klangkörper verschmolzen, sind die Instrumente zu Trägern des Textes geworden, wie es in dieser Bach-Trilogie gelang. Bemerkenswert ist die Behandlung der Generalbassinstrumente: Von den Belegen für die Verwendung der großen (in Bachs Kirchen vorhandenen) Orgeln im Rahmen der Figuralmusik hört man heute erstaunlich wenig, lassen sich doch Truhenorgeln nicht nur hervorragend transportieren, sondern begünstigen zudem die verlässliche Langeweile im Generalbassspiel, die die Spannung zwischen Chor und Arie im Rezitativ völlig absinken lässt. Schreier setzt die Orgel mit verschiedensten Farben ein und bestimmt die Länge der Akkorde im Evangelisten-Secco nach harmonischem Sinn und Kontext. Zudem wird das Generalbassspiel im Rezitativ, vor allem aber in Chören und Arien belebt mit thematischen Einschüben und Anspielungen auf das motivische Material der vokalen und instrumentalen Partien, beispielsweise beinhaltet die Finalkadenz (Nr. 30) vor der Arie *Schließe, mein Herze* bereits deren erstes Motiv. Betrachtet man ein Rezitativ wie *Und es waren Hirten in derselben Gegend*, so obliegt der Orgel (Christine Schornsheim), die nächtliche Szene zunächst in fahles Licht zu tauchen (tiefe Lage, dunkle 8'-Registrierung) und mit den Worten »Und siehe, des Herren Engel trat zu ihnen« bricht durch einen Lauf in greller Registrierung schlagartig Licht über die Hirten herein. Diese radikalen Beleuchtungswechsel rütteln die Hörenden auf, versetzen plötzlich in einen unvorhersehbar neuen Zustand, bedingt durch die ideale Umsetzung von Bachs abrupten Übergängen, die man heute bis zur Unkenntlichkeit übertüncht, als sei diesen Kontrasten wohl getan, wollte man sie als musikalische Entwicklungen missverstehen und präsentieren: So schwächt man ihre Wirkung.

Hört und sieht man die wunderbare Aufnahme des *Weihnachts-oratoriums* unter der Leitung von Hans-Joachim Rotzsch (Fernsehen der DDR, 1982), erlebt man Schreiers freie und absolut neuartige Lesart auf frappierende Weise. Wie da den Schätzen »Gold, Weihrauch und Myrrhen« neue Farbenpracht verliehen wird, wie da die Arie *Nun mögt ihr stolzen Feinde schrecken* zu ungeahnter Ausdruckskraft findet, indem man so grausigem Gleißen im Angesicht der »Feinde« noch nicht begegnet war, das lässt staunen und bisweilen die Fassung verlieren: Es sollte wieder gesendet werden.

Zurück zu Schreiers Produktion: Schon im suggestiven Piano seiner hintergründig gesungenen Worte (Nr. 48) »Da das der König Herodes hörte« spürt man eine zunächst nicht greifbare Bedrohlichkeit, die mit einem schlagartigen fortissimo »erschrak er und mit ihm das ganze Jerusalem« von Evangelist und Orgel gewaltsam und schneidend scharf einbricht – ein grandioser Moment –, zumal Schreier das repetierte hohe a nicht etwa nutzt, um mit der zweiten Note die Gewalt der ersten besänftigend zu relativieren, sondern zwei gnadenlose Schläge versetzt, sodass der Hörer selbst in die Fassungslosigkeit des Herodes gezwungen wird. In seiner letzten Aufnahme des *Weihnachtsoratoriums* (2005) ging er hier noch einen entscheidenden Schritt weiter: Für das anschließende Accompagnato der Altstimme *Warum wollt ihr erschrecken* kam er als einziger Dirigent auf die Idee, die Haltenoten des Continuos mit den schlagenden Repetitionen der Streicher sofort wegzunehmen, sodass die fabelhafte Elisabeth Kulman hier völlig unbegleitet singt und die jähe Unterbrechung durch alle Instrumente umso deutlicher zur Geltung kommt. Es ist schon bemerkenswert, dass die Haltetöne von nahezu allen Interpreten nach Belieben, auch im Accompagnato, gekürzt werden, und hier, wo dies den Ausdruck verschärfen könnte, wird es in der Regel geflissentlich unterlassen. Mit dem Trompetenensemble Ludwig Güttler hatte der Dirigent den unübertrefflichen Kreis musikalischer Koryphäen für seine Aufnahme 1986 komplettiert. Meisterhaft sind die Kontraste des Schlafliedes im Königsornat (Nr. 9, Choral *Ach mein herzliebes Jesulein*). Der Rundfunkchor singt ein fein gesponnenes, ganz durchsichtiges Legato, das nichts zudeckt: Selbst dem himmlischen Flötenglanz in der Oberoktave lässt man den Vortritt, bis die Insignien der Herrschaft sich machtvoll Bahn brechen mit dem gewaltigen Eintritt von Trompeten und Pauken. Was den Verdacht von feierlichem Popanz wecken könnte, ist in der Klang gewordenen Realität von solch innerer Bewegtheit und Überzeugungskraft beglaubigt, dass man sich fragt: Wie könnte es anders sein? Nein, für feierliche Leere, für die große Geste ohne Sinn, für das gemüt- und prachtvolle Dahinschreiten als generelle Lösung war Schreier nie zu haben, ebenso wenig wie für die introvertiert-versponnene Nachzeichnung von Linien, wo es die Beleuchtung ausdrucksstarker Bilder galt. Als kombinierter Evangelisten-Dirigent war er, mehr denn je, Regisseur, und was den Übergängen zu den Chören im *Weihnachtsoratorium* zugute kam, deren Tempo und Energie durch die jeweils einleitenden Rezitative definiert wurden, das brachte er in den Passionen zu einer nie gekannten Steigerung. Führte er »die Menge der himmlischen Heerscharen« (Nr. 20) mit gesteigerter Emphase ein, so fand er nach deren Gloria ein wunderbares Understatement für das Gespräch der Hirten »untereinander«, in dem er leiser und schneller wurde und somit der unsicheren Suche nach der Richtung bereits das rechte Licht verlieh: »Lasset uns nun gehen gen Bethlehem.«

Schreiers Einspielung der *Johannespassion* (1988) in dieser Reihe verwirklicht all das dämonische Potenzial dieses Werkes in nie gekannter und nie übertroffener Weise. Die unterschiedlichen Affekte der Turbae zeichnet er nicht allein durch die Dynamik, sondern durch den Wechsel der Farben. Der aus dem boshaften Geflüster gewonnene bedrohliche Unterton »Wir dürfen niemand töten«, der sich zuletzt in offener Aggressivität Bahn bricht, sei als beängstigendes Beispiel dieser Kunst erwähnt. Wie ein Blitz durchfährt den Hörer die entsetzliche Ankündigung »Da schrieen sie wieder allesamt und sprachen:« – Peter Schreier wusste mit Klängen im Wort »da« eine schlechthin gewaltsame Magie der Vergegenwärtigung zu üben: Die Szene wird ins JETZT gerissen, der Hörer in die Szene, ausweglos. Kontemplation oder neutralisierende Distanz sind hier undenkbar geworden, seit und dank Peter Schreier. Viermal »schrieen« sie in dieser Passion und immer wieder durchfährt nicht allein die höchst gespannte Harmonie den Hörer, die Schärfe von Schreiers Stimmgebung trägt die grausige Energie des Folgenden schon völlig in sich. Wie Bach hier dramaturgisch konzipiert und komponiert hat, tritt in Extremen zu Tage: Die Raserei steigert sich auf den letzten *Kreuzige*-Chor hin so, dass das Volk dem Erzähler, also das Evangelium dem Evangelium (!) ins Wort fällt. Die Axialsymmetrie um die Antiklimax »Durch dein Gefängnis, Gottes Sohn« geht nicht in der rhetorischen Figur des Chiasmus allein auf, ist ferner unbedingt als Perfidia (als Verstocktheit) zu verstehen. Wir finden diese Figur zudem als affektive Basis der grotesken Steigerung: Synkopische Widerhaken dominieren die sich selbst zersprengenden Fugen »Wir haben ein Gesetz« und »Lässest Du diesen los«. Die Choralstrophen fallen in die aufgepeitschten Szenen nicht als neutrale Ruhepunkte der Objektivierung ein: Sie sind letzter Ausweg der sich der Notwendigkeit des Leidens vergewissernden verzweifelten Seelen, ängstliche Trosteshoffnung: »muss uns die Freiheit kommen ... Denn gingst du nicht die Knechtschaft ein, müßt unsre Knechtschaft ewig sein.«

All dies verbietet den Interpreten, sich der Emphase jedwedes Affektes zu enthalten, der Musiker und Hörer zur Beteiligung *zwingt*.

Selbst dieser geradezu ethischen Notwendigkeit im Dienste von Bachs unübertroffen gesteigertem Passionsbericht verweigern sich Musiker und Hörer mit dem Argument, das große »Friedenszeichen Gottes« müsse die Töne des Hasses und der Mordlust der aufgepeitschten Massen in gedämpfter Versöhnlichkeit erscheinen lassen. Diese Forderung ist nicht nur sinnfrei in Bezug auf die Passion als notwendigen Akt des Heilsgeschehens (sie ist nicht dessen letzter Akt). Es ist eine kunstfeindliche Forderung und offenbart (der vorauseilende Musiziergehorsam hilft) das sehnliche Verlangen nach einer Verwandlung Bachs zum putzig Männlein für fromme Abendstunden.

Nichts hat Peter Schreier in Gespräch und Probe so angeklagt und auszuräumen versucht, wie die grundlos fehlende Dramatik, die unberechtigte Langeweile des Musizierens, und kaum etwas wohl so besorgt gesehen wie das fehlende Bewusstsein für diese Langeweile und die im Werk verborgene und leider so oft verborgen bleibende Lebendigkeit.

In seiner *Johannespassion* erreicht er eine beispiellose Geschlossenheit im ewigen Drang nach vorn, ohne je, schneller Tempi wegen, mit aufgesetzter Leichtigkeit die Intensität zu schwächen. Er lieferte uns die wirkungsmächtigsten Höllenvisionen in den Turbae und durch ein unheimliches Farbenspiel seiner *vokalen-* und insbesondere seiner *Vokal*kunst Zwischentöne, die kaum je ein Sänger so zu gestalten wusste. Der abwechslungsreiche Einsatz des Cembalos zur Orgel kam hier besonders dem Dialog von Christus und Pilatus zugute und dient ganz der bildhaften Ausgestaltung szenischer Elemente: »So nehmet ihr ihn hin« heißt es da und mit dem letzten Ton reißt das Cembalo seinen Akkord weg wie Pilatus seinen Ton, die Worte zu verdeutlichen. Wie die Häme der knicksenden Soldateska in gespielter Ehrerbietigkeit als elegant parodierter Hoftanz gekünstelt anhebt und sich im plötzlichen tutti zum aggressiven forte vereint (»Sei gegrüßet«), um wieder im piano zu verschwinden (»lieber Jüdenkönig«), das nimmt bereits die hinterhältige Absicht vorweg, die der Evangelist sodann vor unsere Augen stellt – »und gaben ihm Backenstreiche« –, worauf die Instrumente die Kadenz in drei ebensolchen beschließen. Es ist viel über Bach als den Schöpfer musikalischer Gemälde nachgesonnen worden und es ist dies häufig im Kontext der Frage nach programmatischem Gehalt seiner Werke abgelehnt worden. Vielleicht sollte man dennoch das Bildnerische akzeptieren in Bachs Werken, zumal dort, wo Musik und Text zu so einmaligem Verbund einander erwählen.

Wer für Peter Schreiers Einspielung der *Matthäuspassion* aus dem Jahr 1984 Worte zu finden sucht, kann des Scheiterns fast gewiss sein. Martin Elste hat sie in seinem Buch »Meilensteine der Bachinterpretation« als »Das ›Wunder‹ von Dresden«[3] bezeichnet. Damit beschreibt er vor allem die eigene Bewunderung für die Übertragung der Klangrede im Sinne Harnoncourts auf den Rundfunkchor Leipzig und die Staatskapelle Dresden. In der Betrachtung von Bachinterpretationen ist es angesagt, möglichst viel zu zählen: Peter Schreier besetzt die solistischen Partien des Dramas mit jeweils einzeln zugewiesenen, vor allem aber unverwechselbaren Stimmen. Weder darin jedoch, noch in messbaren Temporekorden, noch im »Non-sostenuto-Stil«, den Elste attestiert, besteht das wahre Wunder dieser Aufnahme: Peter Schreier hat seinen Anspruch, szenische Zusammenhänge und dramatische Steigerungen oder Brüche (die er auf der Opernbühne durch »Äußerlichkeiten« umgesetzt sah) allein mit stimmlichen und instrumentalen Mitteln zu verdeutlichen, hier in einer Weise auf alle Mitwirkenden übertragen, die so ziemlich alles in den Schatten stellt, was je an *Matthäuspassionen* eingespielt worden ist.

Wer sich durch diese Musik beruhigen oder ihren Verlauf vorausberechnen will, kommt nicht auf seine Kosten. Wir müssen dies als Kontrast zur Konvention sehen, aber vor allem als Kontrast zu vielen Umsetzungen, die nach seinen Interpretationen entstanden, denn das Problem einer falsch verstandenen und mittelmäßigen Aufführungspraxis ist die *Berechenbarkeit* der Aufführung, deren Mittel in den ersten Minuten geklärt und in den folgenden Stunden abgespult werden: Gegen die konventionelle und die (heute dominierende) beruhigende Bequemlichkeit zog und zieht sein Bachstil siegreich zu Felde.

Die Verschmelzung von Chören und Orchestern zu einem Ganzen ist hier zu bestaunen, ebenso die Nutzung der Stereo-Effekte, wo es um die Dialog-Funktion von Chorus I und II geht. Das Niveau aller Beteiligten ist so schwindelnd hoch, dass einem nirgends Fragen der Stoffbewältigung auch nur in den Sinn kommen und das ganze Potenzial in die zwingende Logik einer großen Konzeption einfließt, deren innere Konsequenz mit unzähligen genialen Details belegt werden könnte: Peter Schreier hat als Sänger seine Perfektion der 1970er-Jahre nicht nur manifestiert, sondern zu einem so eigenen, plastischen, farbenreichen und differenzierten Stil gefunden, dass sein Evangelist, wie man ihn in dieser Aufnahme erleben kann, niemals je übertroffen wurde. Die beiden Orgeln, mit Walter Heinz Bernstein und Christine Schornsheim grandios besetzt, kommentieren, nicht nur durch wechselnde Registrierungen, sondern mit motivischen Einwürfen Rezitative und Arien in einer einzigartigen Weise. Der Rundfunkchor und die Staatskapelle musizieren ausgezeichnet miteinander, sodass die orchestrale Textur, die man sonst – zugedeckt vom Chor – wenig erkennt, auch im tutti hervorragend zur Geltung kommt. Die Durchsichtigkeit dient jedoch nicht einer Präpotenz des Linearen: Die vertikale Wucht kommt zu ihrer eigentlichen dramatischen Bestimmung. Schreier lässt den apodiktischen Tonfall mit dem hintergründigen wechseln, die Ausbrüche haben nichts Eventuelles, sie sind unbedingt! Die innere Spannung, gerade im Vorfeld mancher Turbae wird durch Piano-Phrasen noch gesteigert, wo er die dämonischen Zusammenhänge nur anklingen lässt, um an anderer Stelle die entfesselte Kraft, die Wut gegenständlich zu machen: »Zertrümmre, verderbe, verschlinge, zerschelle mit plötzlicher Wut den falschen Verräter, das mördrische Blut« zieht in höllischer und sich immer weiter steigernder Raserei den Hörer selbst in den Abgrund, wird zum beängstigenden Ereignis. Schon in den Worten »in den Palast des Hohenpriesters« (Nr. 4) klingt das Sinistre, das Intrigante der Versammlung an. Wie sich die doppelchörige Diskussion des Sanhedrin »Ja nicht auf das Fest, auf daß nicht Aufruhr werde im Volk« mehr und mehr erhitzt , wie sich das nicht einfach vom piano zum fortissimo, sondern vom vagen Geflüster zur Empörung aufpeitscht, wie im Chor der Jünger das Unverständnis Klanggestalt findet: »Wozu dienet dieser Unrat?«, wie die Ratlosigkeit der Elf (!) sich vom ängstlichen zum unduldsamen Ausdruck steigert: »Herr, bin ich's?«, wie die Choräle zu Fluchtpunkten der Innerlichkeit werden – das hat nicht seinesgleichen. Peter Schreier lässt diese Choräle hie milde, tröstlich, da anklagend, fordernd und streckenweise mit einer Einfachheit zum Ausdruck kommen, die eine antiklimaktische und umso größere Wirkung entfaltet. Zwar ist die Geschwindigkeit an der Faktur des Melos orientiert, dieses aber wird so durchsichtig musiziert, dass keine harmonische Entwicklung, keine Wortausdeutung je zu kurz käme. Mit welch protestantischer Unbedingtheit der trotzige Anfang von »Was mein Gott will, das gscheh allzeit« erklingt und wie das komponierte Zwielicht bei den Worten »und züchtiget mit Maßen« es dem Hörer unwohl werden lässt, mit welch harscher Verachtung uns entgegengeschleudert wird »Mir hat die Welt trüglich gericht' mit Lügen und mit falschem Gdicht«, wie man die zu Boden geschlagenen Augen der Beschämten zu sehen vermeint »Bin ich gleich von dir gewichen, stell ich mich doch wieder ein« – wie hier also eine Inszenierung stattfindet, ohne dass auch nur ein Schritt gegangen, ein Kostüm verwendet worden wäre. Wenn nach der organistisch fantasievoll bereicherten Arie *Geduld! Wenn mich falsche Zungen stechen* die Handlung immer weiter kulminiert, sei exemplarisch gerühmt, wie Schreier nach der ungeheuren Steigerung »Er ist des Todes schuldig« die Worte singt »Da speieten sie aus in sein Angesicht und schlugen ihn mit Fäusten«. Es bricht hier eine unbezähmbare, eine unerträgliche Ausdrucksgewalt über uns herein, dass man fliehen möchte, sich abwenden – und erstarrt. Nie ist mit stimmlichen Mitteln eine dramatischere Wirkung erreicht worden; sie reißt uns in die Szene und die Szene aus ihrer und aus jeder Zeit. Spätestens hier bricht sich die Moderne Bachs vollends Bahn und wie beschämend wirkt dies für so viele nachfolgende Versuche der Annäherung oder vorsätzlichen Distanzierung. Überhaupt, wer die politische Komponente innerhalb des Bach'schen Passionsberichts verstehen und beleuchtet sehen will, der kommt bei Peter Schreier voll auf seine Kosten. Man denke an die direkt anschließende Provokation aus dem Volk »Weissage uns, Christe, wer ist's, der dich schlug?« – hämisch leise und beängstigend beginnt sie, immer dichter wird die Artikulation und plötzlich bricht ins Zwielicht mit dem Wort »Christe« schlagartig die Brutalität ein – überwältigend, zumal der Wechsel beider Chorgruppen – und man begreift, dass es die »Fragenden« selbst sind, die ihm Gewalt antun. Nach Schreiers vortrefflich grotesker Einleitung »und beugeten die Knie vor ihm« wird die höfische Tanzmanier gezeigt, zugleich aber wird Bachs Zerrbild (seine

Karikatur dieser Soldateska) offenbar und mit dem Schrei »Jüden-könig« brechen sie über ihr Opfer herein – »O Haupt voll Blut und Wunden, voll Schmerz und voller Hohn, o Haupt, zum Spott gebunden mit einer Dornenkron«. Es wurde nie so vorwurfsvoll, so anklagend, so fordernd der Welt entgegengeschleudert: Ihr, Lebende, habt *es* verschuldet: Damals, heute, alle Zeit: »Seht! Wohin? Auf unsre Schuld!« Man muss kein Christ sein, um anzuerkennen, dass Bach in nie erreichter Höhe ein einmaliges Kompendium von Leid und Schuld, von Hass und Liebe schuf und dass die Deutung des Peter Schreier ihm, dem 5. Evangelisten, den vielleicht größten Dienst erwiesen hat. In symphonischer Kraft und rhetorischer Finesse erhebt sich mit dem Chor *Kommt, ihr Töchter helft mir klagen* da ein Schwebebogen, der die Bangenden hinauf leitet zum ewig jetzigen Tribunal: *O Mensch, bewein dein Sünde groß*; zu Richthaus und Schädelstätte zwingt er sie und hinab ins Dunkel schließlich: *Wir setzen uns mit Tränen nieder.*

Der Künstler hat seine Entwicklung zu Bach und *zu sich hin* vollzogen, hat sich inspirieren lassen von verschiedenen Deutungsweisen: Als einer der ganz wenigen Evangelisten sang er mit Dirigenten unterschiedlichster Prägung und wusste zu so vielen Perspektiven Wertvolles und Unverwechselbares beizusteuern. In dieser *Matthäuspassion* scheint der 49-jährige Interpret für sich und seine Mitstreiter einen so eigenen, dabei unmittelbar packenden und fesselnden Bach gefunden zu haben, dass man ihm spätestens hier eine eigene Kategorie der Bachinterpretation eröffnen wird.

Wenn man, neben der stimmlichen Qualität, dem Formanten-Optimum, der Oberton-Magie, der harmonisch koordinierten Intonation des Melos, der rhetorischen Kraft seiner Pausendramaturgie, immer wieder Peter Schreiers Textverständlichkeit rühmt, so liegt in Sachen Textverständnis zugleich ein Missverständnis vor: Gemeint sollte damit nicht in erster Linie sein, dass der Hörer die aufeinander folgenden Silben erkennt, um aus Lied, Rezitativ oder Arie ein Gedicht extrahieren zu können. Gemeint ist mit Text*ver-stehen* das Kolorieren der Silbe, die Verdeutlichung der seelischen

Komponente als ein auf Stimmung und Klang übertragenes Spektrum an Farben. Hört man Schreier genauestens zu, so erkennt man selbst in den Hervorhebungen einzelner Silben, dass er sie nur selten durch einen dynamischen Akzent vitalisiert, sondern eine im Kontext exzentrische (!) Färbung oder Verfremdung des Klanges so meisterhaft einzusetzen weiß, dass ein enormer Subtext offenbar wird, eine frappierende psychologische Dimension hinzutritt, die von anderen Sängern – Dietrich Fischer-Dieskau ausgenommen – bis zur Verleugnung ignoriert wird und in Schreiers Vollkommenheit unerreicht ist. Mit einem »denkenden« Sänger hat das weniger zu tun als mit einem verstehenden. Klar ist, dass durch diesen, ins Extreme erweiterten Farbenbogen stimmlicher Kunst die Musik dem Hörer viel näher kommt, ihn viel direkter anspricht: Wie überhaupt die Modernität Peter Schreiers in der erstaunlichen Vergegenwärtigungskunst liegt. Sang er Mendelssohns *Auf Flügeln des Gesanges* mit besonderer Piano-Emphase des Wortes »heimlich (erzählen die Rosen«), so war dies *nur* aufgrund des harmonischen, melodischen, textlichen und intentionalen Zusammenhangs von anderer Ausdeutung als etwa die Worte »doch heimlich, aus Furcht vor den Jüden« in der *Johannespassion*. Diesem »*nur*« wohnt inne, was man einst etwa mit dem dehnbaren Begriff der Werktreue umschrieb und heute »immanente Interpretation« nennen könnte, im Unterschied zur historisierenden. Selbst seine bildhafte Übertragung fiel nie einem Grade des Naturalismus anheim, der das geistige Band zerreißen und das Geschlossene in banale Dekorationsstücke zerfallen ließ, sie war sinnstiftend, erhellend und sinnlich zugleich.

Durch die allzu häufig als Verlegenheitsargument – weil nicht sein kann, was nicht sein darf – herangezogenen Konzessionen an die Zeitumstände (die modische Leugnung also, dass ein Komponist über seine Zeit hinaus gedacht haben könne), hat niemand je beweisen können, dass der Grad der Suggestivität für den barocken Kontext geringer als für den romantischen oder umgekehrt zu sein habe. So hat Peter Schreiers Kunst letztlich diese Debatte auf die schönste Weise überholt und die »Fortschrittsdenker« lange schon hinter sich gelassen.

Der psychologische Hintergrund bzw. Subtext, diese sublime und zugleich suggestive Übertragung in die sängerische wie dirigentische Darstellung, darf zu den großen Errungenschaften der Interpretationsgeschichte gerechnet werden, die mit Peter Schreier in die Welt gekommen sind, mit ihm die Welt verließen und eingingen in die Ewigkeit.

Nähe auf Zeit?

Als ich ein Kind war, verband sich mit ihm nichts weniger als Musik schlechthin. Seine unverwechselbare Kunst konnte damals selbstverständlich sein, da man – dieses Glückes unbewusst – mit ihr aufwachsen durfte. Die Liebe zu Bach führte auf Umwegen die aus frühesten Jahren und den seligsten Stunden der Kinderzeit, den adventlichen, her so vertraute Stimme wieder zu mir. Nach manch ernüchterndem Hörerlebnis fast wieder von Bach abgewandt, traf ich erst dann auf seine *Matthäuspassion*, die zum Erweckungserlebnis wurde. Sein Bach, sein Beethoven, sein Schumann, sein Schubert, sein Mozart wurden mein – und mir zum Ansporn, tiefer in die Musik einzutauchen. Durch ihn glaubte ich mich im Besitz eines geheimen Schlüssels zu verborgenen Räumen in und hinter der Musik, die mir hell erleuchtet und vor Vielen verborgen schienen.

Noch immer reißt er alle Schatten des alten Jahres verlässlich nieder, tröstend, unerklärlich:

»Entsetzet euch, ihr Höllengeister ... Ein Kind, das in der Krippen liegt, hat euer dunkles Reich besiegt«.[4] Heimliche Offenbarungen höchster Liedkunst, Glanz unbekannter Weihnacht, strahlend nach innen: Cornelius, Haas, Reger, Wolf – seine vielleicht schönsten »Geheimnisse«. Tröstlicher Glanz seiner Kunst, unverzichtbar zu den hohen Tagen – »*O nati lenitas!* Wir wärn all verloren *per nostra crimina*. So hat er uns erworben. *Coelorum gaudia!*« – im noblen

Gewand orchestraler Schönheit.[5] Durch ihn lernte man neu hören, letztlich neu sehen, empfinden.

Wachsend faszinierte mich dieses Radikale ohne radikale Selbstgefälligkeit: Eisige Silbernägel: »Da speieten sie aus in sein Angesicht und schlugen ihn mit Fäusten«. Und rotes Gold: »Nun wandre, Maria ... Getrost! Wohl finden wir Herberg dort«.[6] Unermesslicher Kosmos dazwischen.

Den Weg zur Musik als Beruf danke ich auch ihm und die Möglichkeit erster Zusammenarbeit im Jahr 2012, als zunächst ich und wenige Monate später er die *Johannespassion* in Robert Schumanns Fassung zur Aufführung brachte, kam mir wie ein Traum vor. Ihm zu assistieren bei der Arbeit an Bachs Musik, ihn nun direkt studieren zu können, war ein Geschenk. An vielen Tagen durfte ich in den folgenden Jahren im Rahmen der Leipziger Meisterklassen der Mendelssohn-Akademie noch bei ihm und von ihm lernen, als Liedbegleiter von seinen Ideen, seiner Hingabe ans Detail, seiner Sicht auf Schumann, Mendelssohn und ihre Zeit, seinem Kunstverständnis profitieren und viele Stunden voll gemeinsamer Gespräche im Hotel Fürstenhof oder auch in seinem Dresdner Haus waren von Witz und Freude, Zeitkritik und Humor, dem Nachsinnen über Musik und Leben geprägt. Von den jungen Künstlern seiner Meisterklassen hatte er sich gewünscht, dass wir die allzu schnellen Lösungen endlich wieder zu hinterfragen beginnen, dass die Mittel des Musizierens nicht mehr geheiligt, sondern am Zweck gemessen werden.

Welcher Schatz an bedeutender Musikgeschichte durch seine Erfahrungen uns lebendig vor Augen stand, was er von seiner Arbeit, von Begegnungen mit Größen wie Swjatoslav Richter, Karl Böhm, Herbert von Karajan, Günther Ramin, Rudolf Mauersberger, Karl Richter, August Everding, Ruth Berghaus oder auch Marcel Reich-Ranicki zu berichten wusste, war für mich von größtem Interesse. Peter Schreier ermunterte und ermutigte mich, über manches »Klein-Klein« der Skeptiker hinweg, aufrichtig und bestärkend zu eigenen Bahnen der Interpretation: »Wer soll denn Neues probieren, wenn nicht ein junger Kerl wie du.« Immer werde ich eingedenk jenes Momentes sein, da er mir im Mendelssohn-Saal des Leipziger Gewandhauses das Zeugnis seiner Meisterklasse übergab mit den Worten »Mein treuer Freund«.

2014 übernahm er die Schirmherrschaft meines Sächsischen Kammerchores und im Rahmen seiner »Schumanniade« 2016 sang der Chor erstmals unter Peter Schreiers Leitung. Nachdem ich aus Schumanns *Romanzen und Balladen* dirigiert hatte, brachte er das *Requiem in Des-Dur* zur Aufführung. Die Zusammenarbeit intensivierte sich. Peter Schreier übergab mir die Aufführungsmaterialien seiner legendären Bach-Interpretationen sowie viele weitere Schätze seiner Noten-Bibliothek: Mozart, Händel, Beethoven, Schubert, die geliebten *Krippenlieder* des Joseph Haas, die er einst vergoldete. Zwei Monate nach der Heiligen Nacht, seiner drittletzten, fand unsere Aufführung der *Johannespassion* in der Leipziger Thomaskirche unter seiner Leitung statt. Die Einstudierung des Chores und das Cembalo übernahm ich. Peter Schreier dirigierte die Mitteldeutschen Virtuosen und den Sächsischen Kammerchor. Bei allem Fordernden, bei allem unbedingten Ausdruckswillen, den sein Dirigat noch fünf Monate vor seinem 83. Geburtstag ungeschmälert besaß, arbeitete er mit wohlwollender Umsicht, mit verzeihender Güte und genauestem Bewusstsein für das seinen Mitstreitern Mögliche. Peter Schreier erfreute sich daran, dass in Gestalt der Solisten und des Chores auch der musikalische Nachwuchs sich anheischig machte, in mehr als »schöne Töne« zu investieren.

Was man weder erzwingen kann, noch erdichten sollte: Es wurde ein denkwürdiges Konzert. Sein über die Maßen konzentriertes und konzentrierendes Temperament animierte uns alle zu ungekannter Ausdruckskraft. In den stärksten Momenten dieses Musizierens mit ihm vermeint man, intensiver denn je zu leben, auf nie gekannte Weise zu *er*leben. Wie er dies hervorbrachte, das wird auf ewig sein und ein vielleicht viel höheres Geheimnis bleiben ...

Es wurde sein letztes Konzert, an dessen Aufnahme er sich noch freute, ein Abschied ohne Abschiedsgeste, in voller Blüte unvergleichlichen Musizierens. Doch wohnte dem Choral »Ach Herr, laß dein lieb Engelein am letzten End die Seele mein in Abrahams Schoß tragen« schon ein fremder, ein verklärter Zauber inne.

Noch einmal sollte dieser Choral erklingen in seiner Gegenwart.

Da umgab ihn Holz. Zwei Christbäume umleuchteten ihn, der unter dem Stern lag.

Und war ungewiss, ob das milde Fluten sichtbaren Lichtes sein Werk vor unserm Inneren vorüberziehen ließ, oder ob es das Unsterbliche seiner Kunst selbst war, das dieses Licht durch uns sandte und die Finsternis bezwang. Und über den Bildern der Innenwelt erhob sich Glanz und legte sich mit ihnen auf die äußere.

Und blieb.

Wo es dereinst begonnen, kam das Diesseitige nun zur letzten irdischen *Pause*. In ihrem Gotteshaus sangen die Kruzianer, ihrem Peter Schreier zum Geleit, vor Tausenden. Noch einmal berührten Passion und Weihnacht einander, noch einmal sollte Friede werden. Sein Friede. Und der letzte Weg führte ihn in die Zeit ohne Zeit, wo ein Platz schon dem Lebenden errichtet worden war.

Und bekränzt.

Bachs Musik, die manch einem heute scheinbar so wenig bedeutet, bedeutete ihm alles und bedeutete durch ihn alles. Mit ihr war er in die Welt getreten, mit ihr verließ er sie wieder. Mit ihr hatte er sein Geleit, mit ihr wird er bleiben.

Unerreicht lebendig, durch ihn geklungen. Ungeahnt lebendig, durch uns gefühlt.

Er war jeder Gegenwart ein Zukunftsweisender.

Er hat Epoche gemacht und gehörte doch keiner an.

Darum wird er bleiben. Ohne Zeit.

Seien wir getrost über sein Vermächtnis, das allen Widerstreit bezwingt, ihn überlebt und letztlich versöhnt, weil es höher ist. Höher, als Menschen sind.

Fabian Enders / Dirigent

Geboren 1986. Studium Orchesterdirigieren an der Hochschule für Musik Felix Mendelssohn Bartholdy Leipzig 2007–2012. Kapellmeister, Künstlerischer Leiter des Sächsischen Kammerchores und der Mitteldeutschen Virtuosen, Schwerpunkt Oratorium / Symphonik, Zusammenarbeit mit verschiedenen Orchestern und Rundfunkchören. Zahlreiche CD-Produktionen, Rundfunksendungen, Welterst-einspielungen.

Anmerkungen

1 Eva Strittmatter: Mai in Piešťany, Berlin, 2. Aufl. 1988, S. 123.
2 Joachim Kaiser: Wie durchsichtig ist der »Messias«? In: Süddeutsche Zeitung, Nr. 297, Weihnachten 1988, S. 15.
3 Martin Elste: Meilensteine der Bach-Interpretation 1750–2000. Eine Werkge-schichte im Wandel, Stuttgart, Weimar, Kassel 2000, S. 224.
4 Christian August Jacobi: »Der Himmel steht uns wieder offen«. In: Weihnachts-musik im alten Sachsen (ETERNA, 1983).
5 Siegfried Köhlers Bearbeitungen für »Peter Schreier singt Weihnachtslieder« (ETERNA, 1975).
6 »Lieder zur Weihnacht«. Peter Schreier und Norman Shetler (ETERNA, 1979), Hugo Wolf: »Nun wandre, Maria«.

Kazuo Fujino
Musikwissenschaftler

Ein Licht der Hoffnung – Peter Schreier und Japan

Einmaliger Evangelist

Zu Weihnachten 2019 brachten alle japanischen Zeitungen den Tod von Peter Schreier als neueste Nachricht, und seine unzählbaren japanischen Fans versanken in tiefer Trauer. Obgleich Schreier in seinen letzten zehn Jahren nicht mehr nach Japan gekommen war, kennen die von seinem Gesang begeisterten und tief bewegten Bewunderer durch unzählige Tonaufnahmen seine meisterhafte Kunst.

Bis in dieses Jahr 2020 hinein sind in den japanischen Zeitungen und Zeitschriften immer wieder viele warmherzige Nachrufe zu Peter Schreier veröffentlicht worden. Unter anderem möchte ich an dieser Stelle einen Auszug aus einem der beeindruckendsten Texte vorstellen, verfasst von der Redakteurin der größten japanischen Tageszeitung »The Asahi Shimbun«. Junko Yoshida ist eine hervorragende und begabte Redakteurin, die an der staatlichen Universität der Künste Tokio »Geidai« Musikwissenschaft studiert hat. Das Orchester-Ensemble Kanazawa, das in dem folgenden Text genannt wird, ist das beste japanische Kammerorchester, das in der schönen alten Stadt Kanazawa an der Küste des japanischen Meeres ansässig ist:

»Der Gesang Peter Schreiers erfüllt die Lieder mit Wärme, ohne dass er seine eigenen Emotionen bloßlegt. Seine sanfte Stimme und sein seine innere Würde widerspiegelndes Auftreten erscheinen wie ein Symbol der Harmonie und Ebenmäßigkeit, die die Kunst hervorzubringen vermag. Der Evangelist in der ›Matthäus-Passion‹ wurde ein Synonym für Peter Schreier. Indem er sowohl zum Fanatismus der Menschenmenge als auch zu den Qualen und dem Leid Jesu und seiner Jünger Distanz wahrte, gelang es Peter Schreier, die Geschehnisse so natürlich in den Herzen der Zuhörer zu verankern, dass sie vergaßen, dass er sie nur sang.

Sorgfältig und ungestört pflegte Peter Schreier den Garten der antiquierten Geisteswelt Ostdeutschlands. Seine Kunst schien asketisch zu sein, aber in Wirklichkeit lebte er in einem grenzenlosen Paradies der Freiheit. Diese, eine gewisse Universalität in sich tragenden Klänge des Glaubens von Peter Schreier haben viele Japaner begeistert.

2005 leitete er die Aufführung der ›Matthäus-Passion‹ mit dem Orchester-Ensemble Kanazawa und sang auch den Evangelisten. Der Konzertmeister Sunao Matsui sagte dazu: ›Zum ersten Mal hatte ich das Gefühl in einen Tempel der Musik mitgenommen zu werden. Ich bin in Tränen zerflossen, die man mit Worten nicht erklären kann.‹ Der Solocellist Ľudovít Kanta erzählte: ›Als ich wieder zu mir kam, war ich von aller Anspannung befreit und vom natürlichen Sinn des Gesangstextes geleitet, genoss ich das Musizieren vollkommen und unbedarft.‹

Seine in unzähligen Aufnahmen hinterlassenen Gesänge zeigen uns, dass es der Intellekt ist, der sich nicht von der Leidenschaft mitreißen lässt, der zwischen verschiedenen Wertvorstellungen eine Brücke schlagen kann. Seine Musik scheint für uns, die wir uns in einem endlosen Tunnel und in Furcht vor unbekannter Krankheit befinden, wie ein Licht zu sein.«[1]

Wie Junko Yoshida am Ende des Artikels schreibt, befinden sich heute alle Menschen inmitten der Angst vor der Corona-Pandemie. Es ist zwar schon fünfzehn Jahre her, dass Peter Schreier die *Matthäus-Passion* in Kanazawa aufgeführt hat, doch die intensiven wie transzendenten Eindrücke aus dem damaligen Konzert und seine großartigen Aufnahmen stellen für uns Japaner noch immer ein Licht der Hoffnung dar.

Peter Schreier war ein einmaliger Evangelist. Dessen unvergessliche Aufführungen in Japan habe ich auch mehrmals selbst erleben dürfen. Die Aufnahme der *Matthäus-Passion* mit seinem großen Meister Rudolf Mauersberger (1970) ist für mich das höchste Gut. Es scheint auch eine frohe Botschaft zu sein, dass wir seinen Evangelisten unter der Leitung von Karl Richter mit Hilfe einer Videoaufzeichnung (1971) immer wieder genießen können. Sicherlich lebt Peter Schreier in uns Japanern immer noch fort.

Es war im Februar 2005, als Peter Schreier die *Matthäus-Passion* mit dem Orchester-Ensemble Kanazawa aufführte. Im November des gleichen Jahres wurde er zu seinem letzten Liederabend, mit der *Winterreise* im Hauptprogramm noch einmal nach Japan eingeladen und hat damit als Sänger von seinen japanischen Fans Abschied genommen. Am 16. November hat er in der Provinzstadt Okaya in den japanischen Alpen seine letzte *Winterreise* gesungen. Nach dem Konzert hat er seine Garderobe lange nicht verlassen, weil er »manche Tränen aus seinen Augen« nicht länger hatte zurückhalten können. So schwer und schmerzhaft war für ihn der endgültige Abschied als Sänger von seinem japanischen Publikum.

Zwei Jahre später, im März 2007, hat Peter Schreier mit der *Johannes-Passion* wieder in Kanazawa gastiert, diesmal »nur« noch als Dirigent, und hat mit seiner Anwesenheit das dramatische Meisterwerk beseelt. Darüber hinaus hat er in Nagoya und in der Suntory Hall Tokio unter anderem das *Requiem* von Mozart geleitet und war so für seine Anhänger noch einmal geistig und körperlich präsent. Es war leider sein letzter Japanbesuch. Peter Schreier hatte zwar geplant, 2009 für eine Meisterklasse wieder nach Japan zu kommen, musste aber aufgrund seiner schweren Zuckerkrankheit zu Hause bleiben.

Zweite Heimat Japan

Seit seinem ersten Besuch in Japan im Jahre 1974 bis zu seinem letzten 2007, also im Zeitraum von 34 Jahren, wurde Peter Schreier insgesamt 31 Mal auf dieses Inselland in Fernost eingeladen. Das bedeutet theoretisch, dass er fast jedes Jahr einmal in Japan war. Aber praktisch gab es einige Jahre, in denen er nicht kommen konnte, meistens wegen gesundheitlicher Probleme. Stattdessen gab es fünf Jahre, in denen er Japan zwei Mal besuchte. Wenn man seine Japanaufenthalte einmal zusammenrechnet, würden diese mehr als drei Jahre umfassen. Im Leben dieses großen Musikers nahmen seine künstlerischen Tätigkeiten in Japan sicherlich einen enorm großen Teil ein. Ich möchte fast sagen und hoffe nicht zu übertreiben, dass Japan für ihn wie eine zweite Heimat war. Peter Schreier und Japan waren wie auf ewig echte Liebende.

Es gibt sogar handfeste Daten, die die Beliebtheit Peter Schreiers in Japan belegen. Die größte seit 1936 monatlich erscheinende Musikzeitschrift »Ongaku no tomo« (Musikfreunde) führt alle fünf Jahre eine Leserumfrage durch. Unter anderen gehört dazu die Frage: »Wer ist Ihr/e Lieblingssänger/in?« In der Umfrage von 1981 nahmen deutsche Männerstimmen die ersten drei Plätze ein. Und wer waren diese Sänger? An erster Stelle stand Dietrich Fischer-Dieskau, die zweite besetzte Peter Schreier und die dritte Hermann Prey. Zu jener Zeit erfreute sich in Japan die deutsche Musik noch immer größter Beliebtheit, weil die Generation der Musikbegeisterten meistens solche Intellektuelle waren, die sich vor dem Krieg entweder im Gymnasium oder nach dem Krieg an der Universität eher mit der deutschen Sprache und Kultur als mit der angelsächsischen vertraut gemacht hatten.

In der Umfrage fünf Jahre später, 1986, ist Hermann Prey auf die siebte Stelle zurückgefallen, und Plácido Domingo erreichte Platz eins. An zweiter Stelle standen Dietrich Fischer-Dieskau und an dritter Peter Schreier.[2] Die soziologischen und ökonomischen Umstände hatten sich mittlerweile geändert, denn in Japan boomte inzwischen die sogenannte Seifenblasenkonjunktur, und es kamen viele Starsänger sowie prächtige Operninszenierungen vor allem aus Italien nach Japan. Der Geschmack und die Sicht des Publikums hatten sich damit verändert.

Trotzdem war jede Vorstellung Peter Schreiers immer ausverkauft. Die Theater und Konzertsäle in Japan sind meistens sehr groß. Auf jeder Bühne, deren Zuschauerraum mehr als 2000 Plätze umfasst, hat Peter Schreier die unterschiedlichsten Opernarien, geistliche Musik und deutsche Lieder aufgeführt und damit im Durchschnitt pro Jahr über 20000 Japaner fasziniert. Man kann vielleicht sagen, dass Peter Schreier sich so großer Beliebtheit erfreute wie ein Rockstar, selbstverständlich nicht nur wegen seiner wunderschönen Stimme, sondern auch aufgrund seines Intellekts und der beseelten Innigkeit seiner Vorstellungen.

Ich schätze, dass die Gesamtsumme der Japaner, die die Aufführungen von Peter Schreier live erlebt haben, mehr als 500000 Zuschauer beträgt. Diese Zahl entspricht fast der Einwohnerzahl von Dresden! Die Musikliebhaber, die Peter Schreier aufgrund seiner umfangreichen Tonaufnahmen kennen und sich für seine Kunst interessieren, ist sicherlich um ein Zehnfaches höher. Das bedeutet, dass rund fünf Millionen Japaner von seiner Stimme berührt sind. Bei seinem letzten Japanbesuch als Sänger im Jahr 2005 hat die hochkarätige und dem »Spiegel« vergleichbare Wochenzeitschrift »AERA« ein überaus ansprechendes Brustporträt von Schreier als Titelseite gebracht. Die Anzeigen für die Zeitschrift hingen überall in den S- und U-Bahnen, sodass er den meisten Japanern allein schon aufgrund dieser Titelseite bekannt ist. Für Japaner ist Peter Schreier der Inbegriff des aufrichtigen Deutschen und hat als einer der beliebtesten Musiker sicherlich den Status eine Ikone inne.

Erster Japanbesuch 1974

In den letzten Monaten haben mir die »Peter Schreier-Liebhaber« (»P. S. L.«) eine Menge Materialien wie Programmhefte, Flyer, Kritiken und den Newsletter des 1978 gegründeten Fanclubs zur Verfügung gestellt, sodass ich den Spuren seiner 31 Japanreisen genauer nachspüren konnte. Um ein Gesamtbild von »Peter Schreier und Japan« zusammenzustellen, müsste man eine dicke Monografie schreiben. In diesem Text möchte ich daher eher einige besonders spannende Episoden Peter Schreiers in Japan vorstellen und auch etwas heiklere Aspekte erhellen. Diese Episoden umfassen unter anderem auch meine eigenen aus dem japanischen Blickwinkel entstandenen Betrachtungen zu Peter Schreier und der DDR.

Wie kam es zu dem ersten Japanbesuch Peter Schreiers? Die Herstellung der diplomatischen Beziehung zwischen der DDR und Japan geschah im Jahre 1973. Aus diesem Anlass kam die Staatskapelle Dresden unter Leitung von Herbert Blomstedt das erste Mal nach Japan. Im nächsten Jahr fanden anlässlich des Jubiläums zum 25. Jahrestag der Staatsgründung der DDR die »DDR-Musiktage 1974 in Japan« vom 9. November bis zum 9. Dezember vorwiegend in Tokio statt. Auf Japanisch wurden diese DDR-Musiktage als »Berliner Musikfest« beworben.

Aus Ost-Berlin reisten dafür viele repräsentative Orchester und prominente Musiker nach Japan: das Berliner Sinfonie-Orchester mit Kurt Sanderling, das Kammerorchester Berlin mit Helmut Koch (der wegen Krankheit leider kurzfristig absagen musste), das Berliner Oktett, Hans Pischner (Cembalo), Annerose Schmidt (Klavier), Annelies Burmeister (Alt), Theo Adam (Bassbariton), Walter Olbertz (Klavier), Peter Schreier und viele andere. Theo Adam sang die *Winterreise* und Peter Schreier *Die schöne Müllerin*.

Kurz vor den DDR-Musiktagen gastierte von September bis Oktober 1974 die Bayerische Staatsoper aus München zum ersten Mal in Japan. Wolfgang Sawallisch dirigierte *Don Giovanni, Die Hochzeit des Figaro* und *Die Walküre* mit sicherer Hand wie auch Carlos Kleiber den *Rosenkavalier*. Darüber hinaus traten weltbeste Sänger wie Birgit Nilsson, Gwyneth Jones und Dietrich Fischer-Dieskau auf. Theo Adam, der in der *Walküre* den Wotan sang, ist nach einer kurzen Heimkehr für die DDR-Musiktage wieder nach Japan gekommen.

Auf jeden Fall standen sich im Herbst 1974 in Tokio die ost- und westdeutschen Musikwelten, die DDR und die BRD, in musikalischer Konkurrenz gegenüber. Allein Peter Schreier kam etwas später zum ersten Mal nach Japan, nämlich am 24. November. Darüber hat er ausführlich berichtet:

»Ich hatte vorher einen Liederabend in San Francisco und die auf dem Globus nicht so versierten Ostberliner Tourneeplaner vergaßen, die Datumsgrenze einzukalkulieren. Demzufolge traf ich mit einem Tag Verspätung ein. Der Flieger sollte um 16.30 Uhr in Haneda, Tokio landen. Die deutschsprachige Stewardess der Pan Am vom legendären Flug 001 – der die Erde umrundete – erzählte mir beim Start, dass sie manchmal bei Stürmen auf den Fairbanks in Alaska zwischenlanden müssten. Ich dachte: Was wird, wenn wegen mir der Liederabend ausfällt? Gott sei Dank war Petrus gnädig und wir kamen pünktlich an. Mit Blaulicht fuhr man mich sofort zum Konzertsaal, wo Olbertz in einem Raum zur Anspielprobe für die ›Müllerin‹ wartete. 19 Uhr dann trat ich vor die vielleicht 2 000 Menschen in der Hibiya Konzerthalle. Ein Saal voll ›schwarzer Köpfe‹, viele Besucher mit Noten in der Hand. Plötzlich war alle Müdigkeit verflogen, meine Motivation so hoch, dass ich auch noch den Empfang im Dachgeschoss eines Panoramarestaurants bestens überstand. Die Resonanz in dem unserer Tradition und Mentalität so fernen Kulturkreis hatte mich überwältigt. Danach fiel ich todmüde ins Bett und habe den ganzen Tag durchgeschlafen.«[3]

Seit seinem ersten Japanbesuch 1974 hat Peter Schreier fast jedes Jahr vorwiegend im Herbst einen Liederabend an verschiedenen Orten in ganz Japan gegeben. Die Gesamtzahl seiner Auftritte beläuft sich bestimmt auf einhundert Mal. Doch erst nach der Wende wurde Peter Schreier vermehrt zu ausschließlich eigenen Liederabenden nach Japan eingeladen. Bis in die 1980er-Jahre hatte er sich mit seiner außerordentlichen Kunst dem japanischen Publikum eher auf der Opernbühne präsentiert.

Wehklagen in Ost-Berlin

Wenn man sich zum Beispiel sein Programmheft aus dem Jahr 1977 ansieht, ist auf dem Deckblatt »DDR Deutsche Staatsoper Berlin Peter Schreier« verzeichnet. Die erste Japantournee der Staatsoper Berlin vom 6. bis 27. Januar ging nach Tokio, Osaka, Nagoya und Kanagawa, und Peter Schreier sang den Don Ottavio in *Don Giovanni* und den Ferrando in *Così fan tutte*. Zwischen den Opernaufführungen veranstaltete er seine Liederabende. Sie begannen mit *Die schöne Müllerin* in der Festivalhalle Osaka, die fast 3 000 Plätze umfasst, und wurden mit vier komplett ausverkauften Veranstaltungen mit unterschiedlichem Programm in Tokio erfolgreich fortgesetzt.

Für dieses Programmheft schrieb der geniale Regisseur Reiji Mitani einen sehr eindrucksvollen Artikel. Mitani hatte vom Filmschauspieler zum Opernregisseur umgesattelt. Ab 1964 besuchte er innerhalb von 22 Monaten und ab 1969 nochmals innerhalb von 13 Monaten über 1 000 Opernvorstellungen, vorwiegend in Deutschland, um avantgardistische Inszenierungen zu studieren. Danach hat er mit mehreren brillanten Bühnenvorstellungen die japanische Opernwelt revolutioniert. Leider ist Reiji Mitani nach langer schwerer Krankheit mit 56 Jahren viel zu früh verstorben. Er war auch einer der von mir verehrten Personen, die auf meine Opernanschauung großen Einfluss ausgeübt haben. Ich möchte an dieser Stelle einen Auszug aus einem seiner scharfsinnigsten Texte vorstellen:

»Für mich ist Peter Schreier jemand, der als *eine ganz bestimmte Art von Künstler einer ganz bestimmten Zeit* in Ost-Berlin außergewöhnliche Erinnerungen in mir hervorruft. Damals war der Bau der ›Mauer‹, die Berlin in Ost und West teilte, gerade erst vier Jahre her und mir als Reisendem, der in West-Berlin wohnte, erschien Ost-Berlin wie eine große Geisterstadt. [...] Da ich zu der Zeit Science-Fiction-Romane geradezu verschlang, fühlte ich mich dadurch sofort an das Meisterwerk von Jack Finney ›The Body Snatchers‹ erinnert.

Angenommen, dass sich die in die Enge getriebenen Menschen einer Stadt, die gerade von Weltraumbewohnern eingenommen wird, eines Nachts in einem Theater versammeln, um eine Bestätigung für ihr Menschsein zu erhalten, also in der Absicht, den Geruch der Menschen wahrzunehmen, der nur dem Theater innewohnt. Im Theater in Ost-Berlin fühlte man sich, als sei man in genau so einer Situation. [...] Es schien mir, als ob ein in der Wildnis herumirrendes Volk an eine Quelle gelangt war.

Zu dieser Zeit hörte man in Berlin immer wieder tragische Geschichten. Mir als Japaner offenbarten die Leute damals eine Begebenheit, die sie sich unter Deutschen nicht zu erzählen gewagt hatten. [Die von Mitani danach vorgestellte Geschichte ist eine solche Familientragödie, auf deren Wiedergabe ich hier verzichte.]

Als [West-]Reisender konnte man die Grenze zwischen Ost- und West-Berlin jederzeit passieren, wenn auch nach einer etwas umständlichen Prozedur, doch den jeweils in Ost und West ansässigen Berlinern wurden durch solche, durch die Trennung verursachten Tragödien Leib und Seele zerrissen. Die Abschiedsszenen, die sich im Bahnhof Friedrichstraße abspielten und denen ich bei meinem Theaterbesuch in Ost-Berlin immer wieder begegnete, haben sich in meine Eindrücke von der Musik von Mozart oder Verdi mit eingebrannt.

In dieser Zeit hat Peter Schreier z. B. den Don Ottavio gesungen. Seine direkte und aufrichtige Gesangsweise klang aufgrund der Situation in meinen Ohren vielmehr wie ein Wehklagen.«[4]

Wir haben uns als Japaner schon gefragt, wie sich Peter Schreier als ein aus der DDR stammender Musiker trotz dieser politisch schwierigen Lage in westlichen Ländern so bewegen konnte, als sei er völlig frei. Hatte er doch Japan zusammen mit westlichen Orchestern oder Ensembles mehrmals besucht. Besonders, weil Peter Schreier im Jahr 1979 zweimal nach Japan kam, hat er sich uns als internationaler Starsänger eingeprägt.

Mit Karajan und Sawallisch

Vom 7. Mai bis 9. Juni 1979 fand das zweite »Musikfest Tokio« statt. Es wurde mit dem *War Requiem* von Benjamin Britten eröffnet. Wolfgang Sawallisch leitete das NHK Symphony Orchestra, und als Solisten wirkten Julia Varady, Peter Schreier und Dietrich Fischer-Dieskau mit. Im Rahmen dieses Festes wurde auch eine Neuproduktion der *Zauberflöte* von der japanischen Operntruppe »Nikikai« vorgestellt. Sawallisch hat sie meisterhaft dirigiert, und Peter Schreier hat darin neben seinen japanischen Kollegen den Tamino ganz bezaubernd gesungen. Außerdem faszinierte er damals ein riesiges Publikum mit *Die schöne Müllerin*.

Im November des gleichen Jahres kam Schreier wieder nach Tokio, um an einem monumentalen Gastspiel der Berliner Philharmoniker und des Singvereins der Gesellschaft der Musikfreunde Wien mitzuwirken. Unter Leitung von Herbert von Karajan hat er die *Neunte* von Beethoven, *Die Schöpfung* von Haydn, das *Requiem* von Mozart und das *Te Deum* von Bruckner gesungen.

Im Jahr 1985 spielte Peter Schreier abermals als musikalischer Botschafter der DDR eine sehr bedeutende Rolle. Die »DDR-Musikfestspiele 1985 Japan« fanden anlässlich des Jubiläums zum 300. Geburtstag von Bach und Händel statt. Anders als die DDR-Musiktage von 1974, die als »Berliner Musikfest« bezeichnet worden waren, gastierten dieses Mal für sechs Wochen, vom 30. Oktober bis 9. Dezember, hervorragende Orchester, Chöre und Musiker aus drei bedeutenden Städten der DDR (Dresden, Berlin, Leipzig) in Japan: die Staatskapelle Dresden unter Herbert Blomstedt, das Kammerorchester Carl Philipp Emanuel Bach der Deutschen Staatsoper Berlin unter Hartmut Haenchen, der Thomanerchor und das Gewandhausorchester unter Thomaskantor Hans-Joachim Rotzsch aus Leipzig. Im Rahmen dieser Festspiele sang Peter Schreier drei Mal die *Matthäus-Passion*, das *Weihnachtsoratorium* und zum Klavier von Walter Olbertz fünf Mal die *Winterreise*.

Die Deutsche Staatsoper Berlin besuchte 1987 zum vierten Mal Japan. Dieses Mal sang Peter Schreier den David in *Die Meister-*

singer von Nürnberg und den Belmonte in *Die Entführung aus dem Serail*. Bei dieser Gelegenheit habe ich selbst die *Meistersinger* zum ersten Mal live erlebt und war von dieser Vorstellung so überwältigt, dass ich nach dem Ende für längere Zeit nicht von meinem Platz aufstehen konnte. Besonders erinnere ich mich noch an Schreiers Stimme und sehe seine Gestalt deutlich vor mir, wie er die schwierigen Partien des Davids ganz ungekünstelt und mit großer Leichtigkeit vorgetragen hat.

Um die Wende

Ab dem Jahr 1988 reiste Peter Schreier auch im Rahmen von Gastspielen des Thomanerchors Leipzig sowie des Dresdner Kreuzchors nach Japan und gab gleichzeitig eigene Liederabende quer durch das ganze Land. Zwischen seinen beiden Japanbesuchen 1988 und 1990 kam dann unerwartet die politische Wende.

Sieht man sich den Flyer für seine Japantournee im November und Dezember 1990 an, dann steht darin »Unterstützung: DDR sowie DDR-Kulturgesellschaft«. Allerdings war die DDR schon verschwunden, als Peter Schreier zusammen mit dem Thomanerchor, dem Gewandhausorchester und Theo Adam für die *Matthäus-Passion* sowie seine Liederabende nach Japan kam. Den Schreier-Fans in Japan war damals das Geschick dieses aus der DDR stammenden weltberühmten Musikers ganz und gar nicht gleichgültig.

Übrigens hielt ich mich persönlich vom Sommer bis zum Herbst 1989 zuerst in Budapest für ein Gastspiel unseres Chors und dann noch weiter allein in Süddeutschland auf und bekam diese außergewöhnliche Zeit des Umbruchs in der DDR relativ unvermittelt mit. Kurz nach meiner Heimkehr fiel die Berliner Mauer.

Peter Schreier und die DDR

Über das heroische Verhalten Kurt Masurs in Leipzig wurde in Japan ausführlich berichtet. Auf der anderen Seite hatte das »Schweigen« Peter Schreiers für viele japanische Fans etwas Deprimierendes. Als ich jedoch den Artikel »Peter Schreier in der DDR«, den der namhafte und anspruchsvolle Musikkritiker Tokihiko Umezu für das Programmheft 1995 geschrieben hatte, gelesen habe, war ich beruhigt und zufrieden. Da der Artikel auch sein wertvolles Interview mit Peter Schreier beinhaltet, möchte ich an dieser Stelle daraus zitieren:

»Als die Welle der Befreiung in der alten DDR ausbrach, standen bei den Demonstrationen auch die Musiker zusammen mit vielen anderen Bürgern an vorderster Front. Jedoch wurde in den Berichten über die Freiheitsbewegung der Name Peter Schreier nie genannt und es drang auch bis nach Japan durch, dass man ihm vorwarf, dass er sich nicht beteiligt hatte. Als ich diese Tatsache erfuhr, hatte ich gemischte Gefühle. Die Welle der Freiheit war zwar berührend, und ich verfolgte sie mit großer Spannung, aber ich meinte auch zu verstehen, warum Peter Schreier sich nicht in diese Welle hineinwerfen konnte.

Die Zeit der großen Demonstration für Freiheit in Dresden nutzte Peter Schreier zur Erholung und zur Regeneration seiner Stimme. [...] Er sagte, ›ich habe den Demonstranten in einem vertraulichen Brief geschrieben, dass wir das Schicksal unseres Landes in die eigene Hand nehmen müssen, doch mir wurde vorgeworfen, dass ich mich davor drückte. Obgleich diese Freiheitsbewegung selbstverständlich auch für mich erfreulich war. [...]‹

Wie die Demonstranten Peter Schreier kritisierten, hätte es irgendwo in ihm vielleicht ›ein Zögern‹ gegeben. [...] Auf der anderen Seite erklärte Peter Schreier in Bezug auf seine Reisefreiheit, die ihm als Musiker vergönnt war: ›Ich hatte gegenüber den DDR-Bürgern ein schlechtes Gewissen. Besonders, wenn ich nach Hause zurückkam, hatte ich immer das Gefühl, niemandem von meiner

Reise erzählen zu dürfen.‹ So hegte Peter Schreier offensichtlich doch große Zweifel an der Abgeschlossenheit der DDR.«[5]

So wie es Tokihiko Umezu beschrieben hat, kann man den inneren Konflikt Peter Schreiers von der menschlichen Seite sehr wohl nachvollziehen. Es ist verständlich, dass er die DDR, in der er aufgewachsen war, nicht vollständig verleugnen konnte. Dieser Umstand wirft auch eine weitere große Frage auf. Dreißig Jahre nach der Wiedervereinigung können wir uns als Ausländer und vielleicht auch die Deutschen nicht mehr vorstellen, wie der Kunst- und Kulturbetrieb in der DDR ausgesehen und funktioniert hat. Doch dürfen wir einen über 40 Jahre lang existierenden Staat und seine Kultur so einfach vergessen und aus der Geschichte streichen?

Auch wenn ihm dies einmal zum Vorwurf gemacht worden war – Peter Schreier hat seine Heimatstadt Dresden nicht verlassen. Als das einheimische Publikum sein erstes Konzert nach der Wende mit der gleichen Warmherzigkeit aufgenommen hat wie zuvor, soll er zu Tränen gerührt gewesen sein.

Peter Schreier und Japan

Nach der Wende betonte der Sänger immer wieder, dass die Musikerziehung und -ausbildung in der DDR der der BRD überlegen war. Im Wesentlichen hat uns Peter Schreier wohl auch als repräsentativster Künstler der DDR fasziniert und damit zum Ansehen des Landes in Japan beigetragen. Im Grunde jedoch hat er durch seine Mitwirkung in Produktionen von Karajan oder Sawallisch bei uns in Japan die schöne Illusion heraufbeschworen, dass Musik Grenzen überschreiten oder Regime überwinden kann. Auf der anderen Seite hatten wir in Japan zu Recht Respekt vor einer DDR, die solche internationalen Musikstars wie Peter Schreier hervorbrachte.

Das Thema »Peter Schreier und Japan« ist auch unter kulturwirtschaftlichen und kulturpolitischen Aspekten hochinteressant. Die hervorragenden Musiker und musikalischen Produkte waren für die DDR auf der einen Seite wichtige Exportgüter, um an Devisen zu gelangen. Auf der anderen Seite war die Kombination »Peter Schreier und Japan« auch für die auswärtige Kulturpolitik von Relevanz, um in den westlichen Ländern das Image der DDR als Kulturstaat zu verbreiten und die freundschaftlichen Beziehungen dorthin zu vertiefen.

Der große Einfluss, den Peter Schreier auf Japan ausgeübt hat, beschränkt sich jedoch nicht auf kulturwirtschaftliche oder kulturpolitische Leistungen. Was er uns Japanern geschenkt hat, war etwas rein Künstlerisches und zutiefst Menschliches, die Gabe seiner beseelten Musik. Peter Schreier wird in unseren Gedanken immer weiterleben.

Kazuo Fujino, Prof.

Studium von Philosophie, Musikwissenschaft und Germanistik in Tokio, Saitama und Heidelberg. Er unterrichtet seit 1989 Moderne Kulturwissenschaft und Kulturpolitik an der Graduate School of Intercultural Studies der staatlichen Universität Kobe/Japan. Er schreibt für die »Nikkei«-Zeitung regelmäßig Musikkritiken, veröffentlicht Bücher, insbesondere über Richard Wagner, und wissenschaftliche Texte. In vielen Ländern hielt er Vorträge.

Anmerkungen

1   Junko Yoshida: Shizenna Utagokovo (Natürlicher Sinn für Gesang), in: The Asahi Shimbun, Tokio, 11.4.2020, S. 6.
2   Ongaku no tomo, Ongaku no tomo Verlag Tokio, Juni 2006, S. 72.
3   Jürgen Helfricht: Peter Schreier – Melodien eines Lebens, Dresden 2008, S. 120 f.
4   Reiji Mitani: Peter Schreier no koto (Über Peter Schreier), in: Programmheft Peter Schreier in Japan 1977, Tokio.
5   Tokihiko Umezu: Peter Schreier in der DDR, in: Programmheft Peter Schreier Japan Tour 1995, Japan Arts Tokio.

Gastspiel des Dresdner Kreuzchores und der Dresdner Philharmonie im November 1988 in Japan – mit Peter Schreier und anderen Solisten
(Werbeblatt, Nachlass Peter Schreier)

Ansprachen im Abschiedsgottesdienst
für Peter Schreier
am 8. Januar 2020 in der Kreuzkirche Dresden

Roderich Kreile
Kirchenmusiker und Dirigent

Gedenkrede am 8. Januar 2020 in der Kreuzkirche Dresden

Sehr geehrte Frau Schreier,
sehr geehrte Familie und Angehörige,
liebe Trauergemeinde, liebe Kruzianer,

ein »Großer« ist von uns gegangen und ist zu würdigen.

Verfolgte man die Berichterstattung der Medien, las die Nachrufe und nahm darin die Annäherung an einen bedeutenden Künstler wahr, so wurden unterschiedlichste Aspekte in den Vordergrund gehoben. Zweifellos steht eben der Künstler im Fokus: ein Mann größter musikalischer Gestaltungskraft, welche Rollen und Aufgaben er auch immer übernahm. Mal spricht man von dem Opernsänger, mal vom Mozart-Tenor und, was uns in Kreuzchor und Kreuzkirche immer bedeutsam nahe war und ist, vom Evangelisten. Peter Schreier, der Bach'sche Musik in allen Aspekten verlebendigte und uns ergriff. Seinen Lebenslauf stelle ich hier in äußerster Kürze dar:

Geboren am 29. Juli 1935 in Meißen.

Der Sohn eines Kantors und Lehrers war 1945–1954 Mitglied des Dresdner Kreuzchores.
    Studium 1954–1956 privatim in Leipzig und 1956–1959 an der staatlichen Musikhochschule in Dresden.

Debüt 1957 an der Dresdner Staatsoper (ab 1959 Mitglied), ab 1963 Mitglied der Berliner Staatsoper Unter den Linden, Gastspiele an der Wiener Staatsoper sowie an jenen von München und Hamburg, an der Covent Garden Opera London, an den Nationalopern von Budapest, Warschau und Bukarest, am Opernhaus von Lausanne (Schweiz), am Moskauer Bolschoj Theater und an der Oper von Leningrad (St. Petersburg / Russland), der Metropolitan Opera New York (USA), an der Mailänder Scala und am Teatro Colón von Buenos Aires; seit 1967 bei den Salzburger Festspielen; zugleich Karriere als Lied- und Oratoriensänger, seit 1970 auch als Dirigent tätig.

Seit 1976 wirkt er regelmäßig bei der »Schubertiade« in Hohenems, Feldkirch bzw. Schwarzenberg (Vorarlberg). Sein lyrischer Tenor entfaltet sich insbesondere bei Mozart-Rollen, als Evangelist in den Passionen und Solist in den Kantaten J. S. Bachs und im Liedgesang (hervorragender Schubert-Interpret).

Meine Begegnung mit ihm erfolgte spät, auch wenn ich ihn schon als Jugendlicher in Konzerten erleben durfte. Nach meiner Berufung zum Kreuzkantor meldete er sich zu einem Gespräch an; er wollte sich wohl einen Eindruck vom »Neuen« machen. Kurz danach musizierten wir in der Kreuzkirche: erst die *h-Moll-Messe*, dann die *Matthäus-Passion*. Diese war ein Urerlebnis für mich, da ich ganz von der Kraft seiner Interpretation ergriffen war und bei den Übergängen zu den Turba-Chören meine Hände von seinen Intentionen geführt wurden.

»Ihre Werke folgen ihnen nach« haben wir vorhin in der Schütz-Motette gesungen. Mir verbietet es sich, hier in eine theologische Deutung dieses Abschnittes aus der Offenbarung einzutreten. Aber: Peter Schreier wird weiter wirken, denn er ist geeignet, Vorbild für junge Menschen zu sein. Wir sehen, was schon ein Knabe und dann ein junger Mensch zu erreichen im Stande ist, wenn er in sich eine Begabung, ja geradezu eine Berufung entdeckt und sich mit äußerster Hingabe der Entfaltung derselben widmet.

Er ist Vorbild, weil er sich mit ganzer Seele hingeben konnte. Wir leben in einer Zeit, die nicht reich ist an Personen, die in einem solchen Sinne als Vorbilder, Leitbilder dienen können. Und: er blieb zutiefst menschlich, seiner Familie, seiner Heimat verbunden. Keine abgehobene Größe; Größe durch Erdung, Gründung im Glauben. So verbanden sich in seiner Person Eigenschaften, die ihn, nicht nur für uns im Kreuzchor, sondern allgemein, zum Vorbild tauglich machten.

Es gibt einen weiteren Satz aus der Bibel, der mich vor vielen Jahren beeindruckt und beeinflusst hat: »Die Lehrer aber werden leuchten wie des Himmels Glanz, und die, so viele zur Gerechtigkeit weisen, wie die Sterne immer und ewiglich.« (Buch Daniel, 12:3)

Hiermit wende ich mich vor allem an unsere Kruzianer: Ihr Lieben, lernt, in Peter Schreier einen, in einem sehr umfassenden Sinne, großen Lehrer zu sehen, der weisen kann, was zu einem gelingenden Leben wichtig ist. Hört nicht auf Kleingeister, folgt großen Zielen, entfaltet die Gaben, die ihr in euch tragt.

Peter Schreier – ein wahrhaft »Großer« ist von uns gegangen.

Roderich Kreile, Kreuzkantor und KMD

Geboren 1956 in München, Studium an der dortigen Hochschule für Musik (Kirchenmusik, Chor- und Orchesterleitung). 1981–1996 Kantor an der Christuskirche München, bis 1984 Assistent des Landeskirchenmusikdirektors. 1986 Gründung der Jungen Kantorei München, Dirigent des Philharmonischen Chores München. Von 1989 bis 1996 lehrte er Chorleitung an der Musikhochschule München, wo er zuletzt eine Professur innehatte. Seit 1997 wirkt er als 28. evangelischer Kreuzkantor und Leiter des Dresdner Kreuzchores.

Markus Deckert
Pfarrer der Heimatgemeinde Peter Schreiers in Loschwitz

Predigt im Abschiedsgottesdienst für Peter Schreier am 8. Januar 2020 in der Kreuzkirche zu Dresden

Liebe Frau Schreier,

liebe Söhne, Torsten und Ralf, und
Sie alle, die Sie zur Familie gehören,
liebe Freunde, Weggefährten und Künstlerkollegen,
liebe Kruzianer – auch Ihr Ehemaligen alle,
liebe Dresdner und ihre weitgereisten Gäste,

nun nehmen wir Abschied von Peter Schreier.

Seit er nach seinem beeindruckenden Lebensweg von 84 einhalb Jahren am ersten Christfesttag seine Augen für immer schloss, sind unsere Gedanken erfüllt von Traurigkeit, aber auch von Dank und vielen Erinnerungen. Es sind Erinnerungen an einen großen Menschen, einen außergewöhnlichen Künstler, einen begnadeten Sänger.

Für Sie, liebe Frau Schreier, ist es der Abschied von Ihrem lieben Ehemann, mit dem Sie weit über sechzig Jahre zusammen durch das Leben gegangen sind, es ist der Abschied von Ihrem Vater und Schwiegervater, Eurem Großvater, vom älteren Bruder, vom jüngeren Schwager ...

... für uns alle der Abschied von einem Künstler, der mit seiner Stimme von Dresden aus die Bühnen der Welt eroberte und unzähligen Menschen unvergessliche Momente tiefer Ergriffenheit schenkte.

Sie alle, die Sie hier versammelt sind, spüren das Besondere dieser Stunde – vielleicht ja auch schon Ihr, die allerjüngsten Kruzianer! Da geht der unbestreitbar Berühmteste von uns dahin. Und wir alle bezeugen unseren großen Respekt. Treten mit Dankbarkeit an seinen Sarg und befehlen ihn nun dem Heiland, zu dessen Krippe »im finstern Stall« er als Evangelist hingeführt hat. Zu dem hin er im *Weihnachtsoratorium* sang: »Du Jesu, bist und bleibst mein Freund, und werd ich ängstlich zu dir flehn: Herr, hilf! Herr, hilf! So laß mich Hilfe sehn.«

Wir stehen vor Gott, jenem Herrn, den sein Sängerfreund Theo Adam im Brahms-*Requiem* so viele Male angerufen hat: »Herr, lehre doch mich, dass es ein Ende mit mir haben muss und mein Leben ein Ziel hat und ich davon muss.«

Ja, wir müssen alle davon. Nun er.

In solchem Abschied aber wird auch die Einmaligkeit, die unwiederbringliche Schönheit und Würde eines Lebens bewusst. Und es kann uns staunen lassen, welch' wunderbare Gaben Gott uns Menschen gegeben hat.

Wie begnadet war das Leben Peter Schreiers mit einer Stimme, die ganz unverwechselbar er selbst war – ob als Liedinterpret, Operntenor oder eben als Oratoriensänger sofort herauszuhören aus vielen anderen Stimmen. Mit bleibender Nachwirkung gilt er als Sänger der Evangelisten-Partie in den Bach'schen Kantaten und Passionen – alle Leidenschaft legte er hinein in ein die Hörerschaft ergreifendes Erlebnis.

Ich sehe ihn noch beim Abschiedsgottesdienst für Theo Adam, nah, ganz nah am Sarg in der Loschwitzer Kirche sitzen. Ein knappes Jahr gerade ist das jetzt her ... Und alle, die Peter Schreier damals grüßten und angesichts seiner sichtbar angegriffenen Gesundheit um ihn bangten, haben sich sicher so wie ich gewünscht, dass der zeitliche Abstand größer sei bis zu dem Tag, an dem wir auch von ihm Abschied nehmen müssten. Nun ist es anders gekommen – Theo und Peter, beide großen Sänger, die aus dem Kreuzchor hervorgegangen sind, Freunde, die beide am Dresdner Elbhang zuhause waren, wurden im gleichen Jahr von Gott heimgerufen. Er, der Evangelist, der zur Krippe führt, an einem hoch symbolischen Datum: Genau dem Tag, an dem die Christenheit die Geburt Jesu begeht.

So hat es seinen Grund, heute in das alte Weihnachtslied einzustimmen: »Brich an, du schönes Morgenlicht und lass den Himmel tagen ...« An seinem Sterbetag wurde es an vielen Orten und auch im Loschwitzer Gottesdienst gesungen.

»Du Hirtenvolk, erschrecke nicht ...«

Viele unter uns haben im Ohr, wie er die Arie *Frohe Hirten, eilt, ach eilet* interpretierte und dabei im Wechselspiel mit der Solo-Flöte nicht nur die kunstvollen Läufe virtuos beherrschte, sondern sein Singen die erschrockenen Hirten ermunterte und die Hörer gleichsam mitzog – und so die Sehnsucht aufweckte, nun selbst »das holde Kind zu sehn«.

Wer an der Krippe war, geht anders wieder, als er dorthin gekommen ist. Wer »das holde Kind« und damit Christus im Herzen trägt, geht anders durchs Leben. Darf sich am Ende seiner Tage bei IHM und von IHM erlöst wissen. Aufgehoben im »schönen Morgenlicht«, das wir Sterblichen nur erahnen, von dem aber doch schon zu singen ist.

Es ging Peter Schreier merklich nahe, vom Tod naher Freunde zu hören. Zuletzt Ende Oktober von Reimar Bluth, dem Leiter der Klassik-Aufnahmeproduktion von Eterna. Und die Fragen: Was tröstet? Was bleibt? und: Kommt noch etwas? die kannte auch er.

Ob es ihn jeweils an Goethes *Nachtlied* erinnerte, das er oft als Zugabe bei Liederabenden gesungen hat? Das Lied, in dem die Vögel schweigen und das memento mori angestimmt wird: »Warte nur, warte nur, balde, balde ruhest du auch.«

Heute singen wir für ihn, der schon Schwerstes durchlebt hatte, Monate in Krankheit, Tage und Nächte im Koma, aus dem er bisher immer zurückfand ins Leben.

Dankbar dürfen wir sagen, dass die letzten Jahre noch einmal ein Geschenk an ihn waren. Und sein Heimgang auch Erlösung ist. – So müssen wir nicht verstummen heute. Wir können singen und schon darin Trost erfahren.

Nachrufe und Buch-Portraits, Internet-Einträge und das Erzählen vieler Zeitzeugen ergeben ein reiches, inzwischen auch längst veröffentlichtes Bild, das dieses Leben nacherzählt und würdigt.

Es gibt Antwort auf die Frage, wer er war. Wer aber war er Euch und Ihnen? Für viele unter uns, auch über seine Familie hinaus, berührt diese Frage das eigene Leben, genauso, wie das Bild seines Lebens inzwischen zur Identität von Chor und Kirche und Stadt gehört. Sie, liebe Familie Schreier, finden sich da hoffentlich oft wieder – zwischen dem offiziellen Peter Schreier und Ihrem Bild vom vertrauten Menschen neben sich.

Große Kapitel der Musikgeschichte der letzten Jahrzehnte sind nicht ohne seinen Namen zu schreiben! Auch nicht die jüngere Geschichte des Kreuzchores. – Mit Respekt erkennen wir ihn in all diesen Erinnerungen. Sehen, wie er sich als Künstler wie als Mensch verstand: Der Musik dienend und sie ganz aus sich selbst heraus interpretierend. Sprechend dafür war seine Entscheidung, auf der Höhe seines sängerischen Schaffens eine Dirigierkarriere zu verfolgen. Chor und Orchester um ihn herum gruppiert, widmete er sich einigermaßen singulär in einer Person als Evangelist wie als Dirigent der Partitur – verstand sich als Regisseur, der die Handlung in den Vordergrund stellt und für Dramatik sorgt. Der Hörer soll gebannt am Geschehen bleiben und auf dessen Fortgang schauen, nicht etwa von der Musik eingelullt werden.

Schon als Knabe hatte er davon geträumt, Tenor zu werden – um später Evangelistenpartien singen zu können! So jedenfalls ist es überliefert. Und auch, wie er versuchte, sich eine Tenorstimme zu verschaffen ...

Wenn dies hier (mehr als eine menschliche Feierstunde, wenn dies) wirklich ein Gottesdienst ist, dann soll der Tod des Verstorbenen in der Gegenwart des Gotteswortes aufgefangen sein. Uns zum Heil ist es längst gesagt und tröstet alles andere als billig. Peter Schreier hat dem Wort musikalisch immer wieder nachgespürt – ob in Liedern von Schubert oder Schumann, Brahms oder Mendelssohn, exemplarisch in den Schütz'schen *Kleinen Geistlichen Konzerten*. Dass das Wort im Hörer zur Wirkung kommt, ist ja nicht selbstverständlich – auch in dieser Stunde nicht. Es ist auf viele Bedingungen angewiesen. Aber die Musik ist eine goldene Brücke ins Herz der Hörer. Und wenn Bach für manchen als der fünfte Evangelist gilt, wäre nun zu zählen, wo Peter Schreier einzureihen ist.

Dort, wo das Wort nicht untergeht in schöner, gar lauter Musik. Sondern, wo es durch ehrliche und geradlinige Interpretation wirkt. »Es nützt doch nichts, wenn nur schöne Töne abgeliefert werden!« – ein typischer Schreier-Satz!

Von welchem Wort bekommen wir heute Zuversicht zugespielt? Reich jedenfalls sind wir mit ihnen beschenkt – so, dass wir an diesem Sarg nicht stumm und nicht taub bleiben müssen. Durch die Trauerfeier auch Hoffnung klingen mag! Ja, sie sogar Zuversicht wecken soll und Lust darauf, weiterzusingen.

Jede und jeder unter uns trägt seine Erinnerungen hierher. Mögen sie gestreift werden bei dem, was wir in dieser Stunde zu hören bekommen. – Das große Kapitel Oper, liebe Gemeinde, schlage ich hier erst gar nicht auf. Viele Berufenere wissen Peter Schreiers Karriere auf den Bühnen der Welt, als Tamino, aber ja weitere 60 (!) Rollen verkörpernd, zu würdigen.

Hier in der Kreuzkirche liegt vielmehr noch einmal obenauf, was ihn in Kindheit und Jugend prägte.

Mit großer Dankbarkeit sprach der gebürtige Meißner von seinen Eltern, dem Kirchschullehrer und Kantor Max Schreier in Gauernitz und dessen Frau Helene. Ihnen verdankt er die in die Wiege gelegte und schon in frühster Kindheit zum Klingen gebrachte Musikalität. Nach der verstörenden Erschütterung, die das Kriegsende mit Sirenengeheul überm Dorf und Feuerglühen von Dresden her auch in seiner Jungenseele hinterließ, war der 1. Juli 1945 der Tag, an dem sein bisheriges Kinderleben endete: Als allererster Junge fand er sich gemäß dem Aufruf des Alumnatsinspektors im Notquartier in Dresden-Plauen ein, erlebte die Anfänge des Sich-Wieder-Findens des in alle Richtungen zerstobenen Chores hautnah ... Wenige Wochen später, am 4. August, hier! in der damals ausgebrannten und mühsam, auch von Kruzianerhänden von

Trümmern beräumten Kreuzkirche, den Gottesdienst, in dem der Kreuzchor erstmals wieder sang ...

Die schöne Altstimme rückte ihn schnell in den Blick des Kantors. Rudolf Mauersberger erkennt in ihm einen Ausnahme-Kruzianer und hat viel mit ihm vor. Immer war es spannend, Peter Schreier selbst zu hören, wenn er die längst überlieferten Erinnerungen noch einmal neu gewichtete und als Anekdoten weitergab. Wenn er die Bauernfamilie Hubricht in Oberbobritzsch, bei der er sich mit seinem Bruder über Jahre jeden Sommer bei Ferienaufenthalten durchfutterte, über den grünen Klee lobte. Oder sich erinnerte, wie er hintendrauf auf dem Fahrrad des Kreuzkantors zu schon nächtlicher Stunde die Loschwitzer Brücke passierte. All das wird nun Buchwissen und nie wieder mehr von ihm selbst ausgeplaudert ... Wie vieles andere mehr bis hin zum: »Werden Sie Sänger!« Mauersbergers hellsichtiger Rat an ihn ... Wie hatte er ihn da längst zum Sänger, zum Vor-Sänger werden lassen! Während der Vater noch in russischer Gefangenschaft steckte, trug die Begegnung mit diesem strengen, fördernden und fordernden Ersatz-Vater zum Werden des Menschen bei, dessen Lebenswerk uns heute noch einmal vor Augen steht.

Das Singen als Kruzianer machte ihn mit liturgischen Traditionen vertraut, auch mit den Werken Bachs und Schütz', gab ihm geistig-geistliche Schätze für sein ganzes Leben mit ...

Sie, liebe Frau Schreier, aber lernen ihn kennen, als Peter gar nicht singen kann – der 16-Jährige mitten im Stimmbruch! Ihre Lebens- und Liebesgeschichte gehört nicht in die wissbegierige Öffentlichkeit – Sie wissen selbst, was Sie einander waren! Was es Ihnen an Glück, auch an Entsagung bedeutete, mit diesem Mann durchs Leben zu gehen! War er doch beides, ganz nah und ganz fern. Blieb er verwurzelter Dresdner, selbst in den Jahrzehnten, für die er nach Berlin gerufen war. Und wurde zugleich Weltbürger, zuhause auf mehreren Kontinenten.

Mit der Dresdner Kulturlandschaft und ihren Menschen blieb er eng verbunden. Er fühlte, wo er herkam und hielt diese Herkunft in Ehren. Zugleich wurde der Kammersänger überall in Europa, ja weltweit gefeiert.

Durchdrang er doch in ganz eigener Weise seine Bühnenrollen. Lebte dabei oft in beglückender Gemeinschaft mit seinen Sänger- und Sängerinnenkollegen und den jeweiligen Dirigenten.

Es ist nur zu verständlich, dass Peter Schreier durch seine Kunst eine unzählbare Zahl von Menschen in seinen Bann zog und sich vielerorts auch Fan-Gemeinden bildeten. Selbst aus Japan gingen Wünsche ein, heute hier Kränze niederzulegen ...

Ihre Erinnerungen, liebe Familie, sind aber das, was nicht auch heute noch hintanstehen soll!

Mit der Geburt von Ihnen beiden, liebe Söhne, wart Ihr Schreiers eine Familie. Habt ihn als glücklichen und vielseitig interessierten Vater erlebt – als Mensch, ganz im Dienst an der Kunst unterwegs. Die Kehrseite der großen Berühmtheit: Sie konnte in die Last seiner Prominenz umschlagen!

Vermutlich erzählen Sie andere Anekdoten als die, die in den Büchern stehen. Trauern anders als so mancher Verehrer. Sie wissen, wofür Sie ihm dankbar sind, für das, was eben auch in der knappen Zeit möglich war, die ihm seine sängerische Passion ließ. Denken an das gemeinsame Leben zuerst in Strehlen, später im Haus an der Calberlastraße. An das Lungkwitzer Domizil. Gute Tage gab es überall zu erleben, auch im Familienurlaub in Ahrenshoop oder entlang des Festspielkalenders in Salzburg ...

Seine Liebe zu Dresden hat er gern betont. Hier lebten und leben viele der Freunde. Wird er geschätzt von Nachbarn und gekannt auch in Kreisen, die sich sonst kaum in Kirche und Oper verirren. Hier in Dresden schmeckte ihm das Essen, obwohl er es auch ganz besonders in Japan genoss.

Auch Euch, die Enkelkinder, möchte ich ansprechen. – Ihr habt noch einmal ganz anders den Mann vor Augen, der Euch liebte und im Blick hatte! Wisst von ihm mehr als die Musikhörer: Habt die von ihm gekochten Konfitüren gekostet, seinen Fang beim Hochsee-Angeln bewundert. Habt die geliebten Hunde ausgeführt und im Swimmingpool der Großeltern gebadet ...

Und wieder andere, Studierende und angehende Musiker, erlebten in ihm den strengen Lehrer, etwa in Meisterkursen, in denen er seine künstlerischen Erfahrungen weitergab. – Lange vor diesem Abschied heute standen doch schon andere Abschiede ...

Im Dezember 2005 beendete er seine Sängerlaufbahn mit einem Konzert im Prager Rudolfinum. Fünf Jahre zuvor, im Juni 2000, trat er gefeiert von der Opernbühne ab.

Für Dresdner bleiben noch andere Daten unvergessen: Zur Eröffnung der Semperoper singt Peter Schreier am 15. Februar 1985, begleitet von Swjatoslaw Richter, die *Winterreise*. 2005 singt er zur Weihe der Frauenkirche. Singt zugunsten seiner Geburtsstadt Meißen, deren Altstadt dringender Rettung bedurfte. Und ...?

Ja, an das darf ich hier auch erinnern: Denn noch ein Bau wird ihm zur Herzensangelegenheit: Die Wiedererstehung der Loschwitzer Kirche aus einer Kriegsruine. 25 Jahre ist dies her, und dass sich die Gemeinde dort wieder versammeln kann, ist auch mit sein Werk, seit er sich gemeinsam mit seinem Mitkruzianer Udo Zimmermann Theo Adam anschloss, der zu diesem Zweck eine Stiftung proklamiert hatte. Viele Erinnerungen an diese atemberaubende Zeit sind noch lebendig. Benefizkonzerte in Hamburg, München und auch in Dresden warben Mittel ein und begeisterten viele, sich kurz nach der Wiedervereinigung der beiden deutschen Staaten an diesem Wiederaufbau zu beteiligen.

Er, der als Kruzianer durch die vom Krieg gezeichnete Stadt gegangen war, hat erleben und mithelfen dürfen, wie sie wieder erstand ...!

Wir sind ihm für vieles dankbar. Und ich bin es auch persönlich: Für Begegnungen in seinen letzten Lebensjahren – nachdem ich mir als kleiner Kruzianer 40 Jahre zuvor ehrfürchtig ein Autogramm erbeten hatte. Nun erlebte ich manch tiefschürfendes Gespräch mit ihm. Auch die Übertragung eines Fußballabends im vergangenen Juli, bei dem Dynamo unter die Räder kam, aber wenigstens gegen einen bedeutenden Gegner spielte. Auch, wie geradezu demütig er werden konnte, wenn es an die letzten Fragen des Lebens ging! Er wusste, dass Ruhm »ein zweifelhaftes und vergängliches Gebilde ist«.

An einem der letzten Novemberabende drückte er mir die CD der *Johannespassion* in die Hand, die er noch im Februar 2018 in der Leipziger Thomaskirche dirigiert hatte. Eine große Freude für ihn, dass ihm dies noch vergönnt gewesen war. – Deren Schlusschoral werden wir von Euch Kruzianern hören!

Ihr singt ihn Gott ins Ohr, seid Euch dessen bewusst! Singt ihn für Peter Schreier – und dereinst für Euch selbst! So schließt sich der große Bogen eines Menschenlebens vor unseren Augen und Ohren.

»Aus der Tiefe rufe ich zu Dir ...« haben wir mit dem Psalmisten gebetet. Ihr, liebe Familie, kennt Euren Vater auch in der Tiefe schwerer Tage ...

»Aus der Tiefe ruf ich, Herr, zu Dir ...« – Das *De profundis* aus dem *Dresdner Requiem*, wir wissen es, hatte Mauersberger ganz und gar für seinen vergänglichen Knabenalt geschrieben. Mag uns die Ahnung bewahrt bleiben, dass auch uns in den Tiefen des Lebens dieser Herr *die* Adresse für unser Rufen bleibt!

Er darf nun schauen, was er geglaubt hat – und vielleicht noch mehr. Darf schauen, wovon er gesungen hat, wenn sich das Tor der Ewigkeit für ihn öffnet. Dort wird ihn Gesang erwarten. Anders mag ich es mir für ihn und für uns alle nicht vorstellen. Dorthin, in die Liebe Gottes, befehlen wir ihn, unseren lieben Verstorbenen, Peter Schreier.

»Es ist vollbracht!« – die Alt-Arie aus der *Johannespassion* hat er als 15-Jähriger gesungen.

»... O Trost für die gekränkten Seelen! Die Trauernacht lässt mich die letzte Stunde zählen.« Doch dann: *»Der Held aus Juda siegt mit Macht und schließt den Kampf. Es ist vollbracht.«*

Jesus Christus öffnet die Tür! Kommt uns entgegen! In der Traurigkeit des Abschiedes liegt auch tiefe Sehnsucht. Und streckt sich danach aus, österlich hoffen zu können. So zuversichtlich zu empfinden und zu glauben, wie wir längst schon singen. Solche Sehnsucht wünsche ich uns allen ins Herz.

Und Gottes Frieden, ihm wie uns.
AMEN

Fürbitte:
Wir können uns bergen in der Kraft des Glaubens! Mit unruhigen Gedanken die Hände falten und beten:
Gott unseres Lebens,
Das Herz ist schwer, möchte seufzen und klagen. Wir müssen Abschied nehmen – von ihm!
Von Peter Schreier, dem Ehemann und Vater, dem Bruder, dem Freund und Mit-Kruzianer, dem großen Sänger Dresdens ...
Wecke Du Hoffnung in uns, die Kraft hat, selbst dem Tod standzuhalten.
Lass uns dankbar sein für all das, was er uns war. Für die Gabe dieser Stimme, die so eindrücklich von dem sang, was unseren Glauben nährt. – Lass uns jetzt weitersingen, wenn sie verstummt.
Sei Du ihm jetzt nah, wie wir es nicht mehr sein können. Sei auch bei uns, unser Gott, wenn wir dann zurückkehren in unseren Alltag. Sei jedem von uns nah mit dem Trost deines Wortes und dem Frieden, der nur von Dir kommen kann ...
Gemeinsam können wir glauben, können wir singen, können wir sprechen:
Vater unser ...
AMEN.

Markus Deckert

Geboren 1967 in Dresden, 1976–1985 Mitglied im Dresdner Kreuzchor, Bausoldat in Prora, ab 1987 Studium der Theologie in Leipzig, Erfurt, Marburg und Zürich. Ab 1995 Vikar und Pfarrer in Leipzig, seit 2012 Pfarrer der Ev.-Luth. Kirchgemeinde Dresden-Loschwitz, der Heimatgemeinde von Peter Schreier und Theo Adam.

Bildteil

Peter Schreier als Sänger und Dirigent

Der Knabensolist Peter Schreier, 1947
(Unbekannter Fotograf, Nachlass Peter Schreier)

Der Dresdner
Kreuzchor unter
Rudolf Mauers-
berger (Bildmitte)
mit Dresdner
Musikern in der
beräumten Kreuz-
kirche anlässlich
einer Rundfunk-
aufnahme Ende
der 1940er-Jahre
(unbekannter
Fotograf, Samm-
lung Matthias
Herrmann)

234

Das Ehepaar Renate und Peter Schreier während der Salzburger Festspiele 1985 (Foto privat, Nachlass Peter Schreier)

Peter Schreier mit seinen Söhnen Torsten und Ralf, 1980 (Foto privat, Nachlass Peter Schreier)

236

Aufnahmepause im Dresdner Studio Lukaskirche: Der Dirigent Karl Böhm und
Peter Schreier in den 1970er-Jahren
(Foto: Wolfgang Wahrig, Nachlass Peter Schreier)

Gratulation für Peter Schreier und András Schiff, 2000
(privat, Nachlass Peter Schreier)

Der Sänger Peter Schreier während eines seiner regelmäßigen Konzerte zur
»Schubertiade« 1991
(Fotograf unbekannt / Schubertiade, Nachlass Peter Schreier)

Auch als Dirigent gern gesehener Gast im Schallplatten-Studio
(Foto: Hansjoachim Mirschel, Nachlass Peter Schreier)

Produktion der Bach'schen »Matthäus-Passion« in der Dresdner Lukaskirche 1985: Aufnahmeleiter Reimar Bluth, Sopranistin Lucia Popp und Peter Schreier (Foto: Hansjoachim Mirschel, Nachlass Peter Schreier)

Seite 240 oben:
Peter Schreier und Olaf Bär während eines Aufführungsabends der Staatskapelle in der Semperoper Dresden anlässlich des 400. Geburtstages von Heinrich Schütz (Foto: Matthias Creutziger, Sammlung Olaf Bär)

Seite 240 unten:
Peter Schreier nach der Abschiedsvorstellung in der Berliner Staatsoper Unter den Linden, 2000 (privat, Nachlass Peter Schreier)

Der Bassbariton Robert Holl mit seinem Dirigenten und Sängerkollegen Peter Schreier im Studio Lukaskirche Dresden in der zweiten Hälfte der 1980er-Jahre (Foto: Matthias Creutziger, Nachlass Peter Schreier)

Die drei Peter aus Oberloschwitz in der Semperoper Dresden: Damm, Rösel und Schreier, 2. Oktober 1998 (Foto: Matthias Creutziger, Sammlung Peter Damm)

Der Dirigent Peter Schreier bei J. S. Bachs »Johannes-Passion« in Ulrichshusen, 2001 (Foto: Monika Lawrenz, Nachlass Peter Schreier)

Peter Schreier 2012 (privat, Nachlass Peter Schreier)

Aufführung von Händels »Messias« 2012 in der New Yorker Avery Fisher Hall,
Dirigent Peter Schreier, Sopran Ute Selbig (privat, Sammlung Ute Selbig)

Bach musizieren in Dresden mit dem Dirigenten und Evangelisten Peter Schreier
in den 1980er-Jahren
(Foto: Matthias Creutziger, Nachlass Peter Schreier)

Gisela Pohl, Magdalena Falewicz, Peter Schreier, Theo Adam und Norman Shetler bei Filmaufnahmen der »Liebeslieder-Walzer« von Brahms im Garten des Carl-Maria-von-Weber-Museums in Dresden

Die Sängerfreunde Peter Schreier und Theo Adam beim selben Anlass (beide Fotografien: Mathias Adam, Nachlass Peter Schreier)

246

Peter Schreier als häufig gewünschter Gesprächspartner, hier im August 1997
(privat, Nachlass Peter Schreier)

Peter Schreier 2015 beim Meisterkurs für Liedgesang am »Haus Hofmannsthal« in Wien. Am Flügel der Korrepetitor Markus Vorzellner, rechts Mari-
ka Ottitsch (beide Fotografien: privat, Sammlung Markus Vorzellner)

Edda Moser und Peter Schreier vor der Veranstaltung im Rahmen des Festspiels der deutschen Sprache, Bad Lauchstädt 2018 (Foto: Peter-Michael Steyer)

Daniel Barenboim gratuliert Peter Schreier und seiner Frau Renate zum 80. Geburtstag in der Berliner Staatsoper Unter den Linden, 2015 (Foto: Thomas Bartilla, Sammlung Staatsoper Unter den Linden)

Anhang

Personenregister

Erfasst werden nur reale Personen, nicht aber diejenigen in den Biografien am Textende und in den Endnoten.

252

Der Herausgeber über sich

Geboren 1955 im Erzgebirge. Seit 1966 wohne ich in Dresden (mit Unterbrechung während des Musikwissenschafts-Studiums an der Leipziger Universität), zunächst im Kreuzchor-Alumnat in Dresden-Striesen, hatte dort Violoncello-Unterricht bei einem Musiker der Dresdner Philharmonie und fand nach und nach Gefallen am reichen Musikleben der Elbestadt. In der Kreuzkirche sangen wir wöchentlich in Vesper und Gottesdienst, gaben regelmäßige Konzerte (auch mit Staatskapelle und Philharmonie) und freuten uns, wenn Berühmtheiten zu uns kamen: der Komponist Hans Werner Henze aus Italien oder der aus dem Kreuzchor hervorgegangene Lothar Voigtländer (beide dirigierten eigene Werke). Dann waren da natürlich die bekannten Solisten in den Oratorienaufführungen: besondere Verehrung erfuhren damals die Sopranistin Adele Stolte, Theo Adam und Peter Schreier, der am Ende der 1960er-Jahre längst die obere Stufe erklommen hatte und sich in den Pausen, auch bei Schallplattenaufnahmen, freundlich-entspannt zeigte. So wurden uns damals, ohne selbst Solist oder Präfekt zu sein, hohe Interpretationsmaßstäbe wie von selbst vermittelt.

Irgendwie muss Peter Schreier von meiner Tätigkeit für den kompositorischen Nachlass des 1971 gestorbenen Kreuzkantors Rudolf Mauersberger im Auftrag der Sächsischen Landesbibliothek (wo ich später in der Musikabteilung arbeitete) erfahren haben, denn er hatte dazu Fragen. So begann unser persönlicher Kontakt. Auf dem Standpunkt stehend, dass sich ehemalige Kruzianer gleich welchen Alters duzen, forderte er mich schon früh zur vertrauten Anrede auf. Zu Mauersbergers 100. Geburtstag 1989 plante die Dresdner Musikhochschule (an der ich seit 1987 tätig bin: zunächst am Heinrich Schütz-Archiv, ab 1993 als Professor für Musikgeschichte) eine Tagung. Rechtzeitig baten wir Peter Schreier um einen Vortrag, was er mit den Worten ablehnte: »Das ist euer Metier als Musikwissenschaftler, mein's nicht unbedingt, aber vielleicht kann ich im Vorfeld ja irgendwie helfen.« Als ich im Februar 1988 einen Aufnahmetermin der *Johannes-Passion* in der Dresdner Lukaskirche besuchte und wir in der Pause über alles Mögliche redeten, gab ich unumwunden zu, für Westberlin offenbar keinen Pass zu erhalten, um Mauersbergers langjährige Sekretärin Erna H. Hofmann aufsuchen und interviewen zu können. Er: »Ich kümmre mich!« – und es klappte.

Später, vor seinem 60. Geburtstag, erfreuten ihn meine Aktivitäten zum Aufspüren aller Rundfunkaufnahmen mit ihm als Knabensolisten. Zwar war bereits eine Auswahl auf der Schallplatte »Vom Knabenalt zum lyrischen Tenor« enthalten, aber meine Recherchen förderten weitaus mehr Aufnahmen (19) zutage, was ihn verblüffte. Mit seiner Hilfe entstand eine eigene CD mit meiner Auswahl bei Berlin Classics. Seitdem war der Kontakt regelmäßiger. Als ich viel später, zu Beginn des Jahres 2006, an seinem Haus vorbeikam und ihn zufällig traf, sagte ich ihm, wie konsequent ich sein Aufgeben des Singens fände – seine Antwort sinngemäß: Endlich mal einer, der mich bestärkt im Gegensatz zu vielen anderen, denen ich mich erklären muss!

Nun war er, von auswärtigen Dirigaten und Meisterkursen abgesehen, sehr häufig in Dresden. Ich bat ihn hin und wieder für eigene Veröffentlichungen um Texte, die so entstanden, dass ich ihn interviewte und daraus die Sätze in seinem Sinne formte, so über Schumann, Mauersberger, Karl Richter u. a. Wenn er bestimmte Notenausgaben brauchte, rief er mich an. Ich entlieh diese in unserer Hochschulbibliothek und brachte sie nach Oberloschwitz, wo ich ohnehin gern am nahegelegenen Wachwitzer Weinberg spazieren ging. Der Kontakt wurde häufiger und enger. Wir trafen uns, auch mit seiner Frau Renate und Freunden, im Schillergarten. Oder besuchten gemeinsam ein Konzert, verbrachten erfüllte Tage in Wien, fuhren dort zum Heurigen nach Heiligenstadt oder speisten den berühmten Tafelspitz in Plachuttas Restaurant auf der Wollzeile. Dem bereits von Schmerzen Geplagten war es eine Freude, sich auf diese Weise an die alten Zeiten zu erinnern und die gehobene Wiener Küche mit ausgesuchten Weinen zu genießen. Was aber eigentlich viel wichtiger war: Wir planten Bücher (etwa mit seinen Reden und Texten) und führten ausgedehnte Gespräche (wobei es in Nebensätzen immer mal überraschende Informationen geben konnte, etwa: »Boulez wollte für mich komponieren, hat es aber nicht mehr geschafft!«). Wir hörten gemeinsam Musik und – sahen im Fernsehen gemeinsam Fußball, was mir erfahrungsgemäß nur in seiner Gegenwart Spaß machte. Dann belasteten kurze und längere Krankenhausaufenthalte zunehmend seinen Alltag. Schmerzgeplagt machte das Leben nur noch wenig Freude. Entspannung brachte das Hören der geliebten Bruckner-Symphonien, an die er sich als Dirigent nach eigener Aussage nie herangewagt hat ... Am 12. und 14. Dezember 2019 verbrachten wir viel Zeit mit seiner großen CD-Sammlung eigener Aufnahmen, wobei es ihm wieder spürbar besser ging, er aber auch nachdenkliche Fragen wie diese stellte: »Hat mein Leben überhaupt noch einen Sinn?« Ich versuchte ihn zu beruhigen, ohne selbst eine Antwort zu wissen ...

In meinen Buch-Veröffentlichungen geht es um den Dresdner Kreuzchor, um »Dresden und die avancierte Musik im 20. Jahrhundert«, um die Dresdner Kirchenmusik des 19./20. Jahrhunderts und um die Welt der Märchenoper; des Weiteren um Musiker wie Martin Flämig, Rudolf Mauersberger, Günter Raphael, Max Reger, Arnold Schönberg, Heinrich Schütz, Richard Strauss u. a.